本书是教育部人文社会科学研究规划基金项目"私募基金绿色治理对企业低碳创新的影响机制研究"(23YJA790041)、上海市哲学社会科学规划课题(2019BJB004)的研究成果。

Asset Allocation and
Hedge Funds

资产配置与私募基金

李 路　王雪丁　陈亦书　◎著

图书在版编目(CIP)数据

资产配置与私募基金 / 李路,王雪丁,陈亦书著. -- 北京:北京大学出版社,2025.3. -- ISBN 978-7-301-36059-0

Ⅰ.F832.51

中国国家版本馆 CIP 数据核字第 2025YN7379 号

书　　　名	资产配置与私募基金 ZICHAN PEIZHI YU SIMU JIJIN
著作责任者	李　路　王雪丁　陈亦书　著
责 任 编 辑	杨丽明
标 准 书 号	ISBN 978-7-301-36059-0
出 版 发 行	北京大学出版社
地　　　址	北京市海淀区成府路 205 号　100871
网　　　址	http://www.pup.cn　新浪微博:@北京大学出版社
电 子 邮 箱	zpup@pup.cn
电　　　话	邮购部 010-62752015　发行部 010-62750672 编辑部 021-62071998
印 刷 者	北京鑫海金澳胶印有限公司
经 销 者	新华书店
	720 毫米×1020 毫米　16 开本　15.75 印张　212 千字 2025 年 3 月第 1 版　2025 年 3 月第 1 次印刷
定　　　价	68.00 元

未经许可,不得以任何方式复制或抄袭本书之部分或全部内容。
版权所有,侵权必究
举报电话: 010-62752024　电子邮箱: fd@pup.cn
图书如有印装质量问题,请与出版部联系,电话: 010-62756370

摘　　要

　　2010年4月，中国金融期货交易所推出了沪深300指数期货，这使得中国金融市场有了除融资融券之外更加灵活的风险管理工具，也使得中国私募基金真正得以产生和发展壮大。特别是经历2015年中国股票市场异常波动之后，投资者迫切需要更高风险管理水平的金融产品，这使得私募基金得以蓬勃发展，截至2022年12月已经成长为与公募基金管理规模接近、资产管理能力相当的一类重要机构投资者。在海外市场，私募基金以区别于其他机构投资者的独特治理优势得到海外学术界的高度关注。然而，在以中国为代表的新兴市场，由于私募基金发展历史有限，尚未获得学者的足够关注和深入研究，尤其是在科创板市场施行注册制的背景下，私募基金的收益和风险如何、私募基金经理的个人特征和集聚效应如何影响投资决策、私募基金能否通过发挥股东积极主义更好地促进企业创新等重要研究议题尚未可知。

　　本书正是基于上述制度背景，首先分析了全球私募基金的发展历史和中国私募基金的发展现状。从全球私募基金视角看，我们依次从以下四个方面加以回顾：私募基金与公募基金的异同、私募基金经理社会网络对投资行为的影响、私募基金公司的治理结构特征和私募基金鲜明的治理优势即股东积极主义。从中国私募基金视角看，我们从以下三个方面分析其现状：私募基金经理的个人特征、私募基金产品的特征属性和私募基金公司的治理结构。通过进行境内外私募基金的比较分析，我们发现中国私募基金不仅在国内与公募基金并驾齐驱,而且发展成长为与境外私募基金同等重要的机构投资者。

其次,本书以传统金融市场为例,研究中国私募基金经理的个人特征与集聚效应如何影响基金产品绩效和上市公司定价效率。从基金经理个人特征视角而言,私募基金经理的个人特征(学历、专业背景、研究员履历、行业经历、海外经历等)会显著影响基金产品的绩效和风险。特别是当一个私募基金经理同时管理多个产品时,会带来精力分散,进而导致基金产品的较低收益和较高风险。从私募基金集聚效应视角而言,一方面,私募基金经理会通过社会网络(校友关系结构洞)使得基金产品绩效和风险联动,为金融市场带来潜在的系统性风险;另一方面,私募基金持股社会网络(网络密度)又可以降低持仓标的(上市公司)的股价联动,从而增加上市公司的定价效率,进而为上市公司进行创新等实体经营活动带来良好的信息环境。由此可见,中国私募基金的集聚效应(用社会网络的各种测度加以度量和分析)有正、反两方面的影响,需要结合具体场景和研究问题具体分析。

再次,与传统金融市场,特别是核准制时代的股票市场不同,中国于2019年在上海设立了科创板并试点注册制,科创企业的上市条件得以放宽。这一方面说明金融市场对科创企业包容性更强,另一方面也意味着科创企业之间的创新能力竞争将更为激烈。而私募基金与公募基金、商业银行、保险机构等传统金融中介截然不同,其对科创企业创新的影响更加深远。因此,本书重点研究了科创板市场中私募基金与企业创新之间的因果关系,发现中国私募基金会通过发挥股东积极主义促进科创板上市公司的创新投入和产出。该影响机制更多是通过积极有效的公司治理进行干预,而私募基金自身的持仓周期、上市公司的委托代理问题、信息透明度、股权结构多元化、所有权性质与政府外部补助等都会成为私募基金提升科创企业创新效果的制约因素。因此,私募基金的确在科创板市场中起到了积极作用,促进了企业创新。

最后,本书结合上述理论分析、制度分析与实证检验,在回顾全球资产配置发展历史,进而展望私募FOF的发展前景的基础之上,基于中国私募基金产品、私募基金经理与私募基金公司的特点,提出中国私募基金的资产配置思路和政策建议。

总体而言,本书的研究思路和研究内容不仅对已有私募基金领域的学术研究有增量文献贡献,亦对中国金融市场,特别是私募基金市场的实践与监管有如下借鉴意义:一是有助于理解中国私募基金作为一类重要机构投资者在金融市场中扮演的特殊角色;二是有助于理解中国私募基金经理的个人特征和群体性特征,特别是群体性行为对金融市场系统性风险的影响;三是有助于理解科创板市场中私募基金促进企业创新的机制;四是有助于国家和地方金融监管机构制定科创板市场中针对私募基金促进企业创新的监管政策。

Abstract

In April 2010, the China Financial Futures Exchange launched the CSI 300 index futures, which provided Chinese financial markets with more flexible risk management tools beyond margin trading and securities lending, enabling the birth and growth of Chinese hedge funds. Especially after the abnormal volatility in the Chinese stock market in 2015, investors urgently needed higher levels of risk management for financial products, leading to the flourishing development of hedge funds. As of December 2022, hedge funds have grown into an important institutional investor category with a management scale and asset management capabilities comparable to those of public funds. In overseas markets, hedge funds have attracted great attention from the academic community due to their unique governance advantages compared to other institutional investors. However, in emerging markets such as China, the limited development history of hedge funds has not received sufficient attention and in-depth research from scholars, especially in the context of the implementation of the registration system in the Science and Technology Innovation Board market. Important research topics such as how the returns and risks of hedge funds, the individual characteristics and agglomeration effects of hedge fund managers affect investment decisions, and whether hedge funds can promote corporate innovation through shareholder activism are still unknown.

This article is based on the above institutional background, and first analyzes the development history of global hedge funds and the current status of Chinese hedge funds. From the perspective of global hedge funds, it reviews the following four aspects: the similarities and differences between hedge funds and public funds, the influence of hedge fund manager's social networks on investment behavior, the governance structure characteristics of hedge fund companies, and the distinctive governance advantages of hedge funds, namely shareholder activism. From the perspective of Chinese hedge funds, it analyzes the following three aspects: the personal characteristics of hedge fund managers, the characteristic attributes of hedge fund products, and the governance structure of hedge fund companies. By comparing and analyzing hedge funds at home and abroad, this article finds that Chinese hedge funds have not only kept pace with public funds in China but have also grown into an equally important institutional investor as overseas hedge funds.

Secondly, this article takes the traditional financial market as an example to study how the personal characteristics and agglomeration effects of Chinese hedge fund managers affect fund product performance and the pricing efficiency of listed companies. From the perspective of the personal characteristics of fund managers, their personal characteristics, such as education, professional background, research experience, industry experience, and overseas experience, significantly influence the performance and risk of fund products. Especially when a hedge fund manager manages multiple products, this can lead to energy diversion, resulting in lower returns and higher risks for fund products. From the perspective of the agglomeration effects of hedge funds, on the one hand, hedge fund managers can cause a linkage between the performance and risk of fund products through their social network (alumni relationship structure holes), which can potentially bring systemic risks to financial markets. On the other hand, the holding social network of hedge funds (network density) can reduce the linkage of stock prices of underlying assets (listed companies), thereby increasing the pricing efficiency of listed companies, and promoting innovation and other substantive business activities of listed companies by creating a good information environment. Therefore, it can be seen that the agglomeration effect of Chinese hedge funds (measured and analyzed using various measures of social networks) has both positive and negative impacts, which need to be analyzed in specific scenarios and research questions.

Thirdly, unlike the traditional stock market, especially the approval-based era, China established the Science and Technology Innovation Board (STAR Market) and piloted a registration-based financial reform in Shanghai in 2019. The listing conditions for innovative and high-tech enterprises have been relaxed, which shows that the financial market is more inclusive towards these enterprises. However, it also means that the competition for innovation among these enterprises will become more intense. Hedge funds are different from traditional financial intermediaries such as mutual funds, commercial banks, and insurance companies, and their participation and influence on the innovation of science and technology enterprises will be more profound. Therefore, this paper focuses on the causal relationship between hedge funds and enterprise innovation in the STAR Market. The research findings show that Chinese hedge funds can promote innovation investment and output of listed companies on the STAR

Market by playing the role of shareholder activism. This impact mechanism is mostly through active and effective corporate governance intervention. The holding period of hedge funds themselves, entrusted agency issues of listed companies, information transparency, diversified equity structure, ownership nature, and external government subsidies can all be limiting factors for the promotion of innovation by hedge funds in science and technology enterprises. Therefore, hedge funds do play a positive role in promoting enterprise innovation in the STAR Market.

Finally, based on the above theoretical analysis, institutional analysis, and empirical testing, and in light of the development history of global asset allocation, especially the prospects of hedge funds of funds (FOFs), this paper proposes asset allocation ideas and policy suggestions based on Chinese hedge funds' product, manager, and company characteristics. Overall, this research not only contributes to the academic literature in the field of hedge funds but also has the following implications for the practice and regulation of China's financial market, especially the hedge fund market: firstly, it helps to understand the special role that Chinese hedge funds play as institutional investors in the financial market; secondly, it helps to understand the personal and group characteristics of Chinese hedge fund managers, especially the impact of group behavior on systemic risks in the financial market; thirdly, it helps to understand the impact and mechanism of hedge funds in promoting enterprise innovation in the STAR Market; and fourthly, it helps national and local financial regulatory agencies to develop regulatory policies for hedge funds to promote enterprise innovation in the STAR Market.

目 录

第一章　绪论 ·· 001
　一、研究背景 ·· 001
　二、研究问题 ·· 002
　三、研究创新 ·· 004
　四、研究框架 ·· 006

第二章　全球私募基金研究概述与分析 ····················· 007
　一、私募基金与公募基金的比较 ···························· 007
　二、私募基金经理社会网络对投资行为的影响 ················ 009
　三、私募基金公司的治理结构特征 ·························· 010
　四、私募基金股东积极主义与目标公司治理结构 ·············· 014

第三章　中国私募基金的发展历史与现实情况 ··············· 018
　一、私募基金经理的个人特征 ······························ 018
　二、私募基金产品的特征与绩效 ···························· 024
　三、私募基金公司的治理结构特征 ·························· 028

第四章　中国私募基金经理管理多产品与基金绩效 ··········· 036
　一、私募基金经理管理多产品影响基金绩效的理论分析 ········ 036
　二、数据来源与研究设计 ·································· 041
　三、私募基金经理管理多产品影响基金绩效的实证分析 ········ 049
　四、研究结论与监管建议 ·································· 076

第五章 中国私募基金经理结构洞与基金绩效联动 …… 078
  一、私募基金经理结构洞影响基金绩效联动的理论分析 … 078
  二、数据来源与研究设计 …… 085
  三、私募基金经理结构洞影响基金绩效联动的实证分析 … 092
  四、研究结论与监管建议 …… 110

第六章 中国私募基金持股网络与上市公司股价联动 …… 112
  一、私募基金持股网络影响上市公司股价联动的理论
    分析 …… 112
  二、数据来源与研究设计 …… 120
  三、私募基金持股网络影响上市公司股价联动的实证
    分析 …… 124
  四、研究结论与监管建议 …… 147

第七章 中国私募基金持股与科创板上市公司创新能力 …… 149
  一、私募基金持股影响科创板上市公司创新能力的理论
    分析 …… 150
  二、数据来源与研究设计 …… 180
  三、私募基金持股影响科创板上市公司创新能力的实证
    分析 …… 183
  四、研究结论与监管建议 …… 200

第八章 基于中国私募基金的资产配置 …… 204
  一、资产配置FOF简介 …… 204
  二、资产配置FOF的产品设计 …… 205
  三、资产配置FOF的投资体系 …… 212
  四、中国私募基金资产配置FOF的发展机遇和挑战 …… 215

参考文献 …… 220

后　记 …… 239

第一章 绪 论

本章主要阐述本书的研究背景、研究问题、研究创新、研究框架。

一、研究背景

私募基金以其灵活的投资策略和多样的风险管理模式(Switzer and Omelchak,2011),在境外成熟市场与公募基金并驾齐驱,是一类重要的机构投资者(Stulz,2007)。中国金融期货交易所于2010年4月16日正式推出了沪深300指数期货,它作为一种灵活性强、覆盖面广的股票指数期货,给予了市场投资者一种除融资融券之外新型的风险对冲工具,也促使了私募基金的产生。2015年,中国股票市场掀起了一轮"先大牛市后大逃亡"的异常波动现象,其后投资者开始加大对风险管理产品的关注,与此同时,中国私募基金也迎来井喷式增长。目前,私募基金资产管理规模、日均交易量、资产管理能力均与公募基金平分秋色。

然而,作为一类新的机构投资者,私募基金在行为模式上与公募基金截然不同(Brav *et al*.,2015;赵羲等,2018)。以对股票二级市场影响力最大的私募证券投资基金为例,截至2022年,中国私募基金的管理规模为20.28万亿元、管理人2.46万家、管理产品12.69万只,已经成为中国股票市场最重要的机构投资者之一。私募基金合计持有1274家上市公司股份,占上市公司总数的35.88%。其中,有971家进入前十大股东行列,平均持股比例为4.52%;超过5%的私募基金股东平均持股9.81%,高于美国同期私募基金持股上市公司的6.3%。私募基金已成为上市公司重要的外部股东来源。2016年6月6日,深圳明曜投资公开建议其持股的一汽轿车(000800)停牌,并号召其他股东对上市公司承诺期限的变更投反对票,这一标志性事件使得私募基金在资本市场中扮演的"积极股东"角色引发各界广泛关注。然而,由于私募基金在国内起步较晚及研究数据的限制,中国学术界关于私募基金的研究几近空白,对私募基金和公募基金的行为差异与绩效比较、私募基金经理的管理能力、私募基金持股对目标公司(持股上市公司)经营管理和公司治理结构的影响等一系列各方关注的问题均未展开系统性的研究。

二、研 究 问 题

境外私募基金的学术研究大致可以分为三个阶段。第一阶段,将私募基金行业作为一个耦合的整体,单纯分析私募基金绩效与风险,从而实现区分不同基金的目标(Fung and Hsieh,1997);第二阶段,结合差异化的市场环境、产品特征以及基金经理个人特征,分析私募基金绩效与风险产生的原因(Eling and Faust,2010);第三阶段,考察私募基金如何通过行使其股东权利对公司治理产生影响(Brav et al.,2015;Becht et al.,2009)。值得一提的是,私募基金作为公司治理的一股新兴力量,有着区别于其他机构投资者的先天治理优势:一是不同于公募基金等其他机构投资者拥有较多的投资限制与约束,私募基金所受法律监管的力度较弱,进出投资领域更加自由;二是私募基金公司内部的代理问题较小,根据业内规则,私募基金经理的薪酬主要取决于业绩表现,即来自其所管理的基金盈利的分红,这使得私募基金经理参与目标公司治理的动机最强(Becht et al.,2009);三是法律规定的锁定条款使得私募基金持有目标公司股份的时间较长,有着更为长期的治理目标(Brav et al.,2009;Boyson et al.,2010;Brav et *al.*,2015)。因此,近年来,境外学术界关于私募基金股东积极主义与公司治理的研究颇为关注。

从研究范式角度来看,随着社会网络分析方法的引入,学者们的研究思路呈现出从个体特征到个体关系,再到整体网络的发展过程,凸显了社会网络的信息传递、资源共享等特性(Granovetter,1985)。与西方文化中的个体主义相比,作为东方文化的典型代表,中国更加注重集体主义,强调人与人之间的"关系"。2019年1月11日中共十九届中央纪委三次全会明确指出"金融圈子小,同学、师生、同事、亲友等裙带关系交织"的问题,私募基金作为金融市场重要参与主体,将社会网络引入该领域的研究具有重要的现实意义。对于境外私募基金,因为数据受限还未进行类似研究(He and Li,2016;Foroughi,2017),但在中国,私募基金虽然起步较晚,但有着更为完整的数据,尤其是基于私募基金经理个人特征的资料,可以着眼于群体性互动与信息交流的研究。

本书通过整合 WIND、朝阳永续、私募云通、私募排排网和大智慧共五家国内目前收集私募基金信息的数据库,同时借助上海交通大学上海高级金融学院中国私募证券投资研究中心的调研数据,构建了完整且系统的中国私募基金数据库。在此基础上,本书基于中国私募基金经理个人特征构建了以校友为代表的社会网络,并据此分析社会网络联结是否会增加私募基金持股相同目标公司的可能性,进而考察私募基金持股对上市公司的治理效果,尤其是对科创板股票市场效率的影响。本书既能检验境外私募基金理论涉及而实证检验无法实现的研究问题,亦可以为目前国内三大攻坚战之首的防范化解重大风险,以及私募基金影响科创板股票市场定价效率领域的学术、监管、反腐和实务提供启发性的经验证据和政策建议。

三、研究创新

(一) 理论意义

(1) 基于中国私募基金经理个人特征的翔实数据,研究境外理论预测涉及但无法实证检验的问题。境外针对投资者关系网络的文献非常丰富,但针对私募基金关系网络的研究较为缺乏且比较分散,尤其缺少从更细致的私募基金经理个人特征视角出发的分析,究其原因在于数据匮乏(He and Li,2016;Foroughi,2017)。本书基于国内私募基金经理的求学背景、职业经历的翔实数据进行研究,对全球私募基金经理个人特征领域的文献有增量贡献(Stulz,2007)。

(2) 从个体延伸到群体,拓展了社会网络分析方法在私募基金领域的研究,提供了由社会网络带来群体联动性的增量文献。社会网络分析方法已较多运用于公募基金研究,而在私募基金领域并不多见(He and Li,2016;Foroughi,2017)。本书从私募基金经理个人特征延伸至群体特征,分析以校友关系为代表的基金经理的社会网络所带来的私募基金持股重合及其产生的基金绩效风险的联动效应,能够丰富与补充私募基金经理社会网络领域的文献。

(3) 提供新兴市场私募基金与目标公司治理结构,尤其是科创板股票市场目标公司会计与财务行为影响的增量文献。私募基金究竟会对目标公司治理结构产生什么影响存在争议(俞震等,2010)。本书通过分析社会网络(校友)联结后的私募基金持股重合,及其所带来的目标公司企业创新、盈余管理行为等,提供了新兴市场私募基金影响科创板上市公司治理结构在实证研究领域的增量文献(Lamont and Stein,2004)。

(二) 现实意义

（1）有助于理解中国私募基金行业发展现状，甄别私募基金作为重要机构投资者在金融市场中扮演的角色。从资产管理规模、日均交易量和资产管理能力角度来看，中国私募基金已与公募基金平分秋色，但从行为模式来看，私募基金与公募基金截然不同，因此及时了解私募基金行业发展现状与其在上市公司治理结构中的作用成为当务之急。这既为私募基金投资、FOF产品设计和私募基金政策监管提供参考，又关乎经济资源的合理配置乃至金融安全问题。

（2）有助于理解中国私募基金经理群体性特征，及时了解群体性行为对市场系统性风险的影响。中国"关系型社会"的制度背景突出了私募基金经理的群体性特征。本书正是基于私募基金经理校友、同事关系构建社会网络，并以此为基础分析其对私募基金持股重合的影响，进而以整体网络而非孤立个体作为分析视角，研究群体性行为是否会带来联动效应，从而影响市场系统性风险，为金融监管机构制定合理的风险防范监管政策以及金融反腐提供更全面的经验证据。

（3）有助于理解中国私募基金对公司治理，尤其是对会计、财务信息质量的影响，特别是科创板股票市场，为金融监管机构制定政策提供理论和实证依据。中国私募基金通过何种方式影响目标公司经营管理和治理结构、产生何种影响尚未可知。本书研究私募基金经理持股重合所带来的基金产品绩效风险的联动性，以真实数据为上市公司引进私募基金以及相关金融监管机构制定上市公司监管政策提供决策依据。

四、研究框架

本书的研究框架如图 1-1 所示。

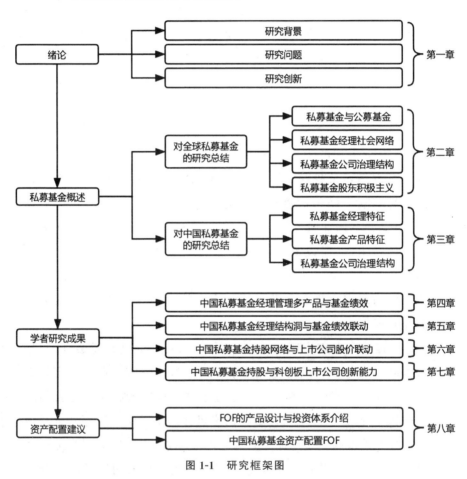

图 1-1　研究框架图

第二章　全球私募基金研究概述与分析

作为本书研究的文献基础和理论依据,本章以私募基金与公募基金的比较、私募基金经理社会网络对投资行为与公司治理的影响、私募基金公司的治理结构特征、私募基金股东积极主义与目标公司治理结构为线索,概述国内外以上领域的研究进展,进而明确本书的文献增量贡献。

一、私募基金与公募基金的比较

私募基金与公募基金在管理模式、激励机制、监管限制等方面存在较大差异(Ackermann et al.,1999;Liang,1999;Stulz,2007;Eling and Faust,2010;Agarwal et al.,2011b;肖欣荣和田存志,2011)。就管理模式而言,公募基金因其更严格的投资者保护义务而具有更小的风险与相对固定的投资收益,私募基金则追求"有益同享,风险共当"的模式;就激励机制而言,公募基金的基金经理通常为公司员工,享有固定薪酬及固定薪酬倍数的奖金,而私募基金的基金经理为公司合伙人,除获得相应的管理费和额外业绩提成之外,可通过自有资金绑定客户资产的方式来投资与获利;就监管限制而言,公募基金面临着来自监管当局的严格限制,而私募基金拥有更加灵活的募集与投资方式、信息披露要求及更少限制的基金投资者等。基于上述二者间制度差异的对比,学者从基金的绩效表现与风险管理等角度深入研究了私募基金与公募基金之间的差异。

就私募基金视角而言，多数研究发现私募基金产品普遍可实现超市场平均收益的超额回报，相比其他产品的绩效表现更为优异。有学者证实了私募基金产品的收益优于股票与债券类资产的市场指数收益（Ackermann et al.，1999）。更具体的研究发现，私募基金的绩效表现也优于标准普尔500指数和美国国债市场（Bali et al.，2013）。也有学者通过时变波动率模型对私募基金收益进行预测，并以私募基金为基础构建出了可大幅跑赢标准普尔500指数的私募基金投资组合（Switzer and Omelchak，2011）。另外，在做空机制与衍生品发展受限的新兴市场中，私募基金也能以其积极的资产配置方式获得更优异的回报（Eling and Faust，2010）。聚焦于中国市场，陈道轮等（2013）以中国的阳光私募基金为研究对象，发现其总体绩效表现超过市场。但由于中国私募基金的发展历程较短，相较于境外的现有研究，国内的研究样本与研究结果的覆盖面较窄。

现有研究趋势表明，基金经理本身这一因素对基金产品的绩效会产生一定的影响，也有很多学者从这个角度出发来探究私募基金产品绩效超越公募基金的原因。而这样的绩效表现，加之私募基金经理拥有公募基金行业所不被允许的实施复杂投资策略的权利，使得私募基金行业得以发展与不断壮大（Stulz，2007）。即使是采取同私募基金类似投资策略的公募基金，其产品绩效也次于同策略下的私募基金，产生这一结果的原因便在于私募基金经理本身所具备的更卓越的投资经验与专业技能（Agarwal et al.，2011b）。这一结论在国内的研究中也被证实，这也说明了私募基金行业更利于基金经理施展投资才能（赵骅和闫光华，2011；陈道轮等，2013；严武和熊航，2015）。

文献述评：不同的资产管理模式下所产生的私募基金和公募基金是两类完全不同的机构投资者，但这一发现仅有来自发达市场的经验证据。本章提供了在新兴市场中私募基金绩效表现能否超越公募基金，以及私募基金经理个人能力是否优于公募基金经理的经验证据，这是本书的第一个文献增量贡献。

二、私募基金经理社会网络对投资行为的影响

随着社会网络分析范式的引入,国内外学者对公募基金经理投资行为的研究思路呈现出由个体特征向个体关系,再拓展至整体网络的演进过程。

基于公募基金经理的视角,Westphal 和 Bednar(2008)发现,公募基金经理与目标公司 CEO 的社会关系会阻碍公募基金经理参与公司治理。Kuhnen(2009)以及 Butler 和 Gurun(2012)也发现,对私人信息与个人利益的追求会导致公募基金经理和公司高管之间产生放松监督现象。比如与公司 CEO 之间存在校友关系的公募基金经理更有可能反对高管薪酬的限制性协议(Butler and Gurun,2012),而与公募基金经理曾为同事关系的分析师则更有可能给基金经理重仓持有的上市公司更优的推荐评级。Pareek(2012)以"重仓持有相同股票的公募基金之间倾向于相互交流和共享信息"为假设,通过实证检验发现基金网络对基金投资行为存在显著影响。除此之外,公募基金经理的口头信息、居住社区、教育背景等都会影响其持股(Hong et al.,2005;Cohen et al.,2008;Pool et al.,2015)。国内学者肖欣荣等(2012)、陈新春等(2017)、李维安和齐鲁骏(2017)、郭晓冬等(2018)以及郭白滢和李瑾(2018)在此基础上采用相同假设,使用中国公募基金数据并以基金重仓股票为"链接"构建网络,检验基金信息网络对投资行为传染、极端市场风险、上市公司投资效率、股价崩盘风险和股价同步性的影响。

上述公募基金领域的研究表明,随着社会网络理论发展与研究工具更新,社会关系联结作为一种虚拟变量越来越多地被学者纳入模型的考量中,且研究重点从关注个体间关系的存在与否(Hong et al.,2005;Cohen et al.,2008;Ozsoylev et al.,2014)逐步发展为以整体网络结构特征作为研究核心(申宇等,2015;Foroughi,2017)。然而,私

募基金研究领域由于数据可获得性的限制,尤其是缺乏详细的私募基金经理个人特征的数据,学者较多集中在个体特征和个体关系的研究阶段,较少拓展至整体网络的研究。

基于私募基金经理的视角,Agarwal 等(2014)研究了私募基金经理慈善行为的目的与基金产品绩效关系,其中慈善行为的目的又可分为预期获得更高回报、建立声誉吸引资金以及昭示注意力转移(从自身管理的基金转移至资助慈善机构)三类。研究发现,基于后两个目的的基金产品绩效会在慈善捐款行为之后恶化。DeVault 和 Sias(2015)研究了私募基金经理的政治捐赠行为对基金投资风格的影响,并发现向自由派候选人捐赠的基金经理更偏好风险较高的资产。He 和 Li(2016)发现以主动投资为主的私募基金经理可借用校友与同事关系网促进目标公司与其他机构的合作。Foroughi(2017)通过社交方法发现,更靠近投资者社交中心的私募基金的未来业务能受到积极影响,即其在宣布业务目标时能获得更高的关注度,并获取更多的超额收益。

文献述评:在中国私募基金数据库的基础上,中国私募基金经理的数据资料相比境外更为完整,其中包括了工作背景、学历背景、兴趣爱好、奖项情况及社会捐赠等个人特征信息,可供学者研究。本章基于上述数据资料的支持,一方面检验了境外"有理论无实证"的私募基金领域的问题,另一方面也针对中国国情,为中国私募基金领域的学术、实务乃至监管、反腐等方面提供具有参考性和启发性的实证结果,这是本书的第二个文献增量贡献。

三、私募基金公司的治理结构特征

作为一种主动管理型的基金,私募基金通过向市场提供流动性、参与上市公司治理,成为稳定和提升金融市场定价效率的重要力量。然而,有限的监管和信息披露规则及复杂的投资策略,使得在私募基金与投资者之间存在严重的代理问题(Agarwal et al.,2011b)。私募基金公司内部治理情况以何种方式影响投资者收益,是众多投资者和监管者关心的问题。

公司治理通过一系列相互制衡的权、责、利的制度安排在减少代理成本、保护投资者利益方面发挥着重要作用(Kryzanowski and Mohebshahedin,2016)。股权结构作为公司剩余控制权与剩余索取权制度安排的基础,自然也是公司治理的基础。股权集中度关乎不同身份的股东在持股和资本方面的权益分配,决定了管理层的激励机制,从而决定其所管理公司的经济效率(Jensen and Meckling,1976)。不同股权集中度下形成的公司治理机制及其有效性各异,代理成本和公司治理效果也不尽相同。

私募基金产品绩效水平是决定资金流向基金产品的重要驱动力,从而影响基金的市场份额(Sirri and Tufano,1998)。绩效作为公司治理因素的函数,经营管理决定了绩效的实际水平(Adams et al.,2010)。故公司治理决定产品绩效水平,进而决定是否有资金流向以及有多少资金流向私募基金,从而影响私募基金的现金流水平和投资决策的运用,关乎其是否存续。同时,现金流流向代表了投资者的选择,基金产品绩效的高低更关乎投资者的利益。因此,基金产品绩效是关乎私募基金自身、投资者利益的重要衡量指标。

私募基金公司的股权集中度影响投票权,进而影响董事会决策效率和职能作用的发挥,这关乎所选聘的基金经理能否在良好的监督激励机制下充分发挥主观能动性,从而影响基金产品的绩效(Fama,1980)。第一,股权集中度决定了股东激励和监督管理层以减少管理机会主义的动力和能力,对激励和监督基金经理充分发挥主观能动性起着重要作用。第二,股权集中度影响股东投票权的权威性,从而影响董事会决策效率和董事会职能作用的发挥,进而影响信息自上而下的传递速度与质量,影响私募基金经理对投资组合的择时把握,最终影响基金产品的绩效。

对于一般上市公司而言,股权集中度对公司投资活动(谢军,2007)、经营水平(Maury and Pajuste,2005)及公司价值(李学峰和张舰,2008)等有着重要影响。私募基金与一般上市公司在治理结构、监管框架等方面存在显著差异,且与作为重要投资工具和机构投资者的公募基金在产品绩效、管理模式、监管规则等诸多方面具有很强的对比性(Agarwal et al.,2011b;陈道轮等,2013;Ackermann et al.,1999)。因此,通过将二者进行对比以试图了解私募基金是一个自然的起点(Stulz,2007)。

对公募基金和私募基金的研究经历了从基金产品到基金经理再到基金公司治理结构的逐步发展阶段。已有许多学者对前两个角度(基金产品和基金经理)进行研究,本章专注第三个角度,即基金公司的治理结构。Jensen和Meckling(1976)在委托代理理论中指出,股东对代理人的监督激励以及董事会的监督机制是减少代理问题的有效内部治理机制。从股东对代理人的监督激励来看,股权集中度能够通过影响对管理层激励和监督的有效性,控制其管理机会主义,影响公司总体运行效率(Shleife and Vishny,1986)。从董事会的监督机制来看,股权集中度影响董事会决策效率和监督作用,从源头上决定公司治理的效率(宋力和韩亮亮,2005)。故本章从公募基金出发,梳理股权集中度影响公司治理从而影响基金产品绩效水平的相关文献。

公募基金的公司治理研究重点仍放在内部治理机制的有效性上,成果仍集中于董事会(姚瑶和左斌,2009)。就董事会规模而言,Liu等(2015)认为,较小的董事会规模具有降低费率和沟通成本的优势,扩大董事会规模则会加剧交流成本和代理冲突。Chen等(2008)则表示,较大的董事会规模使得拥有更多外部董事成为可能,受益于外部董事的监督作用进而带来卓越的绩效。就独立董事而言,大量研究发现独立董事能够降低投资者费率(Tufano and Sevick,1997),替换表现不佳的基金经理(Ding and Wermers,2005),从而对产品绩效和股东利益产生正向影响。但独董比例也不是越高越好,Kong和Tang

(2008)在进一步加入管理结构的因素后,发现上述结论在团队管理的基金而非个人管理的基金中仍成立。关于股权结构方面的研究,就股东性质而言,机构投资者发挥信息中介的作用,可有效缓解基金代理问题(Evams and Fahlenbrach,2012)。国有控股、中资开放式基金拥有信息优势,产品表现更佳(Gong et al.,2016)。从股权持股比例来看,同时存在多个大股东易造成决策效率缺失,不利于产品绩效(Del Guercio et al.,2003)。在中国契约型封闭式证券投资基金中,过低持股比例对基金绩效、净资产费用率均无显著影响(何杰,2005)。基金股权集中度的增加能够显著降低费率且对产品绩效和市场份额有正向影响。

相较于公募基金,私募基金主要从公司治理模式和董事会特征相关方面展开研究。从法律组织结构看,以离岸公司形式设立的私募基金在执行投资策略时有更宽泛的灵活性(Hammer et al.,2005)。有限责任制、合伙制是私募基金较为常见的存在形式,且在不同基金策略下对产品绩效的影响存在显著差异。从外部环境来看,市场化进程、法律环境以及对内部治理的良性互动,有助于减少私募基金的错误陈述和粉饰等欺诈行为(Shu et al.,2018)。从内部构成看,私募基金面临有限监督和披露规则,易受操作风险影响,其复杂的投资策略和不透明的信息披露使得投资者难以对其进行监督,这些特点使得投资者和私募基金之间产生了严重的代理问题(Brown et al.,2012)。私募基金行为是否有益于股东利益和私募基金自身内控质量有着强烈的关系(Cassar and Gerakos,2010)。董事会受托建立内控机制,任命审计及第三方管理者,以减少基金经理和投资者之间的利益冲突。而股东则是关乎董事会构成的终极控制者,通过他们手中的投票权影响董事会构成和效力。在以股权为基础的董事薪酬的激励下,董事会效率有显著的提高。同时,还发现董事会名誉和独立性越高、多样性越强、董事会中存在女性董事,均能够减少私募基金的欺诈行为。但由于受聘的外部董事很有可能来自同一家公司,同时又服务于多家私募基金,故其精力能否形成有效监督存在质疑。

综上所述,从公募基金到私募基金的公司治理,大多文献集中在董事会特征如董事会规模和独立董事两方面,从股权结构而言,公募基金研究了股权集中度与产品绩效之间的关系,但私募基金多聚焦于董事会特征,关于股权结构方面也仅表明股东是董事会的终极控制者,但具体股权结构如何影响绩效,海内外学者尚未对此进行探讨。而股权集中度与剩余价值分配高度相关,对公司治理机制以及产品绩效的影响不亚于董事会,鉴于此,本章基于中国私募基金公司特征的翔实数据,构建私募基金公司股权集中度,对股权集中度对基金产品绩效的影响展开研究。

四、私募基金股东积极主义与目标公司治理结构

境外学术研究发现,积极的私募基金会提升目标公司(持股的上市公司)在公司运营、财务管理以及治理结构方面的水平,进而提高目标公司的股票市场定价效率。

(一) 私募基金干预目标公司的动机和比较优势

私募基金相比公募基金、养老基金等其他机构投资者,参与目标公司内部治理的动机更为强烈(Brav *et al.*,2010)。首先,私募基金经理享有高比例的绩效提成,同时可能将个人财富投入基金产品,因此通过干预目标公司来获取高额收益的动机更为强烈。其次,监管限制中不要求私募基金分散持仓,这使得私募基金能够集中持股,甚至通过增加杠杆的方式来提高在目标公司中的持股比例,从而增加其话语权并影响公司治理。再次,与公募基金或养老基金和目标公司存在经济业务往来不同,私募基金面临的利益冲突更少。最后,私募基金在资金募集完成后有超过一年的锁定期,这赋予基金经理更大的自由度关注中长期目标,所以私募基金往往被认为是长期价值投资者(Brav *et al.*,2015)。

(二) 私募基金干预目标公司的行为模式

奉行股东积极主义的私募基金选择的目标公司通常有以下特征：(1) 公司规模不大(Boyson and Mooradian,2010；Clifford,2008；Mietzner and Schweizer,2014；Klein and Zur,2009；Greenwood and Schor,2009)；(2) Tobin's Q(托宾 Q)、销售增长率、股息支付率和股票收益率较低，但盈利能力较强(Gillan and Starks,2007)；(3) 研发支出较低、业务多样化程度较高(Boyson and Mooradian,2010)；(4) 公司股票具有较高流动性；(5) 公司股权较为分散(Gompers *et al.*,2001)。总的来看，私募基金持股的目标公司通常具有良好的盈利能力和现金流，不存在严重的营运问题，但存在如自由现金流、股利政策等未能保证股东利益最大化的公司治理问题，这也使得私募基金改善目标公司治理结构成为可能。

私募基金干预目标公司的目标主要分为五个方面：最大化被低估的股东价值；改善资本结构；调整商业策略；交易目标公司；改善治理结构(Greenwood and Schor,2009；Brav *et al.*,2010；Becht *et al.*,2009)。为达成上述目标，私募基金通常会采用如下七种策略：第一种是定期与董事会或管理层进行沟通，但采取这一策略的私募基金几乎不会向公众透露任何议程信息；第二种是放弃在现有董事会中寻找代理人，直接谋求董事席位；第三种是正式提交股东议案或公开批评管理层以寻求改变；第四种是威胁发起控制董事会的代理权争夺战，或者起诉管理层违规；第五种是直接发起董事会代理权争夺战；第六与第七种分别是以控制目标公司为目的进行起诉以及发起收购竞标策略。在实践过程中，私募基金可能同时采取上述多种策略。

(三) 私募基金干预目标公司的股东价值创造

从短期市场回报来看，学者发现私募基金股东积极主义带来正向的股价回报。Boyson 和 Mooradian(2010)、Clifford(2008)利用美国样本,在公告日当天发现目标公司获得了3.4%—8.1%的超额收益。Becht 等(2009)使用欧洲的样本发现在[-25,+25]的窗口期内目标公司存在6%的超额收益。Uchida 和 Xu(2008)在日本也发现[-2,+2]的窗口期内目标公司存在5.6%的超额收益。从长期回报来看,Greenwood 和 Schor(2009)在[-1,+18]的月度窗口期内发现目标公司存在10%的累积超额收益。

(四) 私募基金干预目标公司的会计与财务行为

从公司治理的角度来看,奉行股东积极主义的私募基金会对目标公司经营绩效的改善、股利分配的增加与代理成本的降低等方面发挥积极影响。

私募基金对目标公司的持股会显著增加目标公司的资产收益率、托宾 Q、现金流量与股利支出,并减少现金持有量(Boyson and Moordian,2010;Clifford,2008;Klein and Zur,2009)。Kim(2009)发现私募基金介入后,目标上市公司高管过度投资行为有所减少。Becht 等(2009)使用英国的样本发现,私募基金的介入会推动目标上市公司重组和裁员,并提高经营绩效和效率。Cheng 等(2012)发现私募基金介入后,目标上市公司的整体避税程度也会增加,且节省出的这些税务支出来自私募基金发挥的知情股东监督作用,而不是因为采取具有高风险或违法的避税策略。Cheng 等(2015)发现私募基金可以通过更换 CFO 与外部审计师、提升公司审计委员会独立性等方式积极行使外部监督权,从而增加目标公司的会计稳健性。Brav 等(2015)发现私募基金还可以通过资源整合与配置等手段来帮助目标上市公司提升其工厂的生产效率。Aslan 和 Kumar(2016)研究了私募基金介入后对目标公司同行业公司的溢出效应。Brav 等(2018)发现私募基金介入后,目标公司的研发创新能力有所提升。

文献述评:境外就私募基金经理如何影响目标公司的股东价值和

治理结构的问题已有较多讨论，但仍有争议（Brav et al.，2015），而中国针对这一问题的研究尚为空白。随着中国的私募基金经理开始通过各种方式干预上市公司运营，尤其是干预公司会计与财务信息披露行为，填补私募基金对目标公司股东价值与治理结构影响领域的研究空白具有丰富的理论和现实意义。本书通过分析中国私募基金对上市公司运营、会计财务和公司治理的干预模式，探究由私募基金经理社会网络联结后的私募基金群体性行为对上市公司治理结构的影响。这为私募基金影响市场系统性风险提供了来自新兴市场的经验证据，这是本书的第三个文献增量贡献。

第三章 中国私募基金的发展历史与现实情况

本章结合中国"关系型社会"的制度背景,基于私募基金经理个人特征构建社会网络,研究结论既可以拓展海内外学术领域私募基金经理社会网络领域的实证文献,又基于中国制度和金融市场特色为防范系统性风险背景下的私募基金监管提供了政策建议。

一、私募基金经理的个人特征

与境外私募基金相比,中国私募基金的对冲工具较少,投资活动相对保守,筹资范围较小,与境外私募基金存在一定差距。基金经理作为私募基金的灵魂人物,其个人特征也被证明对基金产品绩效有显著影响(艾洪德和刘聪,2008;Li et al.,2011),因此聚焦基金经理有助于本章更好地理解私募基金的本质属性和运作方式。与国内已有的基于公募基金经理的研究不同,本章聚焦私募基金研究领域,探究了私募基金经理的个人特征对基金产品绩效的影响,其中包括了基金经理学历层级、本科毕业院校、校友关系、专业背景、研究履历、从业经历以及境外经历等因素。本章的研究结论既可以拓展国内外私募基金经理个人特征领域的实证文献,又可以基于中国制度特色和本土金融市场,为金融监管机构防范金融风险、建立私募基金有效治理机制提供启发性的政策建议。

本章研究的国内私募基金数据主要来自上海交通大学上海高级

金融学院中国私募证券投资研究中心、WIND、朝阳永续、私募云通、私募排排网和大智慧等国内主流商用私募基金数据库,并结合中国证券投资基金业协会公开数据整理得到中国私募基金经理信息数据库。鉴于中国私募基金产生的标志性事件,即中国金融期货交易所于2010年4月16日推出沪深300股指期货,且收益和风险的度量需要滞后两期,因此本章选取2010年4月16日至2017年12月31日作为样本区间。鉴于不同策略的私募基金经理隶属不同"圈子",本章选取数量最多、影响最大的股票型基金产品为研究对象。以有净值的37428只基金产品为初始样本,剔除样本期内公布月频净值少于6次和产品特征信息有缺失的基金产品,最终得到4388只基金产品,涉及950位私募基金经理和466家私募基金公司。从私募基金经理的学历层级、本科毕业院校、校友关系、专业背景、研究履历、从业经历、境外经历等角度分析,发现如下特征:

(一) 中国私募基金经理为高学历群体

在私募基金中,拥有硕士学历的基金经理管理着63.68%的基金产品,其次是拥有本科和博士学历的基金经理,仅有0.43%的基金产品由专科学历的基金经理管理。股票策略可细分为股票多头、股票多空和市场中性三个子策略,其中股票多头策略占比最高,高达样本的76.01%,且硕士学历的基金经理占比最高,达到65.78%;股票多空策略中,硕士学历的基金经理占比最高,达到54.76%;市场中性策略中,基金经理学历皆为本科及以上,无专科学历(见表3-1)。

表3-1 中国私募基金经理的学历分布情况

学历层级	股票策略		股票多头		股票多空		市场中性	
	样本数	百分比	样本数	百分比	样本数	百分比	样本数	百分比
专科	19	0.43%	18	0.53%	1	0.19%	0	0.00%
本科	917	20.91%	681	20.43%	114	22.14%	122	22.72%
硕士	2793	63.68%	2193	65.78%	282	54.76%	318	59.22%
博士	657	14.98%	442	13.26%	118	22.91%	97	18.06%

(二) 中国私募基金经理本科多出身名校

在私募基金中,本科毕业于清北复交四所院校之一的基金经理管理着 22.51% 的基金产品,接近 1/4;本科毕业于 985 工程院校的基金经理管理着 71.67% 的基金产品;本科毕业于 211 工程院校的基金经理管理着 89.74% 的基金产品;仅有 10.26% 的基金产品由本科毕业于非 211 工程院校的基金经理管理(见表 3-2)。在股票子策略中,绝大多数基金经理也出身名校。

表 3-2 中国私募基金经理的本科学校层级分布情况

本科学校层级	股票策略		股票多头		股票多空		市场中性	
	样本数	百分比	样本数	百分比	样本数	百分比	样本数	百分比
清北复交	360	22.51%	245	22.13%	59	26.58%	56	20.74%
非清北复交	1239	77.49%	862	77.87%	163	73.42%	214	79.26%
985 工程	1146	71.67%	814	73.53%	184	82.88%	148	54.81%
非 985 工程	453	28.33%	293	26.47%	38	17.12%	122	45.19%
211 工程	1435	89.74%	969	87.53%	206	92.79%	260	96.30%
非 211 工程	164	10.26%	138	12.47%	16	7.21%	10	3.70%

(三) 中国私募基金经理的校友集聚效应明显

基于公募基金经理的学校背景,同校的私募基金经理则与其形成校友关系。样本中共包括 309 所国内外高校,涵盖了基金经理本科、硕士、博士以及博士后等各个学历阶段。本章对样本中基金经理的学校背景进行梳理后发现,基金经理大多来自清北复交人浙南等国内顶尖学府以及上财、央财等优秀财经类院校,这为私募基金经理校友圈的形成提供了历史基础(见表 3-3)。

表 3-3　中国私募基金经理主要学校背景分布情况

序号	主要学校	私募基金经理人数
1	北京大学	111
2	清华大学	107
3	复旦大学	82
4	上海交通大学	77
5	上海财经大学	60
6	中国人民大学	59
7	浙江大学	39
8	武汉大学	32
9	南开大学	31
10	中山大学	31
11	中欧国际工商学院	28
12	厦门大学	23
13	南京大学	20
14	中央财经大学	19
15	西南财经大学	17
16	中国科学技术大学	17
17	暨南大学	15
18	西安交通大学	15
19	中南财经政法大学	15
20	对外经济贸易大学	13

(四) 中国私募基金经理多为经管专业,与理工科复合的专业背景不在少数

在私募基金中,基金经理的学科背景表现出明显的专业倾向,高达 93.75% 的基金产品由经管专业的基金经理管理。此外,拥有理工科背景的基金经理不在少数,有 64.54% 的基金产品由理工科的基金经理管理,这一比例在股票多头策略中有所下降,但在股票多空和市场中性策略中均保持较高的占比。同时,拥有经管、理工科复合背景的基金经理较为常见,在股票以及各子策略中,复合背景的基金经理所管理的基金产品占比均在 40% 左右(见表 3-4)。

表 3-4 中国私募基金经理的专业分布情况

专业背景	股票策略		股票多头		股票多空		市场中性	
	样本数	百分比	样本数	百分比	样本数	百分比	样本数	百分比
经管	2732	93.75%	2141	95.33%	326	90.81%	265	85.76%
非经管	182	6.25%	105	4.67%	33	9.19%	44	14.24%
理工	1070	64.54%	671	60.83%	147	65.63%	252	76.13%
非理工	588	35.46%	432	39.17%	77	34.38%	79	23.87%
复合背景	634	45.71%	454	46.47%	73	39.89%	107	47.14%
非复合背景	753	54.29%	523	53.53%	110	60.11%	120	52.86%

(五)拥有研究员经历的私募基金经理较多采取股票多头策略

在私募基金中,具有证券公司或基金公司研究员经历的基金经理管理的产品占比为26.84%。股票多头策略中,这一比例高于平均值,占比31.14%;在股票多空和市场中性策略中,比例低于样本平均值,分别占比14.19%和7.03%(见表3-5)。在股票多头策略中,基金经理持股时间较长,因此拥有基本面选股的研究积淀尤为重要,而在需要灵活运用投资工具的股票多空和市场中性策略中无明显优势。

表 3-5 中国私募基金经理的研究员工作经历分布情况

投资策略	包含私募基金经理人数	具有研究员工作经历		不具有研究员工作经历	
		样本数	百分比	样本数	百分比
股票策略	2567	689	26.84%	1878	73.16%
股票多头	2023	630	31.14%	1393	68.86%
股票多空	288	41	14.19%	247	85.76%
市场中性	256	18	7.03%	238	92.97%

(六)中国私募基金经理之前的从业经历主要集中在金融领域

从业经历是代表私募基金经理个人能力的重要变量,深刻影响其知识技能、投资风格、决策水平乃至基金产品绩效。本章对样本中基金经理的从业经历进行梳理后发现,在其从事过的所有行业中,排名靠前的行业为私募基金业和金融业,分别占比35.67%和32.90%。在金融业子行业中,证券市场业的工作样本占比最多,约占金融业的1/2。值得一提的是,样本中拥有公募基金工作经历的基金经理占比不高,仅为8.54%,这表明私募基金和公募基金的显著差异体现在管理模式、激励机制、所面临的监管限制等诸多方面(见表3-6)。此外,从地理位置来看,基金经理的工作区域主要位于中国经济最发达的长三角、珠三角与环渤海三大经济圈;从具体城市看,所供职公司主要位于北京、上海、广州和深圳等一线发达城市。

表3-6 中国私募基金经理的从业经历分布情况

行业类型	样本数	百分比
私募基金	706	35.67%
公募基金	169	8.54%
金融业(上述除外)	651	32.90%
——货币金融服务	67	3.39%
——资本市场服务	508	25.67%
证券市场	373	18.85%
期货市场	48	2.43%
证券期货监管	8	0.40%
其他资本市场服务	79	3.99%
——保险业	20	1.01%
——其他金融业	56	2.83%
信托与管理	43	2.17%
其他未列明金融业	13	0.66%
实体资本集团	30	1.52%
其他行业	423	21.37%
——信息传输、软件和信息技术服务业	131	6.62%
——文化、体育和娱乐业	23	1.16%
——教育	17	0.86%
——其他	252	12.73%
全样本	1979	100.0%

(七)中国私募基金经理的境外经历主要为境外留学经历

本章中的"境外经历"分为"境外留学经历"和"境外工作经历"两

大类。其中对"境外留学经历"的判定标准如下:(1)自费留学/公派出国;(2)从事具有一定时长的研究型专业;(3)结束学业后获得国内外高等院校/科研机构本科及以上学位,或以访问学者的身份获得一定的科研成果。对"境外工作经历"的判定标准如下:(1)工作时长超1年;(2)定居与定位为中国,且不含在国外保留主要职位并从事国内兼职的情况;(3)境外包括港澳台地区。由表3-7可知,有境外经历的基金经理中,有境外留学经历的占比较多,有境外工作经历的私募基金经理人数较少(仅为92人)。境外留学经历中则以获得硕士学位的人数最多(共139人),其中有15位私募基金经理的第一硕士学历非境外,第二硕士学历是境外留学。

表3-7 私募基金经理境外经历分布情况

	境外留学经历			
	本科	硕士1	硕士2	博士
基金经理数	29	139	26(其中15位基金经理另一份硕士非境外)	24(其中1位基金经理在境外继续攻读了博士后)
高校数	23	112	23	22
	境外工作经历			
基金经理数	92			

二、私募基金产品的特征与绩效

(一)中国私募基金产品绩效

本章全样本包括4388只基金产品,涉及950位私募基金经理和466家私募基金公司。表3-8报告全样本中不同策略的基金产品分布以及绩效。从表中可以得出:在全样本期,私募基金产品年化收益率均值和中位数分别为8%和6.4%,超额年化收益率均值和中位数分别为3.9%和2.4%,说明中国私募基金经理的个人能力能够带来超

表 3-8 股票全样本及其子策略基金产品绩效描述性统计

投资策略	样本数	百分比	年化收益 (Raw Return)		超额年化收益 (Alpha)		年化标准差 (Total Risk)		年化夏普比率 (Sharpe Ratio)	
			均值	中位数	均值	中位数	均值	中位数	均值	中位数
股票策略	4388	100%	0.080	0.064	0.039	0.024	0.212	0.205	0.087	0.149
股票多头	3335	76.00%	0.081	0.068	0.044	0.031	0.234	0.223	0.075	0.131
股票多空	515	11.74%	0.085	0.062	0.031	0.022	0.187	0.181	0.096	0.193
市场中性	538	12.26%	0.074	0.052	0.018	0.005	0.099	0.079	0.152	0.175

过市场基准的正收益,年化标准差的均值和中位数分别为21.2%和20.5%,调整风险后的年化夏普比率均值和中位数分别为0.087和0.149。股票策略又可细分为股票多头、股票多空和市场中性三个子策略,其中股票多头占比最大,达到76%,股票多空和市场中性策略分为占比11.74%与12.26%。在子策略中,股票多头的绩效优于其他策略,超额年化收益率均值和中位数分别为4.4%和3.1%。

(二) 中国私募基金产品特征

从私募基金产品特征来看,基金产品平均年龄为37.154个月,56.4%的基金产品采用高水位法提取绩效报酬,管理费用和绩效分成均值为1.2%和16.8%,产品锁定期的平均值为3.869个月,赎回期的平均值为1.949个月(见表3-9)。

表3-9 私募基金产品特征的描述性统计

私募基金产品特征	均值	标准差	25%分位点	中位数	75%分位点
基金年龄(Fund Age)	37.154	23.616	24.000	27.000	39.000
高水位线(High Water Mark)	0.564	0.496	0.000	1.000	1.000
绩效分成(Incentive Fee)	0.168	0.084	0.200	0.200	0.200
基金锁定期(Lockup Period)	3.869	4.351	0.000	3.000	6.000
基金管理费用(Management Fee)	0.012	0.009	0.002	0.015	0.020
基金赎回频率(Redemption Frequency)	1.949	1.391	1.000	1.000	3.000

(三) 中国私募基金产品绩效比较

在此基础上,本章根据学历层级、本科毕业院校、校友关系、专业背景和研究履历,对比不同背景的私募基金经理管理基金产品的绩效差异。

如表3-10所示,在学历方面,本章发现基金经理学历水平越高,其管理的基金产品绩效越差。本科学历的基金经理管理基金产品的年化收益率、超额年化收益率和年化夏普比率等指标均高于拥有硕士和博士学历的基金经理。但从年化标准差指标来看,基金经理学历水平越高,其管理的基金产品年化标准差越低,反映出高学历的基金经理风险管理能力较强。

在本科毕业院校方面,本科毕业于清北复交的基金经理管理的基金产品绩效更好,超额年化收益率指标均值高达6.1%,比本科毕业于其他院校的基金经理高出3.5%,且本科毕业于清北复交的基金经理风险控制能力更强,能够将基金产品的年化标准差控制在相对较低的水平。

在专业背景方面,经管科的基金经理管理的产品绩效略优于非经管科,超额年化收益率和年化夏普比率指标为3.5%和0.076,分别较非经管科基金经理高出1.3%和0.062;年化标准差指标为21.2%,比非经管科基金经理高出5.2%。与经管科不同,拥有理工科背景的基金经理管理产品绩效没有明显优势,但从年化标准差指标来看,理工科的基金经理管理的基金产品风险更低。对学科背景进一步细分发现,和非复合背景的基金经理相比,拥有经管和理工专业复合背景的基金经理所管理的基金产品绩效较差,总体而言并没有体现出交叉学科的背景优势。

在研究员履历方面,有证券公司或基金公司研究员经历的基金经理管理的产品的超额年化收益率和年化夏普比率均值更高,分别比无研究员经历的基金经理高出1.6%和0.109。

在境外经历方面,有境外背景的基金经理的绩效更加优秀,相较于无境外背景的私募基金经理,其所管理的产品年化夏普比率更高,这也意味着有境外背景的基金经理具有更强的风险管理意识。

表 3-10　私募基金产品绩效均值比较(不同背景)

不同背景	年化收益 (Raw Return)	超额年化收益 (Alpha)	年化标准差 (Total Risk)	年化夏普比率 (Sharpe Ratio)
专科	0.162	0.127	0.330	0.077
本科	0.105	0.059	0.241	0.170
硕士	0.083	0.041	0.214	0.142
博士	0.032	0.000	0.159	−0.267
本科清北复交	0.106	0.061	0.182	0.252
本科非清北复交	0.069	0.026	0.200	0.032
经管科	0.075	0.035	0.212	0.076
非经管科	0.070	0.022	0.160	0.014
理工科	0.070	0.030	0.176	0.000
非理工科	0.090	0.045	0.214	0.178
复合背景	0.070	0.033	0.194	0.001
非复合背景	0.085	0.039	0.201	0.132
有研究经历	0.073	0.044	0.217	0.115
无研究经历	0.070	0.028	0.205	0.006
境外	0.075	0.045	0.190	0.420
非境外	0.057	0.033	0.202	0.291

三、私募基金公司的治理结构特征

私募基金作为一类重要的机构投资者,深刻影响着世界金融体系的稳定和安全。中国私募基金已然成为资本市场上不容忽视的投资力量,然而各方对其公司治理结构特征仍未有清晰的认知。本章首次整合中国主流商用私募基金数据库,结合企业信息查询系统(天眼查),从公司治理结构角度出发,对标境外私募基金行业,总结出中国私募基金目前存在的治理结构问题,具体体现在:组织结构单一、股权高度集中、核心人员任职重叠且多依赖于其唯一的创始基金经理;并据此提出针对中国私募基金公司治理结构的监管建议,以保障投资者合法权益以及私募基金行业的健康平稳发展。

(一) 中国私募基金公司的治理结构现状

1. 中国私募基金公司的发展历程

私募基金作为新兴重要机构投资者,其在行为模式上与公募基金截然不同(Brav et al.,2015;赵羲等,2018)。私募基金的影响不仅局限于私募基金行业本身,其特殊的投资行为和庞大的投资规模会通过价格机制辐射整个金融市场,而杠杆的使用则会进一步放大这种影响。在美国,目前已经有十多家私募基金公司实缴规模超过百亿美元,其中桥水基金的资产管理规模更是高达1600亿美元,约占美国全年GDP的1%。中国私募基金经过2014年牛市过后的一轮快速扩增,已逐渐步入平稳成长阶段,如今,私募基金不仅直接影响投资者的切身利益,也与整个金融市场的良性、稳定发展息息相关。因此,加强私募基金公司治理结构,提高基金公司的内控机制刻不容缓。

囿于境外私募基金公司信息披露不完全,全球私募基金研究仅限于绩效层面,未深入基金公司治理结构。中国私募基金虽然刚刚起步,却有着更为完善的基金公司治理结构数据的优势。本章利用上海交通大学上海高级金融学院中国私募证券投资研究中心数据库,样本区间为2010年4月至2017年12月,并结合中国证券投资基金业协会公开数据、主流商用企业信息查询系统(天眼查)数据,对中国私募基金公司治理结构特征进行详细和深入的分析,并提出相应的监管建议。

2. 中国私募基金公司的组织结构

私募基金公司的组织结构分为有限责任公司、股份有限公司和合伙公司。中国私募基金公司的发起人和股东以个人为主,风险承担能力较弱,绝大多数只承担有限责任,缺少机构投资者作为股东的参与和监督作用。具体而言,在中国私募基金公司中,97.48%是有限责任公司,仅有1.18%是合伙公司(如表3-11所示);而境外私募基金大多采用有限合伙制,即普通合伙人须承担无限连带责任。这就意味着中国私募基金公司相对风险更大,因为有限责任的组织结构将风险转移给了基金的投资者。同时,中国私募基金公司的个人股东持股比例占80%以上,而境外私募基金的机构投资者持股比例较高,机构投资者作为股东的参与可以发挥监督作用。

表3-11 中国私募基金公司的组织结构特征

基本情况	数量	占比	平均注册资本金(万元)
合伙企业	7	1.18%	934.29
有限合伙企业	7	1.18%	934.29
有限责任公司	580	97.48%	3057.78
其他有限责任公司	61	10.25%	2775.20
有限责任公司(中外合资)	3	0.50%	13666.67
有限责任公司(国有控股)	1	0.17%	350000.00
有限责任公司(法人独资)	29	4.87%	10198.90
有限责任公司(自然人投资或控股)	430	72.27%	1872.44
有限责任公司(自然人独资)	56	9.41%	2005.46
股份有限公司	8	1.34%	3686.63
股份有限公司(自然人投资或控股)	5	0.84%	4000.00
其他股份有限公司	3	0.50%	3164.33
合计	595	100.00%	3041.25

导致境外私募基金和中国私募基金公司组织结构差异的原因有如下四点:第一,发展阶段不同。中国私募基金起步晚、配套法律法规不完善,目前仍属于探索期,发起人选择有限责任来降低风险,机构投资者出于审慎投资的目的处于观望状态。第二,起源的历史背景不同。美国私募基金起源于1949年,由美国学者琼斯创建,采用的是多空策略;囿于大部分公募基金(对于中国的公募基金)只能持有多头头寸,其组织结构无法满足这种新型投资战略;琼斯为了筹措资金创新性地采用了合伙制,这使得后期的私募基金在组织形式上纷纷效仿。第三,税收问题。由于境外私募基金有限合伙制不存在一般公司双重课税的问题,所以更加受到青睐。第四,绩效持续性。在经历了几轮完整的牛熊市周期后,境外私募基金的资金管理能力大幅提升,能够为机构投资者提供更加高质量和定制化的服务,这都提升了机构投资

者作为股东参与和监督的积极性。

3. 中国私募基金公司的股权结构

中国私募基金公司的第一大股东平均持股比例为71.61%,股东平均数量为3.21个,且1人股东(独资企业)约占16.44%,平均HHI指数[1]为0.64,平均Z指数(第一大股东/第二大股东持股比例)[2]为26.42(如表3-12所示)。总体来看,中国私募基金公司中自然人独资、控股的公司占绝大多数,所有权高度统一(如表3-13所示)。由于股权集中,加之发起人普遍只承担有限责任,往往会导致公司治理制衡机制"失灵",使得风险化解能力较差。结合中国证券投资基金业协会公开披露的数据研究发现,中国私募基金公司的股权越集中,其发行的基金产品绩效越好,但同时基金产品的风险也随之上升,基金公司失联的可能性相对增加。

表3-12 中国私募基金公司的股权结构特征

公司类型	数量	第一大股东平均持股比例	股东平均数量	平均HHI指数	平均Z指数
合伙企业	7	41.02%	5.29	0.34	37.85
有限责任公司	580	72.19%	3.10	0.64	26.56
股份有限公司	8	56.36%	9.63	0.41	5.66
合计	595	71.61%	3.21	0.64	26.42

由于私募基金投资行为的隐蔽性,且往往缺乏有效的外部约束和监管,因此其公司治理和内部控制尤为重要。从股权结构等内部治理方向入手,或许是一个监管指引中国私募基金行业发展新的视角。

---

[1] 赫芬达尔-赫希曼指数(简称为HHI指数)指各股东所持份额百分比的平方和,用来计量股东份额的变化,即股权离散度。它兼有绝对集中度和相对集中度指标的优点,并避免了它们的缺点。HHI数值小于0.1为极度分散型;数值在0.1—0.28之间为相对集中型;数值大于0.28为高度集中型。

[2] Z指数等于第一大股东与第二大股东持股比例的比值,Z指数越大,第一大股东与第二大股东的力量差异越大,第一大股东的优势越明显,因此Z指数能够表示出第一大股东对公司的控制能力。

表 3-13 中国私募基金公司的所有权性质

公司类型	个人股东	民营上市股东	民营非上市股东	国有上市股东	国有非上市股东	政府机构股东	金融机构股东	外资机构股东
合伙企业	80.98%	0.00%	19.02%	0.00%	0.00%	0.00%	0.00%	0.00%
有限责任公司	86.91%	0.45%	12.05%	0.00%	0.31%	0.00%	0.17%	0.17%
股份有限公司	83.57%	0.00%	14.41%	0.00%	0.00%	0.00%	0.00%	0.00%
合计	86.79%	0.43%	12.16%	0.00%	0.30%	0.00%	0.17%	0.17%

4. 中国私募基金公司人员的兼职情况

中国私募基金公司的人员任职呈现出高度重叠现象（如表3-14所示）。第一大股东和公司实际控制人基本重叠，其中63.19%的实际控制人又同时担任企业的法定代表人。私募基金的第一大股东常常担任公司的董事、监事或在管理层任职，约40%的第一大股东在管理层任职，直接参与公司日常经营和投资活动。这说明，中国私募基金公司的运营基本上围绕着一个或少数几个核心人物开展，并且很多情况下核心人物就是该基金公司的创始基金经理。这就使得基金公司自身治理机制的制衡作用大大降低，整个公司等同于一个核心人物。

"一人模式"过多是中国私募基金行业发展初期不够成熟的表现。境外私募基金发展初期也是由核心基金经理发起，后随着基金规模的壮大以及风险责任意识的加强（重要的原因是普通合伙人需要承担无限连带责任），创始人开始集聚市场上其他更多表现卓著的基金经理来运营公司，形成了股权分散的治理结构。

因此，在目前市场发展的初期，中国私募基金采取这样的个人发起方式属于正常现象。但同时也需要注意到，中国私募证券基金产品数量接近全球私募基金的两倍，但是产品规模却只有全球的十六分之一，这说明中国私募基金产品的发行带有"试错"意味：一家公司同时发行多个产品，而实际最终管理这些产品的基金经理都是同一人。这样会分散基金经理的精力，影响投资绩效，进而损害投资者权益。考虑到私募基金目前的投资规模和高风险投资手段，一个小的疏忽就有可能导致市场异常波动。特别是当投资风格和策略相似时，会导致产品绩效趋同，更可能加剧市场价格联动和风险传染。

表 3-14 中国私募基金公司的第一大股东任职情况

第一大股东	数量	类型分布	担任董事长	在管理层任职
合伙企业	7	1.18%	14.29%	0.00%
个人	6	1.01%	16.67%	0.00%
民营非上市	1	0.17%	0.00%	0.00%
有限责任公司	580	97.48%	10.00%	40.17%
个人	504	84.71%	11.51%	46.23%
国有非上市	2	0.34%	0.00%	0.00%
外资机构	1	0.17%	0.00%	0.00%
民营上市	3	0.50%	0.00%	0.00%
民营非上市	69	11.60%	0.00%	0.00%
金融机构	1	0.17%	0.00%	0.00%
股份有限公司	8	1.34%	75.00%	50.00%
个人	7	1.18%	85.71%	57.14%
民营非上市	1	0.17%	0.00%	0.00%

（二）完善中国私募基金公司治理结构的政策建议

当下是金融体制深化改革的重要阶段，金融供给侧结构性改革已经展开；中国私募基金行业发展迅速，愈来愈成为影响金融市场稳定和安全的重要一环。为深化市场互联互通，逐步建成具有国际竞争力的多层次资本市场体系，迫切需要提升中国私募基金公司治理结构和风险管理能力，规范行业发展，健全监管体系。本章针对中国私募基金公司治理结构的问题，提出以下政策监管建议：

一是完善登记备案制，做到对私募基金公司整体情况的充分掌握。中央与地方协同备案，运用大数据科学完善信息管理体系，做好信息管理工作，完整且准确登记如私募基金的办公所在地、公司股东、产品数量与规模、关联方及关联交易等信息，减少虚假登记或遗漏上报等错误的发生。例如，即便是美国这样的成熟市场，在 2008 年金融危机之后也一改宽松监管的作风，对私募基金进行了公募化、阳光化、全面化、协同化的管理，大大提升了私募基金虚假不实登记的机会成本。

二是健全相关法律法规，丰富对冲工具，提升机构投资者作为股东的参与度。在发展初期，中国私募基金行业既无成熟发达的资本市场、充分的衍生品对冲工具作为铺垫，也无健全完善的法律法规和监管体系为投资者保驾护航，这使得2015年私募基金快速增长的结果不仅增加了监管成本，还需要金融市场多年的消化。由于私募基金公司治理结构不完善，缺乏经营管理经验，近年来私募基金产品数量增速缓慢。截至2017年12月，中国私募证券基金经理管理规模相较2016年底缩水了4803亿元，基金公司数量也在削减，不复2016年4月的水平。因此，应该提高私募基金公司的成立要求，积极发展衍生品市场，吸引机构投资者作为股东参与私募基金公司，完成私募基金行业的有序经营和平稳过渡。

三是加强私募基金公司的追踪监察，特别关注公司股权结构变动。中国私募基金公司的股权高度集中，虽然有利于绩效提升，但是同时伴以高风险。股权结构的特征和变动一定程度上能够反映出基金公司的经营状况，相关部门应定期对异常情况及时追踪调查，尤其关注股权高度集中的基金公司，切实保护投资者合法权益。例如，美国规定私募基金投资顾问必须向证券监管部门报送详细、及时的信息报表，包括产品信息、杠杆大小、风险敞口、治理情况等，以此预防欺诈行为，保障投资者的知情权，改善内部治理。

四是提高私募基金行业准入门槛，加强对基金公司管理层的监管力度。中国当前的私募基金公司多以唯一的创始基金经理作为核心竞争力，这种"头牌"效应在一定程度上会放大创始基金经理的权力与影响力，致使外部对管理层行为的约束力变小。在这种情况下，公司决策会更倾向于管理层乃至个人，从而损害了其他中小股东的权益，增加了被管理资产的风险暴露程度与公司盈利的不稳定性。因此，在提升行业准入门槛的同时，也要强化对私募基金公司管理层（特别是核心基金经理）的监管，以优化企业的绩效风险结构。

第四章　中国私募基金经理管理多产品与基金绩效

本章利用中国的私募基金数据库,通过分析多产品管理即因同时管理多只基金产品而分心的私募基金经理的绩效,来论证基金经理注意力有限的影响。在对 2010 年 4 月至 2017 年 12 月期间中国 1031 名私募基金经理的样本进行实证分析后发现,"一心多用"的基金经理回报更低、阿尔法值更低、整体表现也更差。同时,本章分析了从管理单个基金转向管理多个基金的行为对基金经理绩效的影响,研究结果支持注意力分散假说,但不支持能力分散假说和协同创造假说。此外,在牛市期间,基金经理管理多只基金的做法对基金绩效有负面影响,且在管理多产品时,若基金经理使用多种策略,或基金经理担任基金公司的管理者角色,往往其绩效表现会较差。

一、私募基金经理管理多产品影响基金绩效的理论分析

私募基金在中国金融市场上正发挥着越来越重要的作用。与发达市场中的私募基金相比,中国的私募基金历史相对较短,但成长速度惊人,从 21 世纪初的几乎不存在,发展到了 2017 年底超 3500 亿美元资产的管理规模。作为一种新兴的重要机构投资者类型,在资产管理能力方面,私募基金甚至可与公募基金相媲美(Chen et al.,2013)。但私募基金与公募基金的不同之处主要在于私募基金一般采用独特

的投资策略(Sun et al.,2012),且基金经理拥有更丰富的投资经验和更强的专业能力(Stulz,2007;Agarwal and Meneghetti,2011)。

由于中国的私募基金公司表现出强劲的增长势头,并得到频繁的新闻报道,近年来,它们吸引了越来越多的市场参与者和学术界的关注。然而,现有的研究聚焦于发达经济体的私募基金,对中国私募基金的研究甚少,这主要是因为中国的私募基金发展历史较短,而且难以获得可靠和准确的数据(Hong et al.,2016)。此外,中国资本市场的发展道路与发达国家相比也不尽相同(Hong et al.,2016),所以关于发达国家私募基金的经验证据可能不适用于中国的市场环境。因此,以中国这一新兴经济体作为研究背景,探究私募基金绩效的决定因素是极有意义的,本章的研究旨在填补现有文献在这一领域的空白。

Lu 等(2016)研究了美国因婚姻事件而分心的私募基金经理的有限注意力对绩效的影响,发现管理多只基金(即多产品)的基金经理受婚姻状态变化的影响更大。本研究受该结论的启发提出了这一问题:注意力分散是否也会使中国私募基金经理的投资行为恶化。根据有限注意力理论,忙于管理多产品的基金经理往往拥有相对较低的"心智带宽",无法保持对投资的持续关注。因此,管理单产品的基金经理的投资绩效往往优于管理多产品的基金经理的投资绩效。多产品管理导致基金经理有限的注意力被分散,其投资绩效也因此下降。

本章通过研究中国的私募基金经理的投资绩效来检验这一假说。中国的私募基金行业能够提供一个理想的经验测试环境,原因有二。首先,与其他国家或地区的基金经理主要专注于单个私募基金不同,由于近年来在中国私募基金的爆炸性增长中缺乏合格的基金经理,中国的私募基金经理通常会同时管理多只基金,在本研究的 1031 个私募基金经理样本中,有 616 位经理管理着多只私募基金。其次,由于金融市场的快速发展,目前中国已出现了许多不同种类的私募基金产品。这为研究"基金经理的多任务操作如何影响投资行为,进而影响新兴市场中私募基金经理的绩效"创造了良好的可验证的数据来源。

一些理论和实证研究已经评估了有限的投资者注意力对市场价格和绩效的影响。Agarwal 等(2018)表明,从公募基金经理的心态和个人特征的角度来看,基金经理管理单只或多只基金的行为,在其心态上具有较大区别,因此,其基金产品的绩效可能会有相应的变化。这表现为当基金经理从管理单一基金转为管理多只基金之后,现有基金的绩效下降,而新增基金的绩效则有所提高。Gupta-Mukherjee 和 Pareek(2016)的研究表明,注意力分配的效率对公募基金的未来绩效有显著的积极影响。此外,有效的注意力分配对基金绩效的影响随着对基金经理有限注意力需求的增加而减少。Fang 和 Wang(2014)实证评估了基金经理的个人特征如何系统性地影响公募基金的绩效。他们发现,各种特征会通过不同的渠道影响收益、风险和基金经理的能力,进而影响整体绩效。

这些先前的研究主要聚焦于注意力分散对公募基金投资的影响。然而,由于数据可用性的限制,人们对多个基金管理之中所隐含的"注意力分散"对私募基金绩效的影响知之甚少,因此,本章较为及时地作了在这方面的研究。Edwards 和 Caglayan(2001)认为,私募基金超额收益的频率和幅度会因投资风格和基金经理技能的不同而表现出明显的差异。由于私募基金经理作为投资决策者,其肩负的责任和注意力的分散很可能直接影响基金的绩效,如果多产品管理带来工作量的增加会导致注意力的分散,进而阻碍基金经理实现最佳的投资绩效,那么管理多产品的基金经理的产品表现将会亚于管理单产品的基金经理的产品表现。

本研究使用中国 1031 个私募基金经理样本和 2010 年 4 月至 2017 年 12 月期间基金经理特征的综合数据库来实证检验这一假说。为了进行分析,本研究首先利用各种数据库构建了一个全面的数据集,该数据集涵盖了样本期间 6000 多只私募基金的有关基金经理个人、教育和专业背景的广泛信息。具体来说,其中包含了基金经理的各种特征,包括管理的基金、采取的策略、年龄、投资年限和教育背景以及公司的组织结构。如果基金经理在一个日历年内有 6 个月或更长时间在管理两只或更多的基金,则被认为是在管理多个产品;如果他们在一个日历年内仅有少于 6 个月的时间管理两只或更多的基金,则被认为是在管理单只基金。通过这种方法,最终可在 1031 个基金经理样本中确定 616 位管理多产品的基金经理。

本研究的发现并非由解释私募基金回报的常见因素所驱动。研究结果表明,即使控制了一些解释基金绩效的因素,包括基金经理的年龄和投资年限(Aggarwal and Jorion,2010)、基金年龄(Aggarwal and Jorion,2010;Lu et al.,2016)、激励机制(Agarwal et al.,2009;Lu et al.,2016)和基金规模(Berk and Green,2004;Lu et al.,2016),基金经理业绩的明显恶化还是与管理多个产品有关,且该研究结果在不同的模型设定下都是稳健的。为了进一步明确注意力分散对基金绩效的影响渠道,本研究探讨了管理多产品带来的影响是否随整体市场条件而变化。为进行分析,可根据市场周期将总样本分为两个子样本,并对这两个子样本分别进行多元回归。研究发现,与有限注意力假说一致,注意力分散的影响仅限于牛市时期的情况。

需要关注的是管理多产品的基金经理样本可能存在选择偏差问题。管理多只基金的基金经理可能是那些从管理单一产品转为管理多只产品之前就表现不佳的人,而继续管理单一产品的基金经理则是那些过去表现出色的人。为了检验存在选择偏差的可能性,本研究按照 Agarwal 等(2018)的做法,研究了私募基金经理管理多产品的决定因素,发现在中国的私募基金市场上,表现好的基金经理更有可能从单产品管理转为多产品管理,而那些表现差的基金更有可能被收购。因此,在本研究的多产品基金经理样本中并没有发现存在选择偏差的证据。此外,对于稳健性检验,本研究使用了 Heckman(1979)的选择模型来控制样本中的选择偏差,在此基础上对基金绩效进行多元回归,回归结果与本研究的主要结果一致。

本章内容进一步研究了基金经理从单产品管理转为多产品管理对基金绩效的影响。Agarwal 等（2018）发现,在进行多产品管理之后,管理已有基金的基金经理经营的公募基金（即已有基金）的绩效出现了惊人的下降,而新增基金的绩效则有所改善。其研究结果表明,因为基金经理需要扭转新增基金的绩效,所以身兼多职的基金经理将他们的注意力和精力从已有基金转移到了新增基金。综合有限注意力理论和相关文献,以及中国私募基金业的实践,本研究提出了基金经理多产品管理对基金绩效影响的三个假说。为了验证这些假说,本研究比较了基金经理管理已有基金和新增基金前后的绩效,以检验转换为多产品管理后对基金绩效的影响。研究发现,现有基金的绩效出现下滑,而新增基金的绩效并没有显著的改善,现有基金和新成立的基金（本研究称之为新基金）的投资组合的绩效均在下降,且随着新基金数量的增加和新的投资策略的运用,这种下降趋势进一步明显。这些结果主要与注意力分散假说一致,但不支持能力分散假说或协同创造假说。

在中国,因为私募基金不允许公开宣传,基金经理从管理一只基金转为管理多只基金的主流方式是发行新基金,其主要目的是扩大基金公司的规模,并为公司做广告。另一种方式是,基金公司收购一只现有基金并将其分配给一位基金经理,同时要求这位基金经理继续管理现有基金,希望其能够凭借过往出色的绩效比同行做得更好。本章进一步研究了私募基金公司要求其基金经理管理多产品的经济动机,即研究管理多产品的基金经理是否更有可能发行新基金,发现在基金经理转换为多产品管理后的 3 个月窗口内,管理多产品的基金经理发行基金的比例显著高于管理单产品的基金经理。然而在转换的 6 个月后,这一比例有所下降,发行新基金的管理多产品的基金经理的比例与管理单产品的基金经理的比例没有显著差别。

本章内容进一步探讨了其他可能影响管理多产品基金经理的绩

效的因素。与先前的预测一致,投资策略的多样性和基金经理在组织管理中的地位对注意力分散的基金经理的绩效有明显的负面影响。事实上,基金经理采用多种策略或充当公司管理层的行为,可能会导致其有限的注意力被进一步分散,从而导致基金绩效下滑。

本章从一个新的角度为私募基金相关文献做出了贡献:基金经理的有限注意力。更具体地说,本研究确定了几个潜在的注意力分散的来源,并在基金经理的个人背景下研究它们对私募基金绩效的影响,由此对快速增长的、新兴市场中的私募基金研究做了至少两个方向的贡献。首先,本章内容大大扩展了关于金融市场中有限注意力作用的经验文献。已有文献对私募基金进行了理论分析(Adrian,2007;Sabbaghi,2011;Chung and Kang,2016),但这些理论由于数据的限制,没有进行实证研究,而本章利用中国的数据实证研究了管理者的有限注意力和私募基金绩效之间的关系。其次,本章内容为"基金经理的注意力如何影响私募基金行业绩效"的相关文献提供了新的见解。公募基金经理的特征与基金风险和收益之间的关系已被广泛研究,但以私募基金为对象的这类关系研究却寥寥无几(Foroughi,2018;He and Li,2016)。本研究通过构建 2010 年 4 月至 2017 年 12 月的中国私募基金综合数据库,提供了私募基金经理的完整特征数据,如投资年限、年龄、采用的策略、教育背景、是否在基金公司担任管理层等,有助于学界和实务界更好地了解私募基金的情况。此外,该研究也是金融文献中第一个提供此类私募基金经理信息数据的案例。

二、数据来源与研究设计

本节将讨论影响基金经理投资绩效的主要因素,突出强调管理多产品的基金经理的作用。首先介绍了实证分析中使用的数据来源;其次描述了基金绩效的衡量标准,管理多产品的基金经理的基金运作以及实证估计中使用的其他控制变量;最后说明了该研究中使用的计量经济学规范。

(一) 样本选择

本研究评估了 2010 年 4 月至 2017 年 12 月期间中国私募基金的表现,并从各种渠道收集了中国私募基金和基金经理的特征数据。有关基金和基金经理的大部分信息来自上海交通大学上海高级金融学院中国私募证券投资基金研究中心,辅以 WIND 数据库、朝阳永续、私募云通、私募排排网和大智慧,以及中国证券投资基金业协会公布的官方数据,这也突出了从多个来源收集数据的优势。根据上述数据库的信息,本研究构建了一个基金经理特征的数据集,如投资年限、年龄、采用的策略、教育背景以及是否在基金公司的管理团队任职。此外,该数据集还捕捉了有关基金特征的数据,如月度回报率、基金年限、激励费用、管理费用、锁定期、赎回期、"高水位线"指标、资产规模和杠杆率。

本章研究了管理多个产品对私募基金经理绩效的影响。与美国和欧洲等发达国家相比,中国私募基金行业的历史相对较短,第一家私募基金出现在 2002 年。直到 2010 年,中国私募基金行业才第一次获得真正意义上发展的动力。2010 年 4 月 16 日,中国证券监督管理委员会(CSRC)允许个人股票的保证金交易和做空交易,并批准推出 CSI 300 指数(也称为沪深 300 指数)的金融期货,这是一个市值加权指数,由在上海证券交易所和深圳证券交易所交易的最大的 300 只股票(以市值计算)组成。这些新的交易机制和交易工具使得 Haugen(2001)所言的真正的私募基金行业得以出现。因此,本研究的样本期选择了 2010 年 4 月到 2017 年 12 月。

本研究样本包括研究期间仍在运行的基金(活基金)和已停止运行的基金(死基金),以减轻潜在的生存偏差问题(Li et al.,2011);同时排除了在研究期间内月度净值公布次数少于 6 次的基金和控制变量数据缺失的基金;鉴于 Agarwal 等(2018)的研究,不同团队成员之间的任务分配是不可观察的,因此也排除了团队管理的基金。在本研究中,如果基金经理在一个日历年内管理两只或更多基金的时间达到或超过 6 个月,则被视为"管理多产品";如果他们在一个日历年内管理两只或更多基金的时间少于 6 个月,则被视为"管理单产品"。之所以选择 6 个月作为阈值,是基于最常见的"使用 6 个月的月度收益来计算年化收益"的最低要求。如果一个基金经理管理两只(或更多)基金,重叠期少于 6 个月或没有重叠期,本研究认为该基金经理是研究样本中的两个(或更多)个体。按照这些标准筛选出的最终样本包括 1031 位私募基金经理,其中 415 位是管理单产品的基金经理,616 位是管理多产品的基金经理。在该样本中,这些基金经理在 847 家不同的私募基金公司共管理着 6937 只私募基金。对于连续变量,本研究在 1% 和 99% 的水平上作了 Winsorize 处理。

(二) 主要变量

在上一节构建的数据集基础上,本研究进一步探讨了基金经理的多产品管理与基金绩效之间的关系。本节内容包含了基金绩效的衡量标准、基金经理管理多产品的情况以及实证估计中使用的其他控制变量。

1. 基金绩效

本研究用基金的原始收益、阿尔法、总风险和夏普比率来衡量基金的表现。由于私募基金使用衍生品和动态交易策略,其收益的风险调整更难评估(Li *et al.*,2011)。本章以 Fung 和 Hsieh(2004)的七因素模型为基准,对中国的私募基金的风险进行建模,并计算每个基金经理的收益和风险。为了衡量经营多只私募基金的基金经理 i 的收益和风险,本研究首先构建了一个等权组合 i,包括基金经理 i 在 2010 年 4 月至 2017 年 12 月期间管理的所有私募基金,然后计算组合 i 的原始收益、阿尔法、总风险和夏普比率。

基金经理 i 在 t 年的原始收益率是以基金(或投资组合)i 在 t 年

的年收益率来衡量的。原始收益率越高,意味着基金经理的绩效越好。在比较基金产品的绩效时,原始收益率是非常有用的,它可以将不同时间段的收益率进行年化处理。

基金经理 i 的阿尔法是基金(或投资组合) i 与风险调整后的预期收益相比的超额收益。正的阿尔法表明,基金经理能够获得高于风险调整之后的基金基准收益,且阿尔法值越高,基金经理的表现越好。

本研究按照 Fung 和 Hsieh(2004)的七因素模型建立私募基金风险模型,但在该模型基础上作了一些调整,因为中国的期权市场在样本期还未开放,而动量投资策略在中国市场上可有效执行。本研究使用的因子集主要遵循 Fama 和 French(1993)的三因子模型,此外还包括了 Carhart(1997)的 12 个月动量异常(MOM)、10 年期中国国债收益率(10Y)的月末变化、中国企业债券(AA 级)收益率与 10 年期中国国债收益率之差的月末变化(CRED SPR),以及南华商品指数(COM)的月度回报。最终构建的模型如下:

$$\begin{aligned} Raw\ Return_{it} - R_{ft} = &Alpha_{it} + \beta_{1,i}(R_{mt} - R_{ft}) + \beta_{2,i}SMB_t \\ &+ \beta_{3,i}HML_t + \beta_{4,i}MOM_t + \beta_{5,i}10Y_t \\ &+ \beta_{6,i}CRED\ SPR_t + \beta_{7,i}COM_t + \varepsilon_{it} \\ &t = 1, 2, \cdots, T \end{aligned} \quad (1)$$

其中,R_{mt} 是市场(由沪深 300 指数代表)在 t 月份的收益率。而 R_{ft} 是同一时期的无风险利率,以一年期国债收益率衡量。R_{mt} 与 R_{ft} 之差衡量的是超额收益。SMB 和 HML 分别是 Fama 和 French(1993)中规模因子和账面市值因子的月度溢价。MOM 是 Carhart(1997)中动量因子的月度溢价,其计算方法是过去高收益和低收益股票之间的收益差异。这四个因素已被 Carhart(1997)证明对公募基金的回报有相当大的解释能力。基于该模型对每个投资组合进行时间序列回归,以估计月度阿尔法,并对其作年化处理,最终可得年度阿尔法。

总风险包括投资的系统性风险和特质风险。基金经理 i 在 t 年的总风险以基金(或投资组合) i 的收益率的标准差来衡量。

基金经理 i 在 t 年的夏普比率衡量的是基金(或投资组合) i 在 t 年每单位总风险所赚取的平均年收益率超过无风险利率的部分。夏普比率用于解释基金(或投资组合) i 的超额收益是来源于聪明的投资决策还是过大的风险,它被认为是衡量整体绩效的一个优越指标,因为它对投资策略的风险和收益进行了有效总结。此外,它与椭圆分布收益假设下的期望效用最大化理论是一致的,表明有很大的外部有效性(Fang and Wang,2014)。夏普比率越高,代表基金经理的风险调整后绩效越好。

2. 基金运作中的多产品管理

最关键的解释变量是多产品管理,即一个基金经理管理着多只基金。如果一个基金经理同时管理多只基金,那么该变量等于 1,否则等于 0。如果基金经理在一个日历年内管理两只或更多的基金达 6 个月或更长时间,本研究就认为他们在同时管理多只基金;如果他们在一个日历年内只管理一只基金,或同时管理多只基金的时长不到 6 个月,则认为其在管理单只基金。

3. 其他变量

本研究还在模型中加入了其他相关变量来控制可能影响基金绩效的因素。基于之前关于公募基金的文献(Huang et al.,2007;Xiao and Shi,2011;Shen et al.,2015),本研究控制了一些与管理者和基金特征相关的变量。基金经理的特征包括他们的个人信息(年龄)和专业背景(投资年限)。年龄的计算方法是基金经理年龄的对数,投资年限是基金经理投资活动年限的对数。基金经理采用的市场策略可以分为四个不同的组别:证券选择、相对价值、策略组合和方向交易。本研究在模型中加入了一个虚拟变量 *Multistrategy*,如果基金经理使用多种策略,该变量等于 1,如果只使用一种策略,则等于 0。此外,该模型还考虑了基金经理控制的基金数量(N_funds),以及一个虚拟变量 Management,如果基金经理被任命为管理团队成员,则该虚拟变量等于 1,否则等于 0,以检验这是否对管理绩效有影响。

基金特征包括基金年限、激励费用、管理费用、锁定期、赎回期、"高水位线"指标、资产规模和杠杆率。基金年限的计算方法是基金年龄的对数,以基金成立之日到清算或样本结束之日的月数来衡量。激励费用的计算方法是基金经理可以提取的超额收益的比例。管理费用是基金的固定管理费。锁定期是指基金开始运营后的锁定期(以月为单位)。赎回期是指一次赎回与锁定期后的连续赎回之间的期间(以月为单位)。"高水位线"指标是一个虚拟变量,如果基金有高水位线规则,则等于 1,否则等于 0。根据高水位线规则,如果基金经理在一段时间内亏损,只有在基金净值超过高水位线之后(即达到历史最高水平之后),他们才能从管理的资产中获得绩效奖金。资产规模的计算方法是总净资产的对数。杠杆率是一个虚拟变量,当基金使用杠杆时等于 1,否则等于 0。

与基金绩效的衡量标准一样,本研究为在研究期间管理多只基金的基金经理构建了一个等权的投资组合来衡量这些变量。根据规范性要求,本研究同时对基金策略进行了控制。

模型的因变量、关键解释变量和基金特征的其他变量的定义如表 4-1 所示。

表 4-1 变量定义

变量	定义
Raw Return	$Raw\ Return_{i,t} = (1+\bar{r}_{i,t})^N - 1$,其中 $\bar{r}_{i,t} = \dfrac{\sum_{m=1}^{M} r_{i,m,t}}{M}$,$r_{i,m,t}$ 是基金 i 在 t 年 m 月的收益率序列,$\bar{r}_{i,t}$ 是基金 i 在 t 年的平均月收益率,M 表示收益率的总期数,N 是一年中计算周期的总数

(续表)

变量	定义
Alpha	该 Alpha 是经中国七因素模型调整的 Alpha。该模型包括 Fama French(1993)三因素模型中的三个因素,以及 10 年期国债收益率的月末变化、公司债券(AA 级)收益率与 10 年期国债收益率之间的差异的月末变化、Carhart(1997)月度动量异常,以及南华商品指数的月度回报率。本研究使用该模型估计月度 Alpha,并将其年度化
Total Risk	Total Risk 是基金 i 收益率的标准差。$Total\ Risk_{i,t} = \sqrt{N} \times \sqrt{\dfrac{\sum_{m=1}^{M}(r_{i,m,t} - \bar{r}_{i,t})^2}{M-1}}$,其中 $r_{i,m,t}$ 是基金 i 在 t 年 m 月的收益率序列,$\bar{r}_{i,t}$ 是基金 i 在 t 年的平均收益率
Sharpe Ratio	基金(或投资组合)i 每单位总风险上获得的平均年收益率超过无风险利率的部分。$Sharpe\ Ratio_{i,t} = \dfrac{Raw\ Return_{i,t} - R_{f,t}}{Total\ Risk_{i,t}}$,其中 $R_{f,t}$ 是 t 年的一年期国债收益率
Multitasking	如果基金经理管理了多只基金,则取 1,否则取 0
Age	基金经理的年龄
Investment Years	基金经理的投资年限,从基金经理进行投资活动时开始计算
Multistrategy	如果基金经理在管理中采用多个策略,则取 1,否则取 0
N_funds	基金经理管理的产品数量。如果基金经理在一个日历年内管理两只基金大于等于 6 个月的时间,则视为管理两只基金。基金经理在一个日历年内管理不足 6 个月的基金不包括在基金数量中
Management	如果基金经理在基金公司的管理团队中任职,则取 1,否则取 0
Fund Age	基金年限,以基金成立日到清算日或样本到期日的月数计算,两者以较早为准
Incentive Fee	基金经理可以提取的超额收益比例
Management Fee	基金的固定管理费用
Lock-up Period	基金自运营开始以来的锁定期(以月为单位)
Redemption Period	一次赎回与锁定期后的连续赎回之间的间隔(以月为单位)
High-water Mark	如果基金有"高水位线"规则,则取 1,否则取 0
Asset Scale	基金规模(单位:百万元人民币)
Leverage	当基金使用杠杆时取 1,否则取 0

(续表)

变量	定义
$After$	如果基金的月度观察在转换事件之后,则 $After$ 取值为 1,否则为 0
$Switch$	如果基金经理 i 在 m 个月内从管理单产品切换到管理多产品,则取值为 1,否则为 0

(三) 模型和方法

为了研究这三个假说,我们首先根据以下模型实证分析了基金经理的多产品管理对基金绩效的影响:

$$y_{i,t} = \alpha_0 + \beta_1 Multitasking_{i,t} + \beta_2 Manager\ Char_{i,t} + \beta_4 Fund\ Char_{i,t} + \gamma_i + \delta_t + \varepsilon_{i,t} \qquad (2)$$

其中,$y_{i,t}$ 代表与基金经理 i 在 t 年管理的私募基金或投资组合的绩效相关的替代指标之一:原始收益、阿尔法、总风险和夏普比率。$Multitasking_{it}$ 是一个虚拟变量,当基金经理 i 管理超过一只基金时等于 1,否则等于 0。$Manager\ Char_{i,t}$ 是一个基金经理特征的向量,包括 $Age_{i,t}$,代表基金经理 i 在 t 年的年龄对数,以及 $Investment\ Years_{i,t}$,代表基金经理 i 在 t 年的投资年限对数。基金特征是一个控制变量的向量,包括基金年限、激励费用、管理费用、锁定期、赎回期、"高水位线"指标、资产规模和杠杆率。α_0 是截距项。γ_i 和 δ_t 分别是策略和时间固定效应。$\varepsilon_{i,t}$ 是残差项。

接下来,本研究构建了一个基金的月度面板数据,包括转换前后的观察结果,并使用以下模型研究了从单产品管理转向多产品管理对基金绩效的影响:

$$Performance_{i,m} = \alpha_0 + \beta_1 \times After_{i,m} + \beta_2 \times Manager\ Char_{i,m} + \beta_3 \times Fund\ Char_{i,m} + \gamma_i + \delta_m + \varepsilon_{i,m} \qquad (3)$$

其中,$Performance_{i,m}$ 是基金 i 在第 m 个月的风险调整后的绩效($Alpha$)。如果基金月度观察值在转换之后,则 $After_{i,m}$ 等于 1;如果基金月度观察值在转换之前,则 $After_{i,m}$ 等于 0。本研究对转换前后的平均基金经理特征和基金特征向量进行了控制。$Manager\ Char_{i,m}$ 是基金经理特征的向量,包括基金经理的年龄和投资年限。$Fund\ Char_{i,m}$ 是基金特征的向量,包括基金年限、激励费用、管理费用、锁定期、赎回期、"高水位线"指标、资产规模和杠杆率。γ_i 和 δ_t 分别是策略和时间固定效应。

三、私募基金经理管理多产品影响基金绩效的实证分析

本节研究了基金经理的多产品管理与基金绩效之间的关系,同时总结并讨论了本实证检验的主要结果。

(一)描述性统计

表 4-2 列出了实证模型中关键变量的描述性统计。总样本包括 2010 年 4 月至 2017 年 12 月期间的 1031 位私募基金经理,其中 415 位经理只管理一个基金产品,616 位经理管理多个基金产品。为了获得管理一只基金与管理多只基金的潜在差异的概况,本研究分别在 A 和 B 两个子样本面板数据中进行描述性统计。与管理单产品的基金经理相比,管理多产品的基金经理获得的原始收益(0.091 对 0.128)低得多,超额年化收益率或阿尔法(0.041 对 0.068)更低,夏普比率(0.159 对 0.340)更低,总风险(0.217 对 0.245)更低。这表明两组基金经理之间有较大的绩效差距,表明管理单产品的基金经理的私募基金盈利能力更高。这一结论支持了本研究的假说,即管理单产品的基金经理比管理多产品的基金经理投资绩效更优秀。

年龄和投资年限分别描述了基金经理的个人特征和行业经验。管理多产品的基金经理的年龄比管理单产品的基金经理略大(38.581 岁对 37.058 岁),投资年限更长(11.627 年对 10.740 年)。Li 等(2011)报告了美国私募基金经理的平均年龄为 45.43 岁,平均行业经

表 4-2 样本描述性统计

变量	Panel A: 管理单产品的基金经理						Panel B: 管理多产品的基金经理						差异
	N	Mean	S.D.	25%	Median	75%	N	Mean	S.D.	25%	Median	75%	
基金绩效													
Raw Return	415	0.128	0.194	0.015	0.090	0.203	616	0.091	0.144	0.010	0.073	0.156	0.037***
Alpha	415	0.068	0.183	−0.034	0.036	0.130	616	0.041	0.131	−0.033	0.024	0.097	0.027***
Total Risk	415	0.245	0.149	0.139	0.225	0.311	616	0.217	0.119	0.129	0.200	0.280	0.028***
Sharpe Ratio	415	0.340	0.929	−0.147	0.267	0.765	616	0.159	0.737	−0.273	0.150	0.558	0.181***
基金经理特征													
Age	415	37.058	8.459	30	36	43	616	38.581	7.840	32	39	45	−1.523***
Investment Years	415	10.740	6.814	5	10	16	616	11.627	6.733	5	11	17	−0.887**
基金特征													
Fund Age	415	42.781	26.278	25	32	52.5	616	33.693	19.070	23	27.310	35	9.088***
Incentive Fee	415	0.183	0.069	0.2	0.2	0.2	616	0.175	0.063	0.15	0.2	0.2	0.008**
Management Fee	415	0.013	0.007	0.01	0.015	0.02	616	0.012	0.006	0.009	0.013	0.017	0.001
Lock-up Period	415	5.131	4.199	1	6	6	616	5.117	3.691	3	4.896	6.029	0.014
Redemption Period	415	2.157	1.617	1	1	3	616	2.290	1.188	1	2.155	3	−0.133
High-water Mark	415	0.373	0.484	0	0	1	616	0.491	0.341	0.25	0.5	0.8	−0.118***
Asset Scale	415	102.242	154.672	30.000	52.100	100.000	616	117.913	178.445	33.318	64.103	112.262	−15.671
Leverage	415	0.634	0.482	0	1	1	616	0.640	0.357	0.333	0.667	1	−0.006

本表报告了模型中关键变量的描述性统计数据。

验为 19.45 年。与美国同行相比,中国的私募基金经理平均年轻 7—8 岁,行业经验少 8—9 年。

在表 4-2 Panel A(管理单产品的基金经理)中,私募基金产品的平均年限为 42.781 个月,约 37.3% 的私募基金产品采用"高水位线"条款来提高收益,约 63.4% 的私募基金产品使用杠杆。Panel A 私募基金平均的激励费用为 18.3%,管理费用为 1.3%,锁定期为 5.131 个月,赎回期为 2.157 个月,平均资产规模为 10224.2 万元人民币。相比之下,在 Panel B(管理多产品的基金经理)中,私募基金产品的平均年限为 33.693 个月,远远短于管理单产品的基金经理的私募基金产品,平均有 49.1% 的私募基金产品使用"高水位线"条款,约有 64% 的私募基金使用杠杆。平均而言,Panel B 私募基金的激励费用为 17.5%,管理费用为 1.2%,锁定期为 5.117 个月,赎回期为 2.29 个月,平均资产规模为 11791.3 万元人民币,略高于管理单产品的基金经理。

如表 4-2 所示,管理单产品的基金经理的原始收益、阿尔法和夏普比率都明显高于管理多产品的基金经理。这与本研究的假说相一致,即管理多产品的基金经理更容易分心,因此基金绩效不如管理单产品的同行。然而,管理单产品的基金经理比管理多产品的基金经理具有更大的风险。这表明,夏普比率所代表的管理单产品的基金经理的整体表现更优秀,其主要原因是有更高的回报而非风险。实证结果与 Fang 和 Wang(2014)的观点一致,即超额收益在影响整体绩效方面起着主导作用,而非总风险。

表 4-3 报告了所有变量的皮尔逊相关系数矩阵,可知解释变量之间的相关系数普遍较小,且多产品管理与原始收益率、阿尔法和夏普比率之间存在负相关关系,这为证明私募基金的绩效与基金经理的多产品管理之间的负相关关系提供了初步证据。由表 4-2 可知,多产品管理与总风险之间存在负相关关系,这说明管理多产品的基金经理所构建的等权投资组合的风险比单一基金的风险更为多样化。

表 4-3 相关系数矩阵

	Raw Return	Alpha	Total Risk	Sharpe Ratio	Multitasking	Age	Investment Years	Fund Age	Incentive Fee	Management Fee	Lock-up Period	Redemption Period	High-water Mark	Leverage	Asset Scale
Raw Return	1														
Alpha	0.965***	1													
Total Risk	0.288***	0.285***	1												
Sharpe Ratio	0.744***	0.715***	0.058*	1											
Multitasking	−0.108***	−0.085***	−0.102***	−0.108***	1										
Age	−0.047	−0.036	−0.047	−0.094***	0.101***	1									
Investment Years	−0.069***	−0.053*	−0.056*	−0.089***	0.065***	0.605***	1								
Fund Age	0.104***	0.084***	0.148***	0.131***	−0.187***	0.224***	0.142***	1							
Incentive Fee	0.048	0.031	0.125***	0.001	−0.279***	−0.081***	−0.070**	0.043	1						
Management Fee	0.021	0.029	0.058*	0.027	−0.326***	−0.070**	−0.035	0.145***	0.272***	1					
Lock-up Period	−0.051*	−0.039	0.008	−0.039	−0.302***	−0.134***	−0.077***	−0.060**	0.197***	0.326***	1				
Redemption Period	0.044	0.030	0.027	0.048	−0.182***	−0.117***	−0.133***	−0.225***	0.147***	−0.003	0.172***	1			
High-water Mark	0.052*	0.015	−0.028	0.065**	−0.280***	−0.072**	−0.063**	−0.016	0.103***	−0.008	0.058*	0.186***	1		
Leverage	0.027	0.025	−0.031	0.041	−0.062**	−0.019	−0.003	0.100***	−0.002	−0.002	0.001	0.041	0.104***	1	
Asset Scale	0.011	−0.038	0.159***	−0.019	−0.269***	−0.093***	−0.082***	−0.034	0.210***	0.114***	0.214***	0.220***	0.182***	0.003	1

本表报告了模型中变量的相关系数。***、**和*分别代表在 0.01、0.05 和 0.10 水平下的显著性。

(二) 基金经理的多任务处理和基金绩效

1. 基础模型

表4-4列出了基于模型(2)全样本回归的结果。本研究用原始收益率、阿尔法、总风险和夏普比率作为绩效的代理指标进行了四次回归。整体结果与本研究的理论预测一致。其中的主要发现是,多产品管理与原始收益率、阿尔法和夏普比率之间的负值意味着私募基金经理的多产品管理和基金绩效之间存在强烈的负相关关系。这一结论支持了研究假说,即管理多产品的基金经理会被分散更多的注意力,因此比管理单产品的基金经理绩效表现更为不佳。具体来说,在控制了解释基金绩效的其他变量后,管理多产品的基金经理表现不佳,原始收益率低3%(第1列)。同样,在对阿尔法进行的回归中,多产品管理虚拟变量的估计系数显示,多产品管理导致阿尔法所代表的超额收益下降了2.4%(第2列)。此外,夏普比率回归中多产品管理虚拟变量的估计系数表明,多产品管理与夏普比率下降20.7%有关(第4列)。这些主要的负相关关系表明,基金经理的多产品管理通常会降低基金绩效。然而,本研究并没有发现多产品管理和总风险之间的任何显著关系。这说明多产品管理对夏普比率所代表的整体绩效的负面影响主要是源于其对收益的负面影响,而不是风险。这一结果与Fang和Wang(2014)的观点一致:超额收益在影响整体绩效方面起着主要作用,而非总风险。

表4-4 私募基金经理绩效的多元回归

解释变量	被解释变量			
	Raw Return	Alpha	Total Risk	Sharpe Ratio
Multitasking	−0.030***	−0.024**	−0.010	−0.207***
	(−2.96)	(−2.56)	(−1.58)	(−3.61)
Age	0.010	0.005	0.004	−0.110
	(0.42)	(0.23)	(0.23)	(−0.83)

(续表)

解释变量	被解释变量			
	Raw Return	Alpha	Total Risk	Sharpe Ratio
Investment Years	−0.004	−0.002	−0.004	−0.040
	(−0.60)	(−0.32)	(−1.00)	(−1.14)
Fund Age	0.002	−0.006	0.010***	0.026
	(0.45)	(−1.38)	(3.97)	(0.95)
Incentive Fee	0.073	0.038	0.120***	−1.062***
	(1.31)	(0.75)	(3.52)	(−3.08)
Management Fee	−0.153	−0.163	−0.070	2.093
	(−0.25)	(−0.29)	(−0.18)	(0.62)
Lock-up Period	0.001	0.001	−0.001	0.002
	(0.63)	(0.99)	(−0.82)	(0.28)
Redemption Period	0.003	0.001	0.001	−0.006
	(0.62)	(0.36)	(0.46)	(−0.24)
High-water Mark	−0.030***	−0.028***	−0.023***	−0.087
	(−2.67)	(−2.71)	(−3.37)	(−1.33)
Asset Scale	−0.001	−0.001	−0.007**	0.023
	(−0.18)	(−0.21)	(−2.32)	(0.87)
Leverage	−0.034***	−0.026***	0.019***	−0.285***
	(−3.60)	(−2.98)	(3.18)	(−5.19)
Strategy-fixed Effects	YES	YES	YES	YES
Year-fixed Effects	YES	YES	YES	YES
N	3885	3885	3885	3885
R^2	0.278	0.155	0.301	0.247

  本表报告了私募基金经理绩效的多元回归结果。本研究构建了等权的投资组合，并选用了管理多产品的基金经理的基金特征的平均值。被解释变量是私募基金的原始收益、阿尔法、总风险和夏普比率。原始收益是私募基金的净年化费用的总回报。阿尔法是年化的中国七因素月度阿尔法，其中因素荷载是在过去 24 个月内估计的。总风险是年化基金回报的标准差。夏普比率是基金的平均年化超额收益除以基金年化收益的标准差。主要的解释变量是虚拟变量 Multitasking，如果基金经理同时管理多只基金，则取值为 1，否则为 0。其他解释变量是基金经理的特征，如基金经理年龄（Age）、投资年限（Investment Years），以及基金特征，如基金年龄（Fund Age）、激励费用（Incentive Fee）、管理费用（Management Fee）、锁定期（Lock-up Period）、赎回期（Redemption Period）、"高水位线"指标（High-water Mark）、资产规模（Asset Scale）和杠杆率（Leverage），以及基金投资策略这一虚拟变量。在所有的回归中，括号内的 t 统计量来自按基金经理分组的稳健标准误。样本期为 2010 年 4 月至 2017 年 12 月。***、** 和 * 分别表示在 0.01、0.05 和 0.10 水平下的显著性。

2. 不同市场周期中的多任务处理

考虑到市场条件可能会对多产品管理和基金绩效之间的关系产生影响,本研究根据市场周期将研究的样本期分为两个子周期:牛市时期和熊市时期。Pagan 和 Sossounov(2003)运用 Bry 和 Boschan(1971)的方法,用一连串的规则来划分股票市场的商业周期,研究牛市和熊市。本研究参考 Pagan 和 Sossounov(2003)以及 Li(2017)的方法,基于沪深300 指数检测牛熊市的转换时点,以区分中国股市的牛市和熊市。根据这些方法可得牛市的周期是 2014 年 7 月到 2015 年 6 月,而熊市的周期是 2010 年 4 月到 2014 年 6 月以及 2015 年 7 月到 2017 年 12 月。

对牛熊市进行分组的回归结果分别列示在表 4-5 的 Panel A 和 Panel B 中。在两个市场周期中,多产品管理对基金绩效的影响是不同的。在牛市中,多产品管理对收益(原始收益)、超额收益(阿尔法)、总风险和夏普比率有显著的负面影响。相比之下,在熊市条件下,基于这四个备选指标,本研究没有发现多产品管理与基金绩效之间存在任何显著关系。

总的来说,多产品管理对基金绩效的影响在牛市中主要是负面的,但在熊市中并不显著。一个可能的解释是,在牛市中,资产价格正在上升或预期将上升时,管理单产品的基金经理会最大限度地利用他们的时间和精力进行投资以抓住市场机会。相反,在熊市中,由于证券价格下跌加之普遍的悲观情绪导致股市下跌,所以基金经理对基金产品的关注和时间投入可能对绩效没有太大的影响。

为了检验管理单产品的基金经理与管理多产品的基金经理相比是否更善于抓住市场机会,本研究进一步比较了从单产品管理转为多产品管理的基金经理在转换前后的市场择时能力。首先,本研究选择了从单产品管理转为多产品管理的基金经理所管理的基金或投资组合,分别估计这些基金经理在转换前和转换后的市场择时能力,并使用 TM 模型(Treynor 和 Mazuy,1966)计算市场收益率超过无风险收益率的二次项的系数(γ_i),作为基金经理市场择时能力的代表。TM

表 4-5 私募基金经理绩效的多元回归

解释变量	Panel A:牛市 被解释变量				Panel B:熊市 被解释变量			
	Raw Return	Alpha	Total Risk	Sharpe Ratio	Raw Return	Alpha	Total Risk	Sharpe Ratio
Multitasking	−0.057**	−0.037*	−0.016	−0.283***	−0.011	−0.012	−0.004	−0.095
	(−2.26)	(−1.65)	(−1.59)	(−2.91)	(−1.16)	(−1.28)	(−0.60)	(−1.35)
Age	0.015	−0.001	0.011	−0.251	0.010	0.009	0.002	−0.035
	(0.29)	(−0.03)	(0.47)	(−1.22)	(0.41)	(0.41)	(0.10)	(−0.21)
Investment Years	−0.001	0.005	−0.005	−0.038	−0.006	−0.006	−0.005	−0.037
	(−0.04)	(0.38)	(−0.82)	(−0.70)	(−1.00)	(−1.00)	(−0.98)	(−0.85)
Fund Age	0.014	−0.007	0.006	0.071	−0.008**	−0.006	0.013***	−0.020
	(1.44)	(−0.78)	(1.59)	(1.64)	(−2.05)	(−1.46)	(5.22)	(−0.61)
Incentive Fee	0.195	0.136	0.143***	−0.990*	0.004	−0.012	0.111***	−1.103***
	(1.51)	(1.17)	(2.81)	(−1.79)	(0.07)	(−0.25)	(3.18)	(−2.71)
Management Fee	−0.215	−0.302	−0.939	−2.725	−0.123	−0.048	0.388	5.988
	(−0.15)	(−0.24)	(−1.57)	(−0.47)	(−0.23)	(−0.09)	(1.00)	(1.50)
Lock-up Period	0.002	0.003	−0.001	0.019*	0.000	0.000	−0.001	−0.007
	(0.67)	(1.26)	(−0.58)	(1.80)	(0.38)	(0.27)	(−0.68)	(−0.94)
Redemption Period	0.005	0.002	−0.003	−0.014	0.001	0.001	0.003	−0.003
	(0.47)	(0.21)	(−0.74)	(−0.35)	(0.21)	(0.29)	(1.47)	(−0.10)

(续表)

解释变量	Panel A:牛市 被解释变量				Panel B:熊市 被解释变量			
	Raw Return	Alpha	Total Risk	Sharpe Ratio	Raw Return	Alpha	Total Risk	Sharpe Ratio
High-water Mark	−0.039	−0.038*	−0.036***	0.009	−0.025**	−0.022**	−0.014**	−0.139*
	(−1.53)	(−1.67)	(−3.44)	(0.09)	(−2.54)	(−2.31)	(−2.06)	(−1.65)
Asset Scale	−0.008	−0.009	−0.006	−0.014	0.002	0.003	−0.007**	0.041
	(−0.77)	(−0.90)	(−1.23)	(−0.32)	(0.57)	(0.79)	(−2.39)	(1.29)
Leverage	−0.055**	−0.031	0.023***	−0.310***	−0.024***	−0.023***	0.018***	−0.262***
	(−2.55)	(−1.62)	(2.68)	(−3.61)	(−2.69)	(−2.70)	(2.76)	(−3.90)
Strategy-fixed Effects	YES	YES	YES	YES	YES	YES	YES	YES
Year-fixed Effects	YES	YES	YES	YES	YES	YES	YES	YES
N	1326	1326	1326	1326	2559	2559	2559	2559
R-Squared	0.024	0.018	0.273	0.073	0.200	0.170	0.155	0.171

本表报告了私募基金经理在牛市与熊市期间绩效的多元回归结果。Panel A 报告了基金经理在 2014 年 7 月至 2015 年 6 月的牛市中的表现,Panel B 报告了 2010 年 4 月至 2014 年 6 月和 2015 年 7 月至 2017 年 12 月熊市中的基金经理绩效。在以原始收益、阿尔法、总风险和夏普比率为因变量的回归中,两个子样本之间的多产品管理系数差异的 Chi-square 统计的 P 值分别为 0.0279、0.0764、0.2112 和 0.0294。在所有的回归中,括号内的 t 统计量是由按基金经理分组的稳健标准误差得出的。***、** 和 * 分别表示在 0.01、0.05 和 0.10 水平下的显著性。

模型如下:

$$R_{i,t} - R_{f,t} = \alpha_i + \beta_i(R_{m,t} - R_{f,t}) + \gamma_i(R_{m,t} - R_{f,t})^2 + \varepsilon_{i,t} \quad (4)$$

其中,$R_{i,t}$ 是基金(或投资组合)i 在 t 月份的原始收益,$R_{f,t}$ 是同期的无风险利率,以一年期国债收益率衡量。

在这个基础上,本研究根据基金经理在转换前的市场择时能力的中位数,将基金经理样本分为两个子样本。其中,将新策略定义为 s 虚拟变量,若基金经理在转换到多产品管理时使用了新策略,则 s 等于1,否则 s 等于0,并分别计算两个分组的新策略的平均值。研究发现,当基金经理从单产品管理转换为多产品管理时,他们更有可能进入新的投资领域(即采用新的投资策略),特别地,那些过去表现出卓越的市场择时能力的基金经理进入新的投资领域的概率更高。结果显示在表 4-6 的 Panel A 中。

最后,本研究将基金经理样本分为两个子样本:在转换后使用新策略的基金经理和保持相同策略的基金经理。然后计算转换后基金经理的市场择时能力的变化。结果显示,基金经理在转换为多产品管理后,其市场择时能力会恶化,而转换后采用新投资策略的基金经理,其市场择时能力的恶化程度更大(γ_i)。结果列示于表 4-6 的 Panel B 中。

表 4-6 基金经理的市场时机选择能力的描述性统计

Panel A:转换前			
	Low MT Group	High MT Group	Difference
	a	b	c=b−a
New Strategy(Dummy)	0.293	0.397	0.104**
Panel B:转换后			
ΔMarket Timing	Same Strategy	New Strategy	Difference
	a	b	c=b−a
$\Delta\gamma_i$	−0.067	−0.291	−0.224*

本表报告了基金经理的市场择时能力的描述性统计结果。Panel A 报告了两个子样本使用新策略的概率:市场择时能力低和市场择时能力高的基金经理。Panel B 报告了两个子样本的基金经理在转换为多产品管理后市场择时能力的变化:转换后使用新策略的基金经理,以及保持相同策略的基金经理。***、** 和 * 分别表示在 0.01、0.05 和 0.10 水平下的显著性。

(三）管理者多任务的决定因素

这一部分探究了基金经理从单产品管理转换到多产品管理的决定因素。首先，本研究按照 Agarwal 等（2018）的做法，通过跟踪基金经理在一段时间内管理的基金数量，构建了"基金经理—基金"的月度时间序列数据，以确定基金经理从单产品管理转向多产品管理的月份，并将基金经理从管理一只基金（即单产品管理）转向管理多只基金（即多产品管理）的月份定义为事件月。具体的选择条件是，基金经理在转换前在现有基金中至少有 12 个月的任期，并且在转换后继续经营现有基金和新增基金（即合并基金或新基金）至少 6 个月。按照这个标准，最终发现共有 540 位基金经理从单产品管理转为多产品管理，其中 430 位基金经理发行了一只新基金，45 位基金经理获得了一只现有基金，65 位基金经理被委托管理一只以上的新增基金。对于在整个样本期内持续管理多产品的 76 位基金经理的数据予以排除。至于管理多产品的基金经理的控制组，有 8370 个基金月度数据的结果表明，基金经理继续只管理一只基金，并将该组定义为非转换组。此外，对于被合并基金的控制组，本研究将未被基金经理纳入新管理资产的基金组别称为未合并基金。

本研究比较了基金经理从单产品管理转为多产品管理（转换者）的基金绩效与基金经理仍管理单一基金（非转换者）的基金绩效。如表 4-7 的 Panel A 显示，在转换月份之前的 12 个月内，转换者管理的基金的阿尔法月度值超过非转换者管理的基金 0.829%。这一结果表明，转换为多产品管理的基金经理在转换前表现出了卓越的绩效。

本研究将合并基金的绩效与那些未被管理多产品基金经理合并的基金（即非合并基金）的绩效进行比较。如表 4-7 的 Panel B 显示，在转换月前的 12 个月内，被合并基金的阿尔法月度值比未被合并的基金小 0.153%。该结果表明，多产品管理背后的动机之一是通过雇佣绩效表现良好的基金经理来接管这些基金，从而扭转绩效表现不佳的基金。

表 4-7 现有基金与合并基金的绩效比较

Panel A:现有基金

Performance	Non-switchers	Switchers	Difference
	a	b	c=b−a
Alpha(%)	0.361	1.191	0.829***

Panel B:合并基金

Performance	Non-Acquired	Acquired	Difference
	a	b	c=b−a
Alpha(%)	0.334	0.181	−0.153*

本表列出了现有基金和合并基金的绩效比较结果。Panel A 是基金经理从单产品管理转为多产品管理(转换者)的基金绩效与基金经理仍管理单一基金(非转换者)的基金绩效比较。Panel B 是合并基金的绩效与未被管理多产品基金经理合并的基金(即非合并基金)的绩效比较。***、** 和 * 分别表示在 0.01、0.05 和 0.10 水平下的显著性。

这种单变量比较提供了初步证据,即表现良好的基金经理更有可能从单产品管理转换为多产品管理,而表现不佳的现有基金则更有可能被基金经理所合并。进一步地,通过构建以下的逻辑回归模型,本研究讨论了基金经理转向多产品管理的决定因素。

$$Prob(Switch_{i,m}) = \alpha_0 + \beta_1 \times Performance_{i,[m-1,m-13]}$$
$$+ \beta_2 \times Manager\ Char_{i,[m-1,m-13]}$$
$$+ \beta_3 \times Fund\ Char_{i,[m-1,m-13]} + \gamma_i + \delta_m + \varepsilon_{i,m} \quad (5)$$

其中,被解释变量 $Switch_{i,m}$ 是一个指标变量,如果第 i 个基金的经理在第 m 个月从单产品管理转为多产品管理,则等于 1;如果第 i 个基金的经理仍然管理单一基金,则等于 0。$Performance_{i,[m-1,m-13]}$ 是基金在转换前 12 个月内估计的风险调整绩效($Alpha$)。$Manager\ Char_{i,[m-1,m-13]}$ 是基金经理特征的向量,包括基金 i 在转换前 12 个月内的年龄和投资年限。$Fund\ Char_{i,[m-1,m-13]}$ 是基金特征的向量(基金年限、激励费用、管理费用、锁定期、赎回期、"高水位线"指标、资产规模和杠杆率),在转换前的 12 个月期间衡量。γ_i 和 δ_m 分别为策略和时间固定效应。

此外,本研究还调查了合并基金的特征。本研究以 $Prob(Acquired_{i,m})$ 为被解释变量,构建与模型(5)类似的逻辑回归模型。$Acquired_{i,m}$ 是一个指标变量,如果基金 i 在第 m 个月被基金经理合并,从而实施多产品管理,则该变量等于 1,否则等于 0。解释变量与模型(5)中使用的变量相同。

表 4-8 报告了上述模型的结果。如第(1)列所示,可以发现 Alpha 与基金经理的转换显著正相关,表明过往绩效表现优异的基金经理更有可能转换为多产品管理。第(2)列中 Alpha 的系数显著为负,意味着过往绩效表现不佳的基金更有可能被基金经理合并,以进行多产品管理。这些发现印证了表 4-6 中的单变量结果,且该结果与 Agarwal 等(2018)和 Khorana(1996)的一致。

表 4-8 现有基金和合并基金的决定因素

解释变量	Switch from Single to Multitask	Acquired to Multitask
Alpha	15.395***	−7.358**
	(7.50)	(−2.11)
Age	0.253	−1.298***
	(0.76)	(−3.70)
Investment Years	0.030	0.244**
	(0.33)	(2.17)
Fund Age	−0.342***	0.624***
	(−7.36)	(10.52)
Incentive Fee	0.597	−1.723**
	(0.64)	(−2.12)
Management Fee	−14.472*	−8.680
	(−1.68)	(−1.20)
Lock-up Period	0.033**	−0.052***
	(2.22)	(−3.01)

（续表）

解释变量	Switch from Single to Multitask	Acquired to Multitask
Redemption Period	0.024	−0.020
	(0.56)	(−0.32)
High-water Mark	0.110	0.516***
	(0.83)	(3.99)
Asset Scale	0.061	−0.151***
	(1.00)	(−2.70)
Leverage	0.228*	0.086
	(1.83)	(0.64)
Strategy Fixed Effects	YES	YES
Year Fixed Effects	YES	YES
N	12376	120737
R-Squared	0.081	0.077

  本表报告了 Logistic 回归的结果，对基金经理从单产品管理转为多产品管理的现有基金类型（第（1）列）和这些基金经理为多产品管理而合并的现有基金类型（第（2）列）进行建模。在第（1）列中，如果基金经理在第 m 个月从单产品管理转为多产品管理，则被解释变量 *Switch* 等于 1，否则等于 0。在第（2）列中，如果基金经理在第 m 个月合并了一只基金进行多产品管理，则被解释变量 *Acquired* 等于 1，否则为 0。解释变量包括基金的 *Alpha*，基金经理的年龄和投资年限，以及基金的特征，包括基金年限、激励费用、管理费用、锁定期、赎回期、"高水位线"指标、资产规模和杠杆率。同时，本研究对投资策略和年份固定效应进行控制。在所有的回归中，括号内的 t 统计量均来自按基金分组的稳健标准误。样本期为 2010 年 4 月至 2017 年 12 月。***、**和*分别表示在 0.01、0.05 和 0.10 水平下的显著性。

（四）转向多任务处理和基金绩效

  本研究进一步考察了转为多产品管理对基金绩效的影响。假说 1 认为，现有基金和新增基金的绩效都会因基金经理的多产品管理而下降，因为控制多只基金的基金经理更有可能分心。假说 2 认为，管理多产品的基金经理会将其注意力和精力从现有的基金转移到新的基金上，从而导致现有基金的绩效下降，但新基金的绩效却可以得到改善。假说 3 认为，在基金经理进行多产品管理后，现有基金和合并基金的绩效都会提高，因为当基金经理同时为多只基金进行投资研究时,会学习相关的协同效益。

为了验证这三个假说,本研究首先考察了现有基金和合并基金在转为多产品管理之前和之后 12 个月的绩效,以及现有基金和新基金的投资组合在转为多产品管理之后 12 个月的绩效。如表 4-9 的 Panel A 所示,现有基金的绩效显著下降。在转换后的 12 个月期间,阿尔法的月度值下降了 0.828%。观察 Panel B 的结果可以发现,合并基金在转换后的表现没有统计学上的显著变化。C 组显示的是基金经理通过发行新基金来转换为多产品管理的这类基金的绩效。与转换前的现有基金相比,现有基金以及现有基金和新基金的组合在基金经理开始执行多产品管理后的绩效都明显下降。现有基金以及现有基金和新基金的投资组合的阿尔法月度值分别下降了 0.921% 和 0.917%。

表 4-9 转换前后的基金绩效变化

Panel A:现有基金			
Performance	Before	After	Difference
	a	b	c=b−a
Alpha(%)	1.191	0.363	−0.828***
Panel B:合并基金			
Performance	Before	After	Difference
	a	b	c=b−a
Alpha(%)	0.181	0.229	0.048
Panel C:现有基金(发行新基金)			
Performance	Before	After	Difference
	a	b	c=b−a
Alpha(%)	1.336	0.415	−0.921***
Portfolio Alpha(%)	1.336	0.419	−0.917***

本表介绍了基金绩效在转换前后的变化。Panel A(Panel B)报告了现有(合并)基金在转换之前和转换之后的阿尔法。C 组报告了基金经理在转换前后通过发行新基金进行多产品管理的现有基金的阿尔法,以及现有基金和新基金组合在转换后的阿尔法。样本期为 2010 年 4 月至 2017 年 12 月。***、**和*分别表示在 0.01、0.05 和 0.10 水平下的显著性。

这种单变量比较提供了初步证据,即同时管理多只基金的基金经理更有可能分心,从而导致现有基金以及现有基金和新基金的投资组合的绩效恶化,而新合并基金的绩效没有明显变化。这与第2节中的主要发现一致。

接下来,本研究通过构建模型(3)中描述的多元回归模型,进一步讨论基金经理从单产品管理转换到多产品管理对基金绩效的影响。表4-10报告了结果。第(1)列和第(2)列分别显示了转换对现有基金和新合并基金绩效的影响。第(3)列和第(4)列分别显示了基金经理通过发行新基金从而转换为多产品管理的基金,对现有基金绩效以及现有基金和新基金组合的影响。与表4-9的单变量结果一致,现有基金的绩效下降,而新合并基金的绩效在转换后没有出现明显变化。转换为多产品管理对现有基金的阿尔法有明显的负面影响(-0.009),而新合并基金的 $After$ 的系数并不明显。除此之外,现有基金的绩效以及现有基金和新基金的投资组合的绩效在新基金推出后都会恶化。转换对现有基金的阿尔法(-0.008)以及现有基金和新基金的投资组合的阿尔法(-0.008)有显著的负面影响。

表4-10 转换后基金绩效变化的多元回归

	(1) Alpha	(2) Alpha	(3) Alpha	(4) Portfolio Alpha
$After(Incumbent)$	-0.009^{***}		-0.008^{***}	-0.008^{***}
	(-7.01)		(-5.32)	(-5.77)
$After(Acquired)$		0.0002		
		(0.22)		
Age	-0.007^{**}	0.002	-0.010^{***}	-0.005^{*}
	(-2.13)	(0.80)	(-3.00)	(-1.74)
$Investment\ Years$	0.000	-0.001	0.001	-0.000
	(0.24)	(-0.77)	(1.00)	(-0.39)
$Fund\ Age$	-0.001	0.001^{*}	0.000	-0.000
	(-1.16)	(1.91)	(0.57)	(-0.14)
$Incentive\ Fee$	0.006	0.005	0.008	0.005
	(0.73)	(0.82)	(0.97)	(0.80)

(续表)

	(1) Alpha	(2) Alpha	(3) Alpha	(4) Portfolio Alpha
Management Fee	0.104	−0.012	0.011	0.041
	(1.34)	(−0.18)	(0.14)	(0.57)
Lock-up Period	0.000*	0.000**	0.000**	0.000***
	(1.67)	(2.33)	(2.06)	(2.76)
Redemption Period	0.000	0.000	0.001	0.001
	(0.77)	(0.54)	(1.28)	(1.32)
High-water Mark	0.000	−0.002	0.001	0.000
	(0.29)	(−1.56)	(0.46)	(0.08)
Asset Scale	−0.000	0.001**	−0.001*	−0.001*
	(−0.37)	(2.21)	(−1.92)	(−1.67)
Leverage	−0.003**	−0.004***	−0.005***	−0.004***
	(−2.29)	(−4.16)	(−3.89)	(−3.59)
Strategy Fixed Effects	YES	YES	YES	YES
Year Fixed Effects	YES	YES	YES	YES
N	12229	6923	11206	11206
R-Squared	0.006	0.005	0.025	0.029

本表报告了通过合并基金进行转换的现有基金(模型1)和合并基金(模型2),以及通过发行新基金进行转换的现有基金(模型3)和现有基金及新基金的投资组合(模型4)的风险调整绩效变化的多元回归结果。被解释变量是第 m 个月的 $Alpha$。主要的解释变量是指标变量 $After$,如果基金的月度观察值在转换事件之后,则该指标变量等于1;如果基金的月度观察值在转换事件之前,则该指标变量等于0。本模型对投资策略和年份固定效应进行了控制。在所有的回归中,括号内的 t 统计量均来自按基金分组的稳健标准误。样本期为2010年4月至2017年12月。***、**和*分别表示在0.01、0.05和0.10水平下的显著性。

到目前为止的研究结果表明,无论是现有基金的绩效,还是现有基金和新基金的投资组合的绩效,在其基金经理转换为多产品管理后,由于注意力有限导致的分心都会使基金绩效出现恶化。这些结果主要与假说1一致,而不赞成假说2或假说3。

在中国,私募基金经理从管理一只基金转为管理多只基金主要有两种方式。主流方式是基金公司聘用绩效良好的基金经理,通过推出新的基金产品,转而从事多产品管理的业务,这种方式的主要目的是扩大基金公司的规模。同时,由于私募基金在中国不允许做宣传,所以通过发行新基金来宣传公司也是一种重要的较理想的方式。另一种次要的转换方式,是基金公司合并一个现有的基金并将其分配给一个基金经理,同时要求其继续管理现有的基金。基金公司要求表现良好的基金经理接管被合并的基金,因为它们认为过去表现优异的基金经理能够比表现欠佳的同行做得更好。

此外,本研究通过调查管理多产品的基金经理是否更有可能发行新基金这一行为,来研究私募基金公司要求其基金经理管理多产品的经济动机。在比较管理单产品的基金经理与从管理单产品转为管理多产品的基金经理(即转换基金经理)在转换后连续两个月内发行新基金的比例之后发现,转换基金经理在转换后更有可能发行新基金,其发行新基金的比例为 9.4%,在基金经理转换后的第一个 3 月窗口期中,这一比例明显高于管理单产品的基金经理。然而,在转换基金经理中,发行新基金的比例在转换后的下一个 3 月窗口期中下降到了 3.2%,与管理单产品的基金经理的比例相比,该差异变得不明显。转换基金经理虽然管理着更多的基金产品,但他们的绩效却出现了恶化的情况,因此他们只能在短期内"欺骗"投资者,而投资者将意识到多产品管理导致长期绩效下降的事实。具体结果见表 4-11。

表 4-11 现有基金和合并基金的决定因素

Issue New Funds	Single-tasking Managers	Switch Managers	Difference
	a	b	c=b-a
Ratio at Quarter$_{t+1}$ a'	2.6%	9.4%	6.8%***
Ratio at Quarter$_{t+2}$ b'	2.7%	3.2%	0.5%

本表报告了管理单产品的基金经理发行新基金的比率,以及从管理单产品转为管理多产品的基金经理(即转换基金经理)在转换后连续两个月内发行新基金的比例。最后一列中报告了经转换的基金经理和管理单产品经理的比例差异。***、**和*分别表示在 0.01、0.05 和 0.10 水平下的显著性。

（五）对多任务基金经理的补充分析

除了上一节的实证分析外，本研究还探讨了使用多种策略和基金经理在管理团队中的任职情况是否会影响管理多产品的基金经理的绩效，以及多产品管理对不同投资风格的基金经理有何影响。

1. 基金绩效和使用多种策略

基金经理在投资中往往会使用几种不同的策略，如证券选择、相对价值、策略组合和方向交易。使用多种策略而不是单一策略有可能导致基金经理的有限注意力被分散，从而对管理绩效产生负面影响。为了检验这一假说，本研究在模型规格中加入了一个虚拟变量 $multistrategy$（多策略），如果基金经理采用多种策略，则该变量等于1，如果只使用单一策略，则该变量等于0。最后对私募基金经理的绩效进行多元回归，子样本中只包括管理多产品的基金经理。

表 4-12 的 Panel A 报告了回归结果，$multistrategy$ 对基金的原始收益、阿尔法和夏普比率有负向影响。回归中关于多策略的参数估计（第1、2、4列）表明，在其他条件相同的情况下，使用多策略会使原始收益率降低 5.2%，使阿尔法降低 4.2%，使夏普比率降低 43.4%。这一结果可能是由于当基金经理使用多种策略而非一种策略时，需要更多的时间和精力，导致他们的注意力被分散，从而降低了绩效。多策略和总风险可能存在负相关关系，因为多策略的使用有助于分散投资风险。总而言之，与有限注意力假说相一致的是，采用多种策略对工作繁忙、带宽较低的基金经理是不利的，他们在投资活动中最经不起分心。除此之外并没有发现基金经理控制的基金数量与基金绩效之间有任何显著关系。

如表 4-12 的 Panel A 所示，使用多种策略会分散基金经理的有限注意力。因此，使用多种策略对管理多产品的基金经理的绩效将会有较大的影响。为了验证这一假说，本研究用全样本进行了实证分析，包括管理单产品和管理多产品的基金经理，并增加了多任务和多策略的交乘项。在表 4-12 的 Panel B 中，多任务和多策略的交乘项的显著负系数表明，多策略的使用会导致基金经理有限注意力的分散，对管

表 4-12 注意力分散的管理多产品的基金经理绩效的多元回归

解释变量	Panel A				Panel B			
	Raw Return	Alpha	Total Risk	Sharpe Ratio	Raw Return	Alpha	Total Risk	Sharpe Ratio
Multistrategy	-0.052***	-0.042***	-0.016*	-0.434***				
	(-3.21)	(-2.75)	(-1.69)	(-3.46)				
N_funds	-0.0004	-0.0003	-0.0001	-0.0003				
	(-0.73)	(-0.77)	(-0.52)	(-0.09)				
Multitasking × Multistrategy					-0.047***	-0.038**	-0.016*	-0.390***
					(-2.96)	(-2.51)	(-1.68)	(-3.21)
Multitasking					-0.025**	-0.020**	-0.008	-0.167***
					(-2.38)	(-2.06)	(-1.25)	(-2.83)
Age	-0.013	-0.005	-0.021	-0.093	0.010	0.005	0.004	-0.110
	(-0.47)	(-0.18)	(-1.20)	(-0.52)	(0.42)	(0.23)	(0.23)	(-0.84)
Investment Years	0.006	0.004	-0.006	0.015	-0.004	-0.002	-0.004	-0.037
	(0.68)	(0.52)	(-1.11)	(0.33)	(-0.56)	(-0.28)	(-0.98)	(-1.08)
Fund Age	0.013	-0.004	0.014***	0.071	0.002	-0.007	0.010***	0.025
	(1.49)	(-0.50)	(3.40)	(1.54)	(0.42)	(-1.41)	(3.94)	(0.91)
Incentive Fee	0.041	0.020	0.114***	-0.748*	0.074	0.040	0.121***	-1.048***
	(0.61)	(0.32)	(3.11)	(-1.87)	(1.34)	(0.78)	(3.54)	(-3.04)
Management Fee	-0.516	-0.547	-0.687	0.757	-0.134	-0.147	-0.063	2.252
	(-0.65)	(-0.74)	(-1.58)	(0.15)	(-0.22)	(-0.26)	(-0.17)	(0.67)

(续表)

解释变量	Panel A				Panel B			
	Raw Return	Alpha	Total Risk	Sharpe Ratio	Raw Return	Alpha	Total Risk	Sharpe Ratio
Lock-up Period	0.001	0.001	−0.001	0.007	0.001	0.001	−0.001	0.002
	(0.44)	(0.59)	(−0.98)	(0.79)	(0.66)	(1.01)	(−0.80)	(0.33)
Redemption Period	0.011	0.007	0.004	0.018	0.003	0.002	0.001	−0.004
	(1.46)	(1.00)	(0.95)	(0.43)	(0.68)	(0.42)	(0.51)	(−0.15)
High-water Mark	−0.013	−0.011	−0.015	−0.057	−0.030***	−0.028***	−0.023***	−0.088
	(−0.68)	(−0.61)	(−1.43)	(−0.46)	(−2.68)	(−2.72)	(−3.37)	(−1.34)
Asset Scale	−0.010*	−0.008	−0.002	−0.010	−0.000	−0.000	−0.007**	0.028
	(−1.66)	(−1.54)	(−0.50)	(−0.27)	(−0.03)	(−0.09)	(−2.23)	(1.08)
Leverage	−0.022	−0.014	0.008	−0.104	−0.034***	−0.025***	0.020***	−0.279***
	(−1.57)	(−1.10)	(0.96)	(−1.23)	(−3.54)	(−2.92)	(3.22)	(−5.11)
Strategy-fixed Effects	YES	YES	YES	YES	YES	YES	YES	YES
Year-fixed Effects	YES	YES	YES	YES	YES	YES	YES	YES
N	1936	1936	1936	1936	3885	3885	3885	3885
Adjusted R^2	0.309	0.192	0.349	0.235	0.278	0.156	0.301	0.249

Panel A 报告了私募基金经理绩效的多元回归的估计,主要的解释变量是虚拟变量 Multitasking,如果基金经理采用不同的策略,该变量等于 1,否则等于 0。Panel B 报告了多任务和多策略的交互作用对基金经理绩效的影响,取的是管理多产品的基金经理的子样本。Panel B 报告了多任务和多策略的交互作用对基金经理绩效影响的估计,以全部基金经理样本为例。主要的解释变量是虚拟变量 Multistrategy,如果基金经理采用不同的策略,该变量等于 1,否则等于 0。N_funds 是基金经理同时运作的基金数量。在所有的回归中,括号内的 t 统计量均来自按基金经理分组的稳健标准误。样本期为 2010 年 4 月至 2017 年 12 月。***、**和*分别表示在 0.01、0.05 和 0.10 水平下的显著性。

理多产品基金经理的绩效有更强的负作用。该结果支持有限注意力假说。

2. 基金绩效和基金经理在公司管理团队中的成员身份

与不在基金公司管理团队任职的基金经理相比,加入管理团队的基金经理承担了额外的责任,这可能会分散他们对投资活动的注意力,对其绩效产生负面影响。为此,本研究首先构建了一个虚拟变量 *management*,如果基金经理在基金公司的管理团队中任职,则该变量等于1,否则等于0。其次,本研究对身兼多职的基金经理子样本进行多元回归,以检验其在管理团队中任职是否会使管理多产品的基金经理的绩效恶化。表4-13的Panel A报告了结果。与预测一致的是,加入基金公司管理团队的管理多产品的基金经理在原始收益率、阿尔法、夏普比率指标上分别有4.7%、4.3%和20.9%的降低,但这对基金的总风险没有显著影响。

本章继续研究了在管理团队中任职是否对全样本的多产品管理者(包括管理多单产品和管理多产品的基金经理)的绩效有更强的负面影响,并添加了多产品管理和管理的交乘项。如表4-13的Panel B所示,多产品管理和管理的交乘项系数显著为负,这意味着加入管理团队会分散基金经理有限的注意力,并导致管理多产品的基金经理的绩效恶化。这与有限注意力假说是一致的。

3. 基金绩效和不同投资风格的基金经理

为了研究不同的私募基金策略如何影响实证模型中的不同变量,本研究按基金经理采用的策略划分样本,其中包括证券选择、相对价值、策略组合和方向交易,并对这些子样本进行了多元回归。最终发现,使用证券选择策略(多头和多空的股票策略)、相对价值策略和策略组合的基金经理表现出了多产品管理与基金绩效之间的负相关关系。结果见表4-14。

可以发现,在多进程策略的子样本中,管理多产品对基金绩效没有太大的影响。一个可能的原因是,如果一个基金经理在管理单产品时使用过多的管理策略,那么他已经拥有一定"管理多产品"的经验,

表 4-13　注意力分散的管理多产品基金经理绩效的多元回归

解释变量	Panel A				Panel B			
	Raw Return	Alpha	Total Risk	Sharpe ratio	Raw Return	Alpha	Total Risk	Sharpe ratio
Management	-0.047***	-0.043***	-0.0001	-0.209**				
	(-3.06)	(-2.96)	(-0.01)	(-2.01)				
N_funds	-0.0004	-0.0004	-0.0001	-0.001				
	(-0.87)	(-0.90)	(-0.55)	(-0.22)				
Multitasking × Management					-0.066*	-0.056*	-0.039**	-0.532***
					(-1.76)	(-1.76)	(-2.44)	(-3.30)
Multitasking					-0.016	-0.011	-0.005	-0.091
					(-1.52)	(-1.16)	(-0.85)	(-1.52)
Management					-0.004	-0.008	0.024	-0.061
					(-0.10)	(-0.27)	(1.53)	(-0.44)
Age	-0.003	0.004	-0.022	-0.051	0.019	0.013	0.005	-0.037
	(-0.12)	(0.16)	(-1.20)	(-0.28)	(0.78)	(0.60)	(0.30)	(-0.28)
Investment Years	0.003	0.002	-0.006	0.002	-0.005	-0.003	-0.005	-0.046
	(0.41)	(0.26)	(-1.16)	(0.04)	(-0.69)	(-0.40)	(-1.09)	(-1.29)
Fund Age	0.012	-0.004	0.014***	0.072	0.002	-0.007	0.010***	0.023
	(1.47)	(-0.51)	(3.42)	(1.55)	(0.41)	(-1.43)	(4.05)	(0.86)
Incentive Fee	0.033	0.013	0.113***	-0.795**	0.075	0.040	0.120***	-1.050***
	(0.49)	(0.21)	(3.08)	(-1.98)	(1.36)	(0.80)	(3.52)	(-3.06)

（续表）

解释变量	Panel A				Panel B			
	Raw Return	Alpha	Total Risk	Sharpe ratio	Raw Return	Alpha	Total Risk	Sharpe ratio
Management Fee	−0.673	−0.688	−0.696	−0.061	−0.202	−0.213	−0.058	1.588
	(−0.85)	(−0.93)	(−1.60)	(−0.01)	(−0.33)	(−0.39)	(−0.15)	(0.48)
Lock-up Period	0.001	0.001	−0.001	0.009	0.001	0.001	−0.001	0.002
	(0.63)	(0.78)	(−0.99)	(0.93)	(0.67)	(1.03)	(−0.81)	(0.36)
Redemption Period	0.010	0.006	0.004	0.010	0.003	0.002	0.001	−0.005
	(1.35)	(0.91)	(0.87)	(0.24)	(0.65)	(0.40)	(0.43)	(−0.21)
High-water Mark	−0.009	−0.007	−0.015	−0.032	−0.028**	−0.026**	−0.023***	−0.071
	(−0.44)	(−0.38)	(−1.42)	(−0.26)	(−2.48)	(−2.51)	(−3.37)	(−1.09)
Asset Scale	−0.011*	−0.009*	−0.002	−0.021	−0.001	−0.001	−0.007**	0.021
	(−1.90)	(−1.75)	(−0.61)	(−0.58)	(−0.27)	(−0.32)	(−2.24)	(0.78)
Leverage	−0.025*	−0.017	0.008	−0.122	−0.035***	−0.026***	0.019***	−0.287***
	(−1.75)	(−1.27)	(0.90)	(−1.43)	(−3.64)	(−3.01)	(3.17)	(−5.24)
Stratgey-fixed Effects	YES	YES	YES	YES	YES	YES	YES	YES
Year-fixed Effects	YES	YES	YES	YES	YES	YES	YES	YES
N	1936	1936	1936	1936	3885	3885	3885	3885
R^2	0.310	0.193	0.348	0.232	0.282	0.161	0.303	0.260

表 4-14　对具有不同投资风格的私募基金经理的绩效进行多元回归

Panel A：证券选择

解释变量	被解释变量			
	Raw Return	Alpha	Total Risk	Sharpe Ratio
Multitasking	−0.024**	−0.020**	−0.011	−0.128**
	(−2.21)	(−2.04)	(−1.63)	(−2.16)
Controls	YES	YES	YES	YES
N	3224	3224	3224	3224
R^2	0.297	0.179	0.279	0.279

Panel B：相对价值

解释变量	被解释变量			
	Raw Return	Alpha	Total Risk	Sharpe Ratio
Multitasking	−0.050**	−0.039**	−0.007	−0.708***
	(−2.51)	(−2.03)	(−0.59)	(−3.21)
Controls	YES	YES	YES	YES
N	379	379	379	379
R^2	0.280	0.158	0.097	0.271

Panel C：策略组合

解释变量	被解释变量			
	Raw Return	Alpha	Total Risk	Sharpe Ratio
Multitasking	−0.027	−0.023	−0.005	−0.641***
	(−1.46)	(−1.37)	(−0.37)	(−3.04)
Controls	YES	YES	YES	YES
N	651	651	651	651
R^2	0.188	0.098	0.147	0.160

Panel D：方向交易

解释变量	被解释变量			
	Raw Return	Alpha	Total Risk	Sharpe Ratio
Multitasking	−0.029	−0.019	−0.018	−0.448
	(−0.62)	(−0.44)	(−0.85)	(−1.53)
Controls	YES	YES	YES	YES
N	374	374	374	374
R^2	0.112	0.051	0.185	0.162

本表报告了不同投资风格的私募基金经理绩效的多元回归结果。证券选择、相对价值、策略组合和方向交易。请注意，一个基金经理可能采用一种以上的策略，因此会被列入四个子样本中的一个或多个。Panel A 至 Panel D 组报告了对这四个子样本的多元回归结果。在所有的回归中，括号内的 t 统计量均是按基金经理分组的稳健标准误差得出的。***、** 和 * 分别表示在 0.01、0.05 和 0.10 水平下的显著性。

这可能有助于减轻他在管理多只基金时带来的负面影响。为了探究这一点，本研究进一步将使用策略组合的基金经理分为两个子样本：在管理单一基金时使用策略组合的基金经理和没有使用的基金经理。根据模型(2)对这两组子样本进行回归分析，结果显示，在转为管理多产品的基金经理之前，具有管理单一基金策略组合经验的基金经理不会被多产品管理所干扰，但在管理单一基金时没有策略组合经验的基金经理则会被多产品管理所干扰，并受到负面影响。这些结果与前述的主要发现一致。

（六）稳健性检验

1. 针对选择偏差问题的 Heckman 两步估计法

一个值得关注的问题是，实证结果可能会受到样本选择偏差的影响。考虑到这一点，本研究使用 Heckman(1979) 的两步法来估计实证模型，如公式(2)所述。本研究选用 Probit 选择方程来估计私募基金经理管理多只基金的概率，同时在选择方程中使用的排他性限制是公司的初始规模（*Inception Scale*）。这一方法由 Lu 和 Teo(2020) 提出，该文在 Heckman 修正中采用了公司成立时的基金流量作为排他性限制。公司的成立规模是指公司成立时的规模大小，它在一定程度上代表了公司的实力和市场影响力，因此它可能会影响基金经理对是否管理更多基金产品（即管理多产品）的选择。同时，在控制基金年龄等其他基金属性的情况下，公司成立时的规模不太可能显著解释未来的基金绩效。这些结果与本研究的主要结果一致。

2. 其他稳健性检验

本节还检查了研究结果对几个替代变量的稳健性。为了检验基金产品年度超额收益（*Alpha*）的稳健性，本研究使用了 Carhart(1997) 的四因素模型。估计结果与使用 Fung 和 Hsieh(2004) 的七因素模型一致。

本研究在基本模型的规格中进行了面板分析。然而，横截面分析可能是一种替代方法，因为基金产品的夏普比率在较长的样本期内更准确。作为稳健性检验，本研究计算并使用了多产品管理和回归中其他变量的横截面数据。多产品管理对私募基金绩效的影响证实了主要结果。

本实证样本合并了同一基金产品所发行的不同股票。作为稳健性检查，本研究通过使用私募云通数据库中提供的父子基金关联表（包括结构、组合、扩张、份额和种类等类型的关联基金）来合并可能属于同一基金的基金产品，并使用这些数据来进行模型（2）中描述的基本回归。所得结果与本研究的主要结果一致。

在实证分析中，本研究构建了一个等权组合来衡量管理多产品的基金经理的收益和风险。作为稳健性检查，本研究为每一个从事多产品管理的基金经理构建了一个价值加权组合，从而衡量基金经理的整体绩效，并根据基本模型进行了回归分析。所得结果与本研究的主要结果一致。

此外，本研究预测，如果从管理单产品转换到管理多产品，或采用新的策略进行管理，那么基金经理的注意力会因工作量的增加而更加分散，从而导致基金绩效进一步恶化。为了实证检验这一预测，本研究在回归模型中加入变量 $New\ Funds$（转换过程中新推出的基金数量）和虚拟变量 $New\ Strategy$（新策略），如果新基金使用不同于现有基金的新策略，该变量等于 1，否则等于 0。所得结果与本研究的预测一致。

作为稳健性检查，本研究测试了基金经理在"985"大学的本科教育，以及理工科教育背景是否会对多产品管理影响基金经理绩效的效果产生影响。结论显示，基金经理在"985"大学的本科教育以及理工科教育背景都与他们的投资绩效无关。

四、研究结论与监管建议

本章利用 2010 年 4 月至 2017 年 12 月中国私募基金的样本数据,研究了多产品管理对基金绩效的影响。该实证结果表明了三个主要结论:首先,有强有力的证据表明,管理多产品的基金经理在原始收益、阿尔法和夏普比率方面的表现较差,且多产品管理对管理绩效的影响可能受到市场条件的影响。具体来说,在牛市中,多产品管理明显降低了投资绩效。但在熊市中,多产品管理和绩效之间不存在这种关系。其次,基金公司会选择过往绩效优异的基金经理,令其"身兼数职",以接管绩效不佳的基金或推出新基金。最后,在转换为多产品管理之后,现有基金出现了绩效下滑的现象,而新增基金的绩效并未出现明显的改善,现有基金和新增基金的投资组合的绩效均在下降,且下降的趋势随着新增基金数量和采用的策略增加而增加。

此外,本研究发现采用多种策略和基金经理在基金公司的管理团队中任职这两个因素会使"低带宽"的管理多产品的基金经理的绩效下滑;多产品管理对采用证券选择策略(多头和多空的股票策略)、相对价值策略和多进程策略的基金经理有负面影响。

本章的研究结论为理解在新兴市场中有限注意力对专业基金经理的影响提供了起点,对已有文献做出了贡献。此外,本研究还构建了一个中国私募基金的全面数据集,其中包括私募基金经理的特征,如他们管理的基金、采取的策略、年龄、投资年限、教育背景和公司组织结构。

本章的研究结果为今后的研究提供了一些可供参考的路径,以进行更多深入的分析,探索多产品管理使私募基金经理的投资绩效下滑的潜在渠道,例如,时间有限的基金经理是否更有可能减少主动下注的行为,或更多地投资于指数股票,而这些操作则可能损害基金的收益。未来的研究还可以探讨基金公司内部的组织结构对基金收益的影响。此外,还可以从另一个角度来研究基金的表现,即比较由一个基金经理管理的基金和由一个基金经理团队管理的基金之间的表现。

第五章　中国私募基金经理结构洞与基金绩效联动

本章使用了一个全新的私募基金数据库,来检验社会网络对中国私募基金绩效联动的影响。本章通过使用基金经理的大学校友关系网络中的结构洞来衡量基金经理的社会网络地位,并对 2010 年至 2017 年中国的 3012 只私募基金进行了实证分析,研究发现更大的结构洞与更高的私募基金绩效联动相关,且结构洞对绩效联动的积极影响不受市场周期、基金经理大学专业或其个人能力的影响。

一、私募基金经理结构洞影响基金绩效联动的理论分析

中国私募基金业发展迅速,从 2002 年的几乎不存在发展到 2017 年底管理着超 1.68 万亿美元的资产。私募基金作为一种重要的新型机构投资者,其产品在资产管理能力方面已经可以与公募基金相媲美(陈道轮等,2013)。以往发达国家有关私募基金的文献表明,私募基金与公募基金主要有以下不同之处:与市场基准相比,私募基金的基金经理通常具有出众的投资经验和专业能力(Stulz,2007;Agarwal et al.,2011a),但公募基金的基金经理并不具备出众的择时或选股能力(Goetzmann et al,2007)。虽然私募基金近年来在中国发展迅猛,但关于这方面的研究却很鲜见。原因在于,该行业的历史相对较短,同时在中国难以获得可靠和准确的私募基金数据。至于私募基金的表

现是否优于市场基准,以及中国的私募基金经理是否拥有超强的专业能力,是一个悬而未决的问题。与西方同行相比,中国的私募基金有几个有趣的特点,如拥有独特的筹资渠道用于发行相对短期的基金,以及有限数量的对冲工具(Hong et al.,2016)。尽管在中国注册的私募基金能够享受一些优惠的税收待遇,但许多中国的私募基金与美国的私募基金类似,出于免税目的在开曼群岛等避税天堂注册。这些特点使得中国私募基金行业的特征和动态变化成为一个具有吸引力的话题。

随着社会科学被引入金融和公司治理领域,学者们开始着手于社会网络的研究。与此同时,境外研究的重点也从私募基金经理的个人特征转向个体与整体关系网络的特征(He and Li,2016)。从以上角度来看,私募基金经理在社会网络中的位置对其投资行为具有重要影响,这与对基金经理个人特征的单一分析不同(Granovetter,1985)。与西方文化相比,中国文化——作为一种典型的东方文化——强调人与人之间的关系(Chow,2004),这种背景增强了私募基金经理的社会网络的影响力和重要性。

私募基金经理的社会网络覆盖面很广,包括大学校友、同事、协会会员等。与通过业务关系建立的社会关系不同,校友之间更容易形成信任感和同理心(Zou and Ingram,2007;Kang et al.,2014)。在金融市场中存在一种常见的现象,即许多基金经理均毕业于同一所顶尖大学,这些校友关系网络为拥有各种资源的校友提供了相互分享信息的渠道(Kuhnen,2009;Fracassi and Tate,2012)。由于数据可获得性的限制,现有文献对基金经理的大学校友关系网络的研究集中在公募基金经理的校友关系上。其中,有关中国公募基金的文献表明,拥有更广泛社会网络和更强社会关系的基金经理更有可能获得关于股票的有效信息,并据此在股票市场上获得更好的绩效(Shen et al.,2015)。私募基金作为中国投资者的一种新型投资工具,不同于公募基金的原因在于它们采用独特的投资策略来跑赢市场(Sun et al.,2012)。这种基于大学校友关系的"网络文化"对私募基金的回报以及联动有何影响,目前仍不得而知。如果通过关系网络能够让基金经理之间更好地协调信息和收益——让他们能够实现共同目标——那么网络连接型的基金应该表现出更大的绩效联动。

基于已有私募基金文献,本章研究的贡献在于提供了一个新的视角:社会网络。更具体地说,本章测量了基金经理在大学校友关系网络中结构洞的位置,并将其作为本研究情境下社会关系网络位置的代理变量。在此基础之上,本研究从基金经理的大学校友关系网络位置的角度出发,研究了社会网络对私募基金绩效联动的影响。

Burt(1992)在著作《结构洞:竞争的社会结构》中首次引入结构洞的概念。他指出,在实际的社会网络结构中,当两个或多个实体之间缺乏直接联系时就会出现结构洞。占据结构洞位置的实体可以与另外两个彼此没有直接联系的实体进行联系,并获得对非冗余异构信息的独占访问权。这样他们就能充分获得信息和控制权的好处,从而在市场竞争中抢占先机。

结构洞的信息优势以三种形式出现:访问、时机和推荐。首先,访问是指接收一条有价值的信息并知晓谁拥有该信息的使用权,它强调获取信息的成本。占据结构洞位置的私募基金经理可以利用其网络更容易地获得社会信任。由此可见,结构洞可以降低信息获取的交易成本,提高信息收集和信息处理的效率。其次,时机是信息于网络间传播的一个重要特征,它侧重于获取信息所需的时间。占据大量结构洞的私募基金经理可以更快地获得有价值的信息,充分发挥信息的时效性,这一点在资本市场上尤为重要。最后,推荐是指通过介绍和引荐获得更多的机会和资源,它强调对信息的利用。因此,控制结构洞的益处包括对信息及其传递的控制。综上,占据结构洞位置的私募基金经理在两个无关联的个体之间搭建了一座信息沟通的桥梁,同时又享有极大的自由,他们可以控制所传递信息的内容,并有机会传播扭曲的信息。

许多学者研究了私募基金的绩效联动规律。Sabbaghi(2011)比较了私募基金领域各种投资策略的表现,并重点关注了2007年至2010年美国金融危机期间私募基金收益的联动性和波动性。他的研究使用了传统的时间序列分析,并从2005年到2007年横截面数据的协方差上升中判断出,在美国金融危机发生前,收益具有高度的正相关性。然而,在美国金融危机期间,由于私募基金波动性增加,横截面的相关性有所下降。他的结论是,高协方差水平是私募基金行业未来波动性的重要预测指标。Chung和Kang(2016)发现属于同一个一级经纪商的私募基金的收益具有很强的联动性。这种同步既不是由同一家族的基金驱动的,也不是由同一风格的基金驱动的,它不同于整个市场范围或局部的同步。他们发现了支持共同信息假说的有力证据,但关于支持主要经纪人层面的传染假说的证据有限。Kellard等(2017)检验了相互竞争的私募基金之间的沟通、评估和决策实践对羊群行为的影响,以及这是否对市场价格和市场风险有影响。他们发现,决策的制定主要依赖于私募基金经理之间以及基金经理和经纪人之间的社会网络。这些网络关系有助于相互竞争的私募基金之间的信息共享和传播,从而导致出现"基于专业知识的"羊群行为。Adrian(2007)将2006年对冲基金收益与1998年危机前的基金绩效上升进行了比较,发现2006年的基金绩效上升是由收益的波动性下降驱动的,而更早期的上升是由高协方差驱动的——这是一种衡量共同运动的替代指标。Hong等(2016)最早系统性地研究了中国私募基金的绩效和风险。他们发现,从2007年到2015年,以综合指数为代表的中国私募基金的回报率通常比蓝筹股指数更加优异,夏普比率翻了一倍,但波动性和最大回撤却不到蓝筹股指数的一半。

由于社会网络在中国和其他新兴市场的商业和政治中发挥着重要作用,越来越多的文献研究了社会关系对基金绩效的影响(Berk and Green,2004;Butler and Gurn,2012)。然而,这些研究侧重于股票和公募基金等权益的社会联系,以及社会关系对权益表现的影响(Piotroski et al.，2018)。本章的研究内容具有很强的时效性,因为本研究关注的是社会网络中结构洞的位置及其对私募基金收益的联动性影响。

私募基金经理是投资决策的制定者,他们所掌握的知识和信息将直接影响其管理的私募基金的绩效表现。先前有关社会网络理论的文献指出,当一个企业作出决策以实现利益最大化目标时,不仅会考虑价格信号,同时它的决策行为和能力也会受到其社会网络的影响(Granovetter,1985;Uzzi,1999)。在基金经理的校友关系网络中,毕业于同一所大学的基金经理通常会组成一个小团体,并保持直接联系。由于基金经理们可能在不同的大学接受本科、硕士和博士教育,他们有可能通过这个连锁的基金经理网络与其他基金经理发生间接联系。因此,在整个大学校友关系网络中,每个基金经理的小网络都存在诸多结构洞,进而可知拥有更多链式连接的基金经理将具有信息优势,并因其在结构洞中的有利地位而获得权力(陈运森和谢德仁,2011)。这就意味着,由社会网络中结构洞较多的基金经理所管理的私募基金,应该会表现出更大的绩效联动。本研究提出假说——社会关系将对私募基金的绩效联动产生积极影响。

本研究以2010年至2017年中国3012只私募基金为样本,实证检验了该假说。将研究背景聚焦于中国有两个原因:第一,由于中国传统文化尤其是儒家思想的影响,与更加重视契约的西方国家相比,中国社会更青睐礼仪和社会关系,一个人在社会网络中结构洞的位置对于信息收集和决策至关重要;第二,随着金融市场的快速发展,中国出现了大量新兴私募基金,这为理解大学校友关系网络如何影响新兴市场中私募基金的投资决策和绩效联动提供了良好的实证数据来源。

本章研究了私募基金经理校友关系网络中的结构洞对基金绩效联动的影响。与美国和欧洲的私募基金行业相比,中国的私募基金行业历史相对较短,第一只私募基金出现于2002年,且直到2010年中国的私募基金行业才具备增长动力。2010年4月16日,中国金融期货交易所(CFFEX)推出了 CSI 300 指数(通常称为"沪深 300 指数")的金融期货,这是一个由沪深交易所交易的最大的 300 只股票(按市值计算)以市值加权的方法组成的股票市场指数。该期货的推出为投资者提供了更智能且覆盖范围更广的风险对冲工具,它并非仅为投资者提供融资融券交易的机会,同时使 Haugen(2001)所言的真正意义上的私募基金行业的出现成为可能。因此,本章的研究聚焦于 2010 年 4 月 16 日至 2017 年 12 月 31 日的中国私募基金。

私募基金正在中国金融市场上发挥着越来越重要的作用,它投资于各种资产类别,2010 年至 2017 年,约 59% 的私募基金产品投资于股票,12% 投资于债券,8% 投资于期货(赵羲等,2018)。一般来说,投资不同资产类别的私募基金经理属于不同的"网络"。因此,本章研究了私募基金中对市场影响最大的私募基金。此外,私募基金有多种投资策略,赵羲等(2018)的研究表明,在私募基金的投资活动中最受欢迎的策略是多空股票策略(占样本产品总数的 55%),其次是市场中性策略(占样本产品总数的 4%)。本研究对投资策略进行了控制,在此基础上探究了结构洞对绩效联动的影响是否因投资策略而异。

随着风险管理市场的发展,中国私募基金行业快速发展。在日均交易量和资产管理能力方面,私募基金行业可与公募基金行业相媲美(陈道轮等,2013)。赵羲等 2018)系统性地研究了 2010 年至 2017 年中国私募基金行业,发现中国私募证券投资基金本质上对应于发达国家的私募基金。然而,作为一种新型投资工具,中国的私募基金与西方的同类产品不同,主要表现在以下几个方面:中国私募基金总数更多(是境外基金总数的两到三倍)、初始筹资水平更低(只有境外同行的 1/60)、持续时间更短(是同期境外基金的 1/3)、收益更高(是同期境外产品的两倍)、波动性更大(是境外产品的两到三倍),以及夏普比率更低(是境外产品的 80% 到 90%)。因此,中国私募基金行业在运营效率、市场结构、行业监管等方面与发达国家仍有较大差距。

为了进一步分析,本研究针对中国私募基金经理的教育和工作经验背景信息构建了一个综合数据库,并使用这些信息来识别每个基金经理的大学校友关系网络。具体来说,如果两个基金经理毕业于同一所大学,则被认为是有联系的。根据网络分析的相关成果,本研究遵循 Burt(1992)的做法,通过计算结构洞来作为基金经理在校友关系网络中位置的度量,这种方法能够识别 2010 年至 2017 年中国 3012 只私募基金的 584 位经理在社会网络中的结构洞。

本研究的结果表明,基金经理的大学校友关系网络结构洞越大,其与基金收益的联动性越高。在考虑了由一个共同基金经理管理多个产品之后,本研究结果对不同的模型、面板数据都具有稳健性。进一步地,本研究探讨了结构洞对收益的影响是否因整体市场条件或投资策略而有差异。为了检验这些想法,本研究根据牛熊市与否来划分样本期;同时根据三种投资策略将样本分为三组:多头、多空和市场中性策略。与预测一致,本研究发现在熊市和牛市中,结构洞和收益的联动性之间存在正相关关系,而且在三种投资策略的子样本下均成立,并且基金经理的大学专业和能力并不影响结构洞的作用。

为了进一步明确社会网络影响基金绩效联动的渠道,本章还研究了结构洞和基金绩效之间的关系。结果表明,结构洞越大(大学校友关系网络越多)的私募基金具有获得越多有用信息的机会,也更有可能取得好的绩效,比如更高的收益和更低的风险。

本研究通过在大学校友关系网络中引入结构洞的概念,为社会网络和金融领域的已有研究做出了贡献。首先,本研究探究了私募基金经理校友关系网络的结构洞问题,扩展了现有的社会关系与私募基金关系的文献。此前的文献已对私募基金进行了理论分析(Adrian,2007;Sabbaghi,2011;Chung and Kang,2016),然而,由于缺少发达国家的数据,境外学者的这些理论无法得到实证研究。而本章内容探究了社会网络和基金收益之间的关系,并发现基金经理的校友关系网络地位——超越双边关系——对私募基金的投资决策和绩效有着重要的作用。

其次,尽管有深入、丰富的文献研究了公募基金的风险和收益,但对私募基金的研究却寥寥无几(He and Li,2016;Foroughi,2017)。本研究构建了2010年4月至2017年12月中国私募基金的综合数据库,有助于学界和实务界更好地了解私募基金。该数据库包含私募基金经理的个人信息,如基金经理的教育背景、工作经验等,且这是金融文献中第一个提供私募基金经理个人信息的综合数据库。

最后,本研究丰富了市场周期和私募基金收益率联动的文献。本研究探究了在包括牛熊市的不同市场周期中,社会网络对私募基金绩效联动的影响,发现基金经理的大学校友关系网络结构洞对牛熊市下的绩效联动均有积极影响。

二、数据来源与研究设计

本章将讨论私募基金绩效联动的决定因素,同时重点研究私募基金经理的大学校友关系网络中结构洞所扮演的角色。具体内容为:对实证分析数据来源的描述性统计、结构洞的测量方式、在实证估计中使用的其他控制变量,以及用于分析的计量经济学规范。

(一) 样本选择

本研究对2010年至2017年的中国私募基金样本进行了实证分析。以中国私募基金为研究对象主要出于以下原因:第一,和大多数发展中经济体一样,社会网络是中国经济的一个重要方面;第二,大学校友在中国社会关系中扮演着重要的经济角色;第三,中国私募基金的价格通常表现出显著的联动性,因此通过校友关系网络建立的私募基金间的联系可以为这种高绩效联动提供额外的解释。

为了开展本研究,本章收集了私募基金经理教育、工作经验等方面的数据。数据来源包括上海交通大学上海高级金融学院中国私募证券投资研究中心,以及 WIND 数据库、朝阳永续、私募云通、私募排排网和大智慧,以及中国证券投资基金业协会公布的官方数据。在此基础上,本研究构建了一个关于中国私募基金经理教育背景的综合数据库,并利用这些信息来识别每位基金经理的大学校友关系网络。由于多年来部分大学的名称发生了变化和合并,本研究使用 2017 年的大学名称来代表各个学校。除此之外,本数据库中也提供了关于私募基金绩效的数据。

本研究考察了 2010 年 4 月 16 日至 2017 年 12 月 31 日基金经理大学校友关系网络中的结构洞对私募基金绩效联动的影响。本研究考虑了 3012 种私募基金,涉及 313 家私募基金公司的 582 位基金经理。本研究排除了在研究期间每月公布净值少于 6 次的私募基金,以及那些缺少控制变量的私募基金。此外,本研究对连续变量 1% 以下和 99% 以上的分位数数据进行了 Winsorize 缩尾处理。

(二) 主要变量

1. 绩效联动

本研究使用测量私募基金绩效联动的指标来衡量两只基金在经济活动上的相似程度。具体来说,根据 Khanna 和 Thomas(2009)、Antón 和 Polk(2015) 以及 Piotroski 等(2018)的结果,本研究对私募基金绩效联动的衡量如下:

$$Comovement_i = \frac{1}{N} \sum_{j=1, j \neq i}^{N} Comovement_{ij} \tag{1}$$

其中,$Comovement_i$ 是基金 i 与其他基金 j 的皮尔逊相关系数平均值,$Comovement_{ij}$ 是根据同期配对的基金(例如基金 i 和基金 j)的去趋势四因素模型调整后的月度基金收益率计算得出的。

2. 结构洞

本研究的核心解释变量是结构洞,它是基金经理大学校友关系网络的代理变量。不论是攻读本科、硕士还是博士学位,只要两位基金经理毕业于同一所大学,他们之间的关系便被定义为校友直接联系。网络结构洞的位置基于基金经理的校友直接联系。

本研究遵循 Burt(1992)的做法计算结构洞:

第一步:

$$C_{ij} = \left(P_{ij} + \sum_q P_{iq}P_{qj}\right)^2 \tag{2}$$

第二步:

$$C_i = \sum_j C_{ij} \tag{3}$$

第三步:

$$Structural\ Holes = 1 - C_i \tag{4}$$

P_{ij} 是个人 i 和个人 j 的直接联系;$\sum_q P_{iq}P_{qj}$ 是个人 i 和个人 j 的间接联系,q 是 i 或 j 以外的个体;C_{ij} 表示个人 i 为个人 j 花费的时间和精力,换句话说,它衡量的是个人 i 从 j 那里受到的约束程度;C_i 表明个人 i 在网络中受到的约束程度。根据以往的文献,本研究使用 $(1-C_i)$ 来测量结构洞的水平。结构洞的值越高,代表社会网络中的结构洞越大。

2. 其他变量

本模型还包括其他相关变量。基于已有的文献,本研究考虑了私募基金经理的年龄以及投资年限。同时,本研究还控制了可能影响绩效联动的因素,如基金的年限、激励费用、管理费用、锁定期、赎回频率、"高水位线"指标、杠杆率和资产规模。

本研究参考 Chung 和 Kang(2016)的做法引入了学校贝塔(β^{SCH}),并为每个月的每只基金分别构建了一个学校指数(R_i^{SCH})、风格指数(R_t^{STY})和市场指数(R_t^{MKT})。所有基金月度收益率均为经 10 年期中国国债收益率调整后结果。其中,学校指数是指基金经理毕业院校所对应的所有基金经理管理的基金的等权收益;风格指数是基金对应风格的等权收益,且依其策略而定;市场指数是样本中所有基金的等权收益。本研究使用 Fama-MacBeth(1973)的回归方法,估计了每个基金的学校贝塔系数,其一般形式如下:

$$R_{i,t} = \alpha_i + \beta_i^{SCH} R_t^{SCH} + \beta_i^{STY} R_t^{STY} + \beta_i^{MKT} R_t^{MKT} + \varepsilon_{i,t} \tag{5}$$

其中 $R_{i,t}$ 是特定基金 i 的月度收益率,R_t^{SCH} 是该基金对应学校指数的月度收益率,R_t^{STY} 是该基金对应风格指数的月度收益率,R_t^{MKT} 是样本中所有私募基金的月度收益率,即大盘指数。

正如第一节所讨论的,私募基金可以使用三种策略:多头、多空和市场中性策略,因此,本研究通过引入两个虚拟变量来控制股票策略。共享同一个一级经纪商的私募基金可能会表现出收益的联动性(Chung and Kang,2016),因此,本研究控制了模型中的主要经纪人。由于本研究的样本包括 53 家一级经纪商,因此需要引入 52 个一级经纪商的虚拟变量。此外,本研究在模型中控制了私募基金公司的所在位置,根据 De Figueiredo 等(2013)的研究,私募基金经理的前雇主位置可能与其绩效有显著关联,他们发现,之前在纽约和伦敦工作的私募基金经理表现优于同行。因此,本研究将基金经理任职的公司所在地的省份视为位置的代理变量,最终的研究样本包含了 19 个不同的省份;同时,设立了 Location 变量来代表 18 个所在地的虚拟变量。

本研究对基金经理的大学校友关系网络和私募基金绩效之间的关系进行了额外分析,其中包括了基金经理的校友关系网络对原始收益率、Alpha(超额收益率)、总风险、特质风险、夏普比率和信息比率的影响。

模型中包含的被解释变量、关键解释变量和基金特征有关的其他变量及其详细定义如表 5-1 所示。

表 5-1　变量定义

变量	定义
Structure Holes	$C_{ij} = (P_{ij} + \sum_q P_{iq}P_{qj})^2$　$C_i = \sum_j C_{ij}$　$Structural\ Holes = 1 - C_i$ 其中，P_{ij} 是个人 i 和个人 j 的直接联系；$\sum_q P_{iq}P_{qj}$ 是个人 i 和个人 j 的间接联系；q 是 i 或 j 以外的个体；C_{ij} 表示个人 i 为个人 j 花费的时间和精力，换句话说，它衡量个人 i 从个人 j 那里受到的约束程度；C_i 表明个人 i 在网络中受到的约束程度
β^{SCH}	参考 Chung 和 Kang(2016)的做法。β^{SCH} 是在一系列基金层面时间序列回归中估计的学校指数的系数
Economics & Management SH	从有(无)经济学或管理学教育背景的基金经理构建的校友关系网络计算出来的结构洞。经济学或管理学专业的基金经理结构洞等于 1，否则等于 0
Science & Engineering SH	从有(无)理工科教育背景的基金经理构建的校友关系网络计算出来的结构洞。理工科专业的基金经理结构洞等于 1，否则等于 0
Postgraduate Alumni SH	从有(无)研究生学历的基金经理构建的校友关系网络计算出来的结构洞。有研究生学历的基金经理结构洞等于 1，否则等于 0
QBFJ Alumni SH	根据毕业于(非毕业于)清北复交并获得学士学位的基金经理构建的校友关系网络计算出来的结构洞。拥有清北复交学士学位的基金经理结构洞等于 1，否则等于 0
JBW Alumni SH	根据毕业于(非毕业于)985 工程重点大学并获得学士学位的基金经理构建的校友关系网络计算出来的结构洞。拥有 985 工程重点大学学士学位的基金经理结构洞等于 1，否则等于 0
EYY Alumni SH	根据毕业于(非毕业于)211 工程重点大学并获得学士学位的基金经理构建的校友关系网络计算出来的结构洞。拥有 211 工程重点大学学士学位的基金经理结构洞等于 1，否则等于 0
Comovement	每只基金与其他基金的皮尔逊相关系数的平均值。皮尔逊相关系数是根据同期配对基金(即基金 i 和基金 j)的去趋势四因子模型调整后的月度基金收益率计算得出的
Raw Return	基金的原始收益(R_i)，$R_i = (1 + \bar{r}_i)^N$。其中，$\bar{r}_i = \dfrac{\sum_{t=1}^{T} r_{it}}{T}$，$T$ 为收益率的个数，N 为一年内的计算周期数

(续表)

变量	定义
Alpha	四因子模型调整后基金的 Alpha (Carhart, 1997)
Total Risk	基金的总风险。$S_i = \sqrt{N} \times \sqrt{\dfrac{\sum_{t=1}^{T}(r_{it}-\bar{r}_i)^2}{T-1}}$。其中 r_{it} 是基金的收益率序列,$\bar{r}_i$ 是基金在其存续期内的平均收益
Idiosyncratic Risk	四因子模型月残差的标准差
Sharpe Ratio	基金的夏普比率(SR_i)。$SR_i = \dfrac{R_i - R_f}{S_i}$。其中 R_i 为基金存续期内的年收益率,R_f 为一年期债券收益率
Information Ratio	年化超额收益除以年化特质风险
Age	基金经理年龄
Investment Years	基金经理的投资年限,从基金经理开始投资时算起
Fund Age	基金的年龄。通过从基金募集日到清算日或样本到期日的月数来衡量
Incentive Fee	基金经理可从超额收益中提取的比例
Management Fee	基金的固定管理费
Lockup Period	基金运作后的锁定期,以月为单位
Redemption Frequency	基金的赎回频率
High Water Mark	如果私募基金有"高水位线"规则,则等于1,否则等于0
Leverage	如果私募基金使用杠杆,等于1,否则等于0
Asset Scale	基金规模(百万元人民币)
Stock Strategy	代表私募基金经理投资风格的两个虚拟变量。有三种策略:多头、多空和市场中性
Prime Broker	代表私募基金主要经纪商的52个虚拟变量。在本研究的样本中,有53家不同的主要经纪商
Location	代表私募基金公司所在地的18个虚拟变量。样本中的基金公司所在地分布在19个不同的省份

(三) 模型构建

为了分析基金经理的大学校友关系网络对上述私募基金绩效联

动的影响,本研究通过以下模型进行估计:

$$
\begin{aligned}
Comovement_i = & \alpha_0 + \beta_1 Structural\ Holes_i + \beta_2 \beta_i^{SCH} + \beta_3 Age_i \\
& + \beta_4 Investment\ Year_i + \beta_5 Fund\ Characteristics_i \\
& + \sum_{j=1}^{2} \gamma_j Stock\ Strategy_{i,j} + \sum_{k=1}^{52} \delta_k Prime\ Broker_{i,k} \\
& + \sum_{n=1}^{18} \theta_n Location_{i,n} + \varepsilon_i
\end{aligned} \qquad (6)
$$

其中,$Comovement_i$ 是私募基金 i 的绩效联动,$Structural\ Holes_i$ 代表私募基金 i 的基金经理的大学校友关系网络结构洞;β^{SCH} 是在一系列基金层面时间序列回归中估计的学校指数的系数;Age_i 是基金 i 的基金经理年龄的自然对数;$Investment\ Year_i$ 是基金 i 的基金经理投资年限的自然对数;$Fund\ Characteristics_i$ 是一组控制变量,包括基金年龄(自然对数形式)、激励费用、管理费用、锁定期、赎回频率、"高水位线"指标、杠杆率和资产规模(自然对数形式);$Stock\ Strategy_{i,j}$ 代表私募基金经理投资风格的两个虚拟变量;$Prime\ Broker_{i,k}$ 代表私募基金一级经纪商的 52 个虚拟变量;$Location_{i,n}$ 代表私募基金的公司所在地的 18 个虚拟变量。

本研究还对基金经理的大学校友关系网络和私募基金绩效之间的关系进行了额外分析:

$$
\begin{aligned}
Performance_i = & \alpha_0 + \beta_1 Structural\ Holes_i + \beta_2 \beta_i^{SCH} + \beta_3 Age_i \\
& + \beta_4 Investment\ Year_i + \beta_5 Fund\ Characteristics_i \\
& + \sum_{j=1}^{2} \gamma_j Stock\ Strategy_{i,j} + \sum_{k=1}^{52} \delta_k Prime\ Broker_{i,k} \\
& + \sum_{n=1}^{18} \theta_n Location_{i,n} + \varepsilon_i
\end{aligned} \qquad (7)
$$

其中,$Performance_i$ 代表可替换被解释变量,包括原始收益率、超额收益率、总风险、特质风险、夏普比率和私募基金 i 的信息比率。

三、私募基金经理结构洞影响基金绩效联动的实证分析

本节总结并讨论了本研究的实证估计结果。

(一) 描述性统计

表 5-2 展示了模型中关键变量的描述性统计数据。总样本包括 2010 年 4 月 16 日至 2017 年 12 月 31 日的 3012 只私募基金。结构洞的均值和标准差分别为 0.800 和 0.292，25% 分位数的值为 0.826，75% 分位数的值为 0.959，这表明结构洞均值集中在 0.8 和 1 之间。年化原始收益的均值和中值分别为 0.069 和 0.061，而 $Alpha$（超额年化收益）的均值（0.029）和中值（0.023）在研究期间均为正，表明私募基金经理的个人能力带来了高于市场基准的收益。这与中国私募基金经理比公募基金经理有更好的专业能力的观点是一致的。夏普比率的正均值表明了私募基金的盈利能力。总风险的平均值和中位数分别为 0.198 和 0.203，表明数据分布相对均匀。基金经理的平均年龄为 40.408 岁，投资的平均年限为 13.839 年。私募基金的平均年限是 37.329 个月，且约 60% 的私募基金使用"高水位线"规则来提高收益，近 55% 的私募基金运用了杠杆。在本研究的样本中，私募基金的平均激励费用为 16%，管理费用为 1.2%，锁定期为 3.32 个月，赎回频率为 1.852 个月。私募基金的平均资产规模为 24031.8 万元人民币。

表 5-2 描述性统计

变量	N	Mean	S.D.	25%	Median	75%
Structure Holes	3012	0.800	0.292	0.826	0.934	0.959
β^{SCH}	3012	0.107	0.821	−0.244	0.107	0.409

(续表)

变量	N	Mean	S.D.	25%	Median	75%
Economics & Management SH	3012	0.614	0.423	0	0.886	0.947
Non-Economics & Management SH	3012	0.118	0.272	0	0	0
Science & Engineering SH	3012	0.240	0.362	0	0	0.620
Non-Science & Engineering SH	3012	0.479	0.444	0	0.714	0.930
Postgraduate Alumni SH	3012	0.723	0.365	0.705	0.908	0.957
Non-Postgraduate Alumni SH	3012	0.017	0.085	0	0	0
QBFJ Alumni SH	3012	0.103	0.279	0	0	0
Non-QBFJ Alumni SH	3012	0.678	0.378	0.551	0.885	0.935
JBW Alumni SH	3012	0.311	0.415	0	0	0.829
Non-JBW Alumni SH	3012	0.423	0.423	0	0.378	0.896
EYY Alumni SH	3012	0.372	0.426	0	0	0.849
Non-EYY Alumni SH	3012	0.348	0.411	0	0	0.824
Comovement:						
All Market	3012	0.096	0.076	0.047	0.095	0.144
Bear Market	3012	0.093	0.075	0.043	0.091	0.140
Bull Market	3012	0.036	0.061	−0.024	0.039	0.085
Fund Performance:						
Raw Return	3012	0.069	0.131	−0.013	0.061	0.139
Total Risk	3012	0.198	0.107	0.113	0.203	0.257
Alpha	3012	0.029	0.114	−0.040	0.023	0.096
Sharpe Ratio	3012	0.069	0.756	−0.335	0.147	0.507
Idiosyncratic Risk	3012	0.172	0.082	0.118	0.154	0.200
Information Ratio	3012	0.130	0.687	−0.282	0.136	0.615
Fund Manager Characteristic:						
Age	3012	40.408	7.297	35	40	46
Investment Years	3012	13.839	6.068	10	14	19

(续表)

变量	N	Mean	S.D.	25%	Median	75%
Fund Characteristic:						
Fund Age	3012	37.329	23.264	24	28	39
Incentive Fee	3012	0.160	0.083	0.160	0.200	0.200
Management Fee	3012	0.012	0.008	0	0.015	0.020
Lockup Period	3012	3.320	3.736	0	1	6
Redemption Frequency	3012	1.852	1.162	1	1	3
High Water Mark	3012	0.601	0.490	0	1	1
Leverage	3012	0.545	0.498	0	1	1
Asset Scale	3012	240.318	537.358	47.500	80.000	162.780

本表报告了模型中包含的变量的汇总统计信息。关于变量定义和构造的详细信息见表 5-1。对于年龄、投资年限、基金年龄和资产规模的值，在回归中使用了其自然对数转换值。

在本研究中，校友关系网络的构建基于基金经理的大学教育背景，因此，毕业于同一所大学的私募基金经理间存在校友关系。在本研究的样本中，国内外共有 197 所涵盖基金经理的本科、硕士、博士和博士后教育背景的学院和大学。本研究统计了样本中每所大学的毕业生人数，并在表 5-3 中列出了拥有最多私募基金经理毕业生的前 20 所学校，这些学校拥有大部分的私募基金经理毕业生，占样本总数的 61%，且这 20 所学校主要是学术成就综合排名靠前的大学，如清华大学、北京大学、复旦大学和上海交通大学，以及财经类排名靠前的大学，如上海财经大学。

表 5-3 私募基金经理的教育背景（排名前 20 的大学）

私募基金经理数量排名	大学	私募基金经理的数量
1	北京大学	62
2	清华大学	62
3	复旦大学	54

(续表)

私募基金经理数量排名	大学	私募基金经理的数量
4	上海交通大学	34
5	中国人民大学	32
6	上海财经大学	31
7	浙江大学	26
8	中欧国际工商学院	22
9	武汉大学	21
10	南开大学	20
11	厦门大学	16
12	中国科学技术大学	16
13	中山大学	15
14	中央财经大学	10
15	南京大学	10
16	西安交通大学	9
17	西南财经大学	9
18	暨南大学	9
19	江西财经大学	8
20	华中科技大学	8
前20名的总和(总和)		474
样本中基金经理的总数(总数)		776
占样本基金经理总数的百分比(总和/总数)		61.08%

本表报告了样本基金经理毕业的排名前20的大学。在本研究的样本中,毕业于排名前20的大学的基金经理占基金经理总数的61%。

表5-4报告了所有变量的皮尔逊相关系数矩阵。相关系数矩阵表明解释变量之间的相关性一般很小。结构洞和绩效联动之间的正相关性表明,私募基金的绩效联动与基金经理的大学校友关系网络正相关。

表 5-4 相关系数矩阵

	(1)	(2)	(3)	(4)	(5)	(6)	(7)	(8)	(9)	(10)	(11)	(12)	(13)	(14)	(15)	(16)	(17)	(18)	(19)
(1) Raw Return	1																		
(2) Alpha	0.939**	1																	
(3) Sharpe Ratio	0.826**	0.772**	1																
(4) Total Risk	0.248**	0.224**	0.241**	1															
(5) Idiosyncratic Risk	0.262**	0.191**	0.223**	0.865**	1														
(6) Information Ratio	0.837**	0.909**	0.845**	0.167**	0.119**	1													
(7) Concurrent	0.034*	0.077**	0.048**	−0.012	−0.209**	0.094**	1												
(8) Structural Holes	0.032*	0.057**	0.034*	−0.059**	−0.120**	0.086**	0.116**	1											
(9) β^{SCH}	0.028	0.029	0.031*	0.025	0.033*	0.037**	0.092**	−0.019	1										
(10) Age	0.022	0.020	0.043**	0.027	0.025	0.049**	0.058**	−0.005	0.005	1									
(11) Investment Years	−0.050**	−0.037**	−0.021	−0.031**	−0.043**	−0.012	0.047**	0.096**	0.019	0.525**	1								
(12) Fund Age	0.292**	0.243**	0.305**	0.242**	0.202**	0.267**	−0.025	0.038**	0.013	0.187**	0.124**	1							
(13) Incentive Fee	−0.005	−0.003	−0.023	0.033*	−0.027	−0.008	0.028	−0.008	0.056**	−0.082**	−0.106**	0.112**	1						
(14) Management Fee	0.027	0.035*	0.024	−0.021	−0.061**	0.033*	0.058**	0.005	0.028	−0.055**	−0.055**	0.135**	0.169**	1					
(15) Lockup Period	0.034*	0.053**	0.042**	0.091**	0.060**	0.035*	0.051**	−0.104**	−0.097**	−0.051**	−0.100**	0.094**	0.121**	0.234**	1				
(16) Redemption Frequency	−0.003	−0.001	−0.030*	0.026	0.034*	−0.038**	−0.070**	−0.038**	0.027	−0.059**	−0.111**	−0.235**	0.017	−0.074**	0.064**	1			
(17) High Water Mark	−0.175**	−0.190**	−0.194**	−0.172**	−0.110**	−0.196**	−0.034*	−0.007	−0.039**	−0.090**	0.033*	−0.322**	0.014	−0.201**	−0.288**	0.041**	1		
(18) Leverage	−0.064**	−0.057**	−0.068**	−0.042**	−0.143**	−0.166**	−0.161**	0.003	−0.082**	0.006	−0.030*	−0.031*	−0.012	−0.094**	−0.061**	0.012	0.058**	1	
(19) Asset Scale	−0.083**	−0.057**	−0.084**	−0.045**	−0.079**	−0.045*	−0.045**	0.001	−0.009	0.045**	0.148**	−0.043**	−0.007	−0.159**	−0.134**	0.046**	0.174**	−0.108**	1

本表报告了模型中变量的相关系数。***、**和*分别代表了在 0.01、0.05 和 0.10 水平下的显著性。

(二) 回归模型

1. 基本模型

表 5-5 展示了使用公式(6)的基本模型的回归结果。总体结果与第一节中的理论预测一致。表 5-5 第(1)列展示了 3012 家私募基金总样本的回归结果,可以发现,结构洞系数表明基金经理的大学校友关系网络与私募基金绩效联动之间存在正相关关系,这支持了本研究的假说,即基金经理校友关系网络的结构洞与私募基金绩效联动是正相关的。同时,本研究发现,结构洞每增加一个单位的值,私募基金绩效联动就增加 3.4%(第(1)列)。这与 Burt(1992)的观点一致,Burt 指出,结构洞越大(网络越丰富)的私募基金经理更有可能获得有效的信息和资源以作出投资决策。这种正向关系表明,本质上来说,基金经理在其大学校友关系网络中通常是存在合作关系的(Piotroski *et al.*, 2018)。

表 5-5 大学校友关系网络对私募基金绩效联动的影响

被解释变量: *Comovement*	(1) All Market	(2) Bear Market	(3) Bull Market
Structural Holes	0.034***	0.026***	0.023***
	(7.29)	(5.51)	(4.94)
β^{SCH}	0.006***	0.005***	0.006***
	(3.60)	(3.17)	(2.79)
Age	0.023***	0.034***	−0.018*
	(2.59)	(3.81)	(−1.96)
Investment Years	0.000	0.002	−0.001
	(0.08)	(0.83)	(−0.44)
Fund Age	−0.016***	−0.023***	0.000
	(−4.59)	(−6.33)	(0.06)
Incentive Fee	0.018	0.020	−0.067***
	(1.03)	(1.17)	(−3.54)

(续表)

被解释变量：Comovement	(1) All Market	(2) Bear Market	(3) Bull Market
Management Fee	0.222	0.177	0.277
	(1.32)	(1.04)	(1.52)
Lockup Period	0.000	0.001***	−0.000
	(0.72)	(2.80)	(−1.08)
Redemption Frequency	−0.006***	−0.003**	−0.004***
	(−4.92)	(−2.55)	(−2.81)
High Water Mark	−0.001	0.011***	−0.013***
	(−0.18)	(3.28)	(−4.11)
Leverage	−0.016***	−0.021***	−0.011***
	(−5.37)	(−7.04)	(−3.76)
Asset Scale	−0.002	−0.004***	−0.001
	(−1.51)	(−3.14)	(−0.37)
Constant	0.136*	0.103	0.173*
	(1.92)	(1.44)	(1.85)
Stock Strategy	Control	Control	Control
Prime Broker	Control	Control	Control
Location	Control	Control	Control
N	3012	2961	1388
R^2	0.127	0.103	0.382

本表报告了2010年至2017年3012只私募基金对结构洞绩效联动的多元回归结果。括号中为t统计量。***、**和*分别代表了在0.01、0.05和0.10水平下的显著性。

本研究发现，基金经理的年龄与绩效联动呈正相关关系。除此之外，绩效联动与基金的年限、赎回频率和杠杆率呈负相关关系，但与管理费用呈正相关关系。

为了进一步研究绩效联动的决定因素，本研究将时间段分为两类：熊市和牛市。Bry和Boschan(1971)根据美国国家经济研究局(National Bureau of Economic Research)确定商业周期转折点的程序开发了算法，该算法使得研究人员可以在不深入分析经济状况的情况下得出相同的结论。Pagan和Sossounov(2003)修改了Bry和Boschan(1971)的算法,并将其应用于股票市场,以识别熊市和牛市。本研究使用 Pagan 和 Sossounov(2003)的修正算法,同时参考严武、徐伟和王静(2006)以及李锋森(2017),根据沪深 300 指数检测转折点,将时间周期划分为熊市和牛市。其中,熊市周期为 2010 年 4 月到 2014 年 6 月,2015 年 7 月到 2017 年 12 月;牛市周期为 2014 年 7 月到 2015 年 6 月。

本研究使用 2010 年 4 月至 2017 年 12 月的沪深 300 指数来确定市场阶段,因为中国私募基金在上海和深圳证券交易所都有 A 股交易。

本研究在没有进行数据平滑处理的基础上,进一步将时间处在 t 期的沪深 300 指数与前 12 个月($t-12$)和后 12 个月($t+12$)的指数进行比较,并使用 5 个月的滚动窗口修正了 Bry 和 Boschan(1971)的算法。由于中国股票市场相对不成熟,波动性较大,本研究采用了严武、徐伟和王静(2006)的 12 个月滚动窗口法,将最高点(最低点)称为峰(谷),最终得到了时间序列中的一系列峰(谷)。

在上述基础上,本研究将从峰到谷(或谷到峰)的单向运行周期的最小长度限制为 12 个月,少于 12 个月的波峰或波谷则被省略,并根据市场运行方向定义了样本期内的市场周期。

最后,本研究分别对这两个子样本进行了回归分析。表 5-5 第(2)列和第(3)列中的结果与第(1)列中总样本的结果一致。因此,私募基金经理的大学校友关系网络对熊市和牛市的绩效联动都具有积极影响。

2. 不同策略下的绩效联动

由于采用不同投资策略的私募基金可能会对基金经理校友关系网产生的绩效联动带来不同的影响,本研究进一步将样本分为三种不同的策略:多头、多空和市场中性。表 5-6 报告了这些结果。可以发现,三个子样本的结构洞系数都是正值,且采用市场中性策略的私募基金结构洞系数最高,仅采用多头策略的私募基金结构洞系数最低。

这可能是由于采用多头策略的基金经理拥有相对较长的投资年限,因此,他们有能力根据基本面分析而非依靠大学校友关系网络来选股;相反,采用市场中性策略的基金经理投资年限往往较短,当这些基金经理作出决策时,他们需要同时考虑基本面环境及市场时机,因此,他们可能会受益于从大学校友关系网络中获得的信息。因此,校友关系网络对采用市场中性策略的私募基金的影响更大。

表 5-6 大学校友关系网络对私募基金绩效联动的影响(按策略分)

被解释变量: *Comovement*	(1) Long	(2) Long/Short	(3) Market Neutral
Structural Holes	0.022***	0.054***	0.055***
	(3.96)	(5.27)	(4.14)
β^{SCH}	0.008***	0.005	0.002
	(4.08)	(1.26)	(0.26)
Age	0.002	0.052**	−0.062**
	(0.20)	(2.12)	(−2.30)
Investment Years	0.012***	−0.019***	0.000
	(3.71)	(−3.00)	(0.00)
Fund Age	−0.006	−0.067***	−0.017*
	(−1.48)	(−5.49)	(−1.84)
Incentive Fee	0.028	0.175***	−0.166***
	(1.34)	(3.69)	(−4.24)
Management Fee	0.118	−1.251**	0.298
	(0.57)	(−2.53)	(0.87)
Lockup Period	0.001*	0.001	−0.001
	(1.67)	(1.14)	(−1.21)
Redemption Frequency	−0.005***	−0.018***	−0.003
	(−3.25)	(−4.67)	(−0.90)
High Water Mark	0.007**	0.008	−0.023***
	(1.97)	(0.84)	(−3.26)
Leverage	−0.016***	−0.042***	0.001
	(−4.76)	(−4.53)	(0.11)
Asset Scale	−0.004**	0.011***	0.002
	(−2.51)	(2.91)	(0.61)

(续表)

被解释变量: Comovement	(1) Long	(2) Long/Short	(3) Market Neutral
Constant	0.212***	0.160	0.152
	(2.81)	(1.42)	(1.54)
Stock Strategy	Control	Control	Control
Prime Broker	Control	Control	Control
Location	Control	Control	Control
N	2193	398	421
R^2	0.071	0.489	0.354

本表报告了2010年至2017年私募基金三个分组的结构洞绩效联动的多元回归结果。括号中为 t 统计量。***、**和*分别代表了在0.01、0.05和0.10水平下的显著性。

3. 绩效联动和专业网络

如果一位基金经理所在的校友关系网络因其大学专业不同,私募基金可能会表现出不同的收益率联动模式。与大学时非经济管理专业的基金经理相比,经济管理专业的基金经理即使面对同样的信息,也可能接收到不同的信息,作出不同的决策。本研究使用结构洞代理指标,进一步验证了属于或不属于经济管理专业的大学校友关系网络对私募基金的绩效联动是否会产生不同的影响。表5-7报告了结果。可以发现,基金经理的个人专业并不影响主要结果(第(1)列)。经济管理专业和非经济管理专业的基金经理的校友关系网络都与私募基金的绩效联动呈正相关关系。同时,本研究还检验了理工科专业的大学校友关系网络,发现了类似的结果(第(2)列)。

表5-7 大学校友关系网络对私募基金绩效联动的影响(按专业分)

被解释变量: Comovement	(1) All Market	(2) All Market
Economics & Management SH	0.024***	
	(5.75)	
Non-Economics & Management SH	0.040***	
	(6.10)	
Science & Engineering SH		0.059***
		(10.79)

(续表)

被解释变量: Comovement	(1) All Market	(2) All Market
Non-Science & Engineering SH		0.026***
		(6.06)
β^{SCH}	0.006***	0.007***
	(3.55)	(4.52)
Age	0.023***	0.017*
	(2.60)	(1.88)
Investment Years	0.001	0.003
	(0.47)	(1.18)
Fund Age	−0.016***	−0.012***
	(−4.43)	(−3.31)
Incentive Fee	0.020	0.008
	(1.16)	(0.45)
Management Fee	0.240	0.278*
	(1.42)	(1.67)
Lockup Period	0.000	0.001
	(0.66)	(1.62)
Redemption Frequency	−0.006***	−0.005***
	(−4.88)	(−4.16)
High Water Mark	−0.000	0.001
	(−0.02)	(0.26)
Leverage	−0.016***	−0.017***
	(−5.46)	(−6.06)
Asset Scale	−0.002	−0.002
	(−1.59)	(−1.46)
Constant	0.140**	0.139**
	(1.98)	(1.98)
Stock Strategy	Control	Control
Prime Broker	Control	Control
Location	Control	Control
N	3012	3012
R^2	0.124	0.146

本表报告了经济管理专业(第(1)列)和理工科专业(第(2)列)的大学校友关系网络对私募基金绩效联动的多元回归结果。括号中为 t 统计量。***、** 和 * 分别代表了在 0.01、0.05 和 0.10 水平下的显著性。

4. 绩效联动和基金经理个人能力

基金经理的个人能力可能对私募基金的绩效至关重要,从而影响大学校友网络对绩效联动的影响方式。在本研究的情境下,基金经理的能力主要是指其对金融工具和市场的深入了解、量化相关的专业水平、投资技巧、信息检索和处理能力等。本研究采用衡量结构洞的其他可替代方法,其中包括关于基金经理个人能力的信息。具体来说,本研究考虑了基金经理是否有研究生学历(Postgraduate Alumni SH)、是否有中国清北复交四所大学的学士学位(QBFJ Alumni SH),并且以"985 工程"(JBW Alumni SH)或"211 工程"(EYY Alumni SH)重点大学为标准划分校友关系网络,并在模型中包括了这些衡量结构洞的方法。从表 5-8 第(1)列可知,研究生校友结构洞(Postgraduate Alumni SH)和非研究生校友结构洞(Non-postgraduate Alumni SH)的系数都是正的,表明这两种类型的网络在与绩效联动的关系上没有区别。本研究在其他可替代指标上也得到了类似的结果,这表明基金经理的个人能力并不影响其网络与绩效联动之间的关系。

表 5-8 大学校友关系网络对私募基金绩效联动的影响(按能力分)

被解释变量: Comovement	(1) All Market	(2) All Market	(3) All Market	(4) All Market
Postgraduate Alumni SH	0.034*** (8.40)			
Non-Postgraduate Alumni SH	0.054*** (3.13)			
QBFJ Alumni SH		0.048*** (7.54)		
Non-QBFJ Alumni SH		0.029*** (6.14)		
JBW Alumni SH			0.038*** (7.81)	

(续表)

被解释变量：Comovement	(1) All Market	(2) All Market	(3) All Market	(4) All Market
Non-JBW Alumni SH			0.032***	
			(6.53)	
EYY Alumni SH				0.024***
				(4.90)
Non-EYY Alumni SH				0.037***
				(7.69)
β^{SCH}	0.006***	0.006***	0.006***	0.006***
	(3.58)	(3.69)	(3.71)	(3.83)
Age	0.020**	0.024***	0.022**	0.022**
	(2.30)	(2.69)	(2.50)	(2.52)
Investment Years	−0.000	0.001	−0.000	0.000
	(−0.03)	(0.41)	(−0.04)	(0.05)
Fund Age	−0.015***	−0.016***	−0.016***	−0.016***
	(−4.29)	(−4.52)	(−4.46)	(−4.47)
Incentive Fee	0.019	0.020	0.017	0.016
	(1.10)	(1.19)	(0.99)	(0.93)
Management Fee	0.197	0.230	0.221	0.230
	(1.18)	(1.37)	(1.31)	(1.36)
Lockup Period	0.000	0.000	0.000	0.000
	(1.16)	(0.62)	(0.75)	(0.64)
Redemption Frequency	−0.006***	−0.006***	−0.006***	−0.006***
	(−4.70)	(−4.72)	(−4.84)	(−4.71)
High Water Mark	0.000	−0.001	−0.001	−0.002
	(0.09)	(−0.22)	(−0.26)	(−0.52)
Leverage	−0.016***	−0.016***	−0.016***	−0.016***
	(−5.44)	(−5.61)	(−5.38)	(−5.52)
Asset Scale	−0.002	−0.002*	−0.002	−0.002*
	(−1.42)	(−1.67)	(−1.62)	(−1.95)
Constant	0.144**	0.136*	0.141**	0.149**
	(2.04)	(1.92)	(1.98)	(2.10)

(续表)

被解释变量：Comovement	(1) All Market	(2) All Market	(3) All Market	(4) All Market
Stock Strategy	Control	Control	Control	Control
Prime Broker	Control	Control	Control	Control
Location	Control	Control	Control	Control
N	3012	3012	3012	3012
R^2	0.132	0.129	0.129	0.129

本表报告了大学校友关系网络对绩效联动的多元回归结果。第(1)列报告了使用研究生校友结构洞(Postgraduate Alumni SH)和非研究生校友结构洞(Non-postgraduate Alumni SH)的结果。第(2)列报告了使用本科毕业于中国清北复交四所大学(QBFJ Alumni SH)的结构洞和本科并非毕业于这四所大学(Non-QBFJ Alumni SH)的结构洞的结果。第(3)列报告了使用本科毕业于"985 工程"大学(JBW Alumni SH)的结构洞和本科毕业于非"985 工程"大学(Non-JBW Alumni SH)的结构洞的结果。第(4)列报告了使用本科毕业于"211 工程"大学(EYY Alumni SH)的结构洞和本科毕业于非"211 工程"大学(Non-EYY Alumni SH)的结构洞的结果。括号中为 t 统计量。***、** 和 * 分别代表了在 0.01、0.05 和 0.10 水平下的显著性。

(三) 进一步分析

到目前为止，本研究的分析表明，作为大学校友关系网络的代理指标，结构洞的位置与私募基金的绩效联动存在正相关关系。先前的研究表明，基金经理的社会关系在投资决策中很重要。因此，研究结构洞的位置是否会影响私募基金的绩效表现是有意义的。

本章还研究了结构洞与私募基金绩效的几个代理变量之间的关系，即原始收益率、Alpha(超额收益率)、总风险、特质风险、夏普比率和信息比率。本研究对结构洞、私募基金经理的年龄和投资年限，以及其他控制变量等绩效指标进行了回归，表 5-9 显示了回归结果。可以发现，结构洞与原始收益率、Alpha(超额收益率)、夏普比率和信息比率呈正相关关系，但与总风险和特质风险呈负相关关系。这意味着处于结构洞优势位置的私募基金更有可能获得有用的信息和资源，并以相对较低的风险获取更优秀的绩效。

表 5-9 大学校友关系网络对私募基金绩效的影响

被解释变量: Performance	(1) Raw Return	(2) Alpha	(3) Total Risk	(4) Idiosyncratic Risk	(5) Sharpe Ratio	(6) Information Ratio
Structural Holes	0.021***	0.028***	−0.015***	−0.029***	0.100**	0.230***
	(2.70)	(4.12)	(−2.61)	(−5.97)	(2.25)	(5.68)
β^{SCH}	0.005*	0.003	0.001	0.003	0.034**	0.027*
	(1.91)	(1.38)	(0.42)	(1.64)	(2.18)	(1.87)
Age	−0.013	−0.008	−0.003	0.001	−0.084	0.029
	(−0.88)	(−0.61)	(−0.27)	(0.06)	(−0.98)	(0.38)
Investment Years	−0.012***	−0.010***	−0.009***	−0.005**	−0.042*	−0.054**
	(−2.94)	(−2.69)	(−2.79)	(−2.09)	(−1.73)	(−2.44)
Fund Age	0.062***	0.037***	0.039***	0.031***	0.380***	0.250***
	(10.33)	(7.05)	(8.55)	(8.18)	(11.11)	(8.00)
Incentive Fee	−0.018	−0.026	−0.047**	−0.057***	−0.286*	−0.180
	(−0.64)	(−1.02)	(−2.19)	(−3.18)	(−1.75)	(−1.21)
Management Fee	−0.747***	−0.613**	−0.737***	−0.656***	−5.419***	−4.002***
	(−2.63)	(−2.46)	(−3.43)	(−3.71)	(−3.35)	(−2.71)
Lockup Period	−0.001	−0.001	−0.001	0.000	−0.005	−0.006
	(−0.85)	(−0.88)	(−1.40)	(1.15)	(−1.33)	(−1.56)
Redemption Frequency	0.010***	0.007***	0.004**	0.005***	0.040***	0.022**
	(4.78)	(3.67)	(2.47)	(4.08)	(3.39)	(2.01)

（续表）

被解释变量：Performance	(1) Raw Return	(2) Alpha	(3) Total Risk	(4) Idiosyncratic Risk	(5) Sharpe Ratio	(6) Information Ratio
High Water Mark	−0.022***	−0.025***	−0.022***	−0.011***	−0.123***	−0.155***
	(−4.19)	(−5.28)	(−5.60)	(−3.21)	(−4.08)	(−5.61)
Leverage	−0.019***	−0.030***	0.024***	0.033***	−0.133***	−0.218***
	(−3.84)	(−6.89)	(6.53)	(10.91)	(−4.77)	(−8.54)
Asset Scale	−0.008***	−0.004**	0.003*	0.000	−0.050***	−0.014
	(−3.57)	(−2.33)	(1.75)	(0.24)	(−4.13)	(−1.29)
Constant	−0.052	−0.091	−0.001	0.019	−0.292	−0.781
	(−0.43)	(−0.86)	(−0.01)	(0.26)	(−0.43)	(−1.25)
Stock Strategy	Control	Control	Control	Control	Control	Control
Prime Broker	Control	Control	Control	Control	Control	Control
Location	Control	Control	Control	Control	Control	Control
N	3012	3012	3012	3012	3012	3012
R^2	0.172	0.160	0.287	0.183	0.191	0.184

本表报告了私募基金经理结构洞对结构洞与基金绩效的多元回归结果。第(1)列至第(4)列使用基金绩效的替代衡量标准报告结果，即原始收益率、Alpha（超额收益率）、总风险、特质风险、夏普比率和信息比率。括号中为 t 统计量。***、**和*分别代表了在0.01、0.05和0.10水平下的显著性。

(四) 稳健性检验

本研究使用了其他代理指标检验实证结果的稳健性。为了检验基金产品年度超额收益($Alpha$)的稳健性,本研究分别使用Fama和French(1993)的三因素模型以及CAPM模型计算了基金的年度超额收益。这些结果与使用Carhart(1997)的四因子模型一致。

由前文可知,本研究关注基金之间的绩效联动,虽然基金经理管理超过一只基金的现象是普遍存在的,但是在本研究的情境中,由一位基金经理管理多个产品的这类基金并没有受到太多关注。本研究将总样本分为两个子样本:由一位基金经理管理的基金和由一位公募基金经理管理的等权投资组合中的一只基金。其研究结果与主要回归结果保持一致。

本研究使用了横截面分析,因为基金的夏普比率在较长的样本期内会更准确。作为稳健性检查,本研究还计算了大学校友关系网络的结构洞和其他变量的年度值,并作为面板数据进行回归。校友关系网络对私募基金绩效联动的影响与主要结果一致。

本研究还通过检验绩效联动性是否随着基金经理的变动而变化来进行稳健性检验。该检验首先从2010年4月至2017年12月内经历了基金经理变更的3012只基金中选出362只基金,并分别计算两位基金经理产品的绩效联动与两者间的差异。类似地,稳健性检验部分还计算了两位基金经理的结构洞差异($\Delta Structural\ Holes$)、学校因子变化($\Delta \beta^{SCH}$)、年龄差异(ΔAge)和投资年限差异($\Delta Investment\ Years$)。最终将这些变量纳入回归模型,可以发现绩效联动差异和结构洞差异之间存在显著的正相关关系。如表5-10所示,绩效联动随着结构洞的增加而增加,这与本研究的主要发现一致。

表 5-10　大学校友关系网络对私募基金绩效联动的影响(差分模型)

被解释变量：$\Delta Comovement$	(1)
$\Delta Structural\ Holes$	0.031**
	(2.03)
$\Delta \beta^{SCH}$	0.016***
	(3.48)
ΔAge	0.012
	(0.38)
$\Delta Investment\ Years$	−0.001
	(−0.16)
$Fund\ Age$	−0.026***
	(−2.78)
$Incentive\ Fee$	0.016
	(0.21)
$Management\ Fee$	0.276
	(0.36)
$Lockup\ Period$	−0.001
	(−0.56)
$Redemption\ Frequency$	−0.005
	(−1.11)
$High\ Water\ Mark$	0.016
	(1.44)
$Leverage$	−0.022*
	(−1.85)
$Asset\ Scale$	−0.022***
	(−4.04)
$Constant$	0.186***
	(3.04)
Stock Strategy	Control
Prime Broker	Control
Location	Control
N	362
R^2	0.131

本表报告了使用一阶差分估计量对私募基金绩效联动的多元回归结果。括号中为 t 统计量。***、**和*分别代表了在 0.01、0.05 和 0.10 水平下的显著性。

四、研究结论与监管建议

本章的研究目的在于检验基金经理的大学校友关系网络中具有更大结构洞的私募基金是否具有更强或更弱的绩效联动。与公募基金经理社会网络的主流研究不同,本章主要关注私募基金经理的社会网络。本研究基于私募基金经理的教育背景构建了大学校友关系网络,以 2010 年 4 月 16 日至 2017 年 12 月 31 日的中国私募基金为样本,考察了结构洞内位置不同的基金经理所管理的私募基金间的绩效联动。

研究发现,有显著且稳健的证据表明在基金经理的大学校友关系网络中有更大结构洞的私募基金的绩效联动性更强。进一步研究发现,校友关系网络对绩效联动的影响不受市场条件或基金经理采用的股票策略的影响。此外,本研究还通过区分基金经理大学专业和个人能力,作为校友关系网络结构洞的替代变量,并证实了社会网络和私募基金绩效联动之间的正相关关系。本研究还发现,校友关系网络可以提高私募基金的绩效,同时降低相关风险。

本章通过在大学校友关系网络中引入结构洞的概念,为金融领域相关的社会网络研究做出了贡献。本研究的结果拓展了有关社会关系收益和成本的已有文献的成果,同时发现了校友关系网络中结构洞的位置——超越双边关系——对私募基金的绩效联动存在重要的影响。另一个贡献是,本研究构建了一个综合数据库,该数据库包含了私募基金经理的个人信息,例如他们的教育背景、工作经验等,该研究也是金融文献中第一个提供此类私募基金经理信息数据的案例。

在本研究所展示的结论基础之上,未来可以扩展许多研究方向。本章研究内容的局限性之一是大学校友关系网络的定义。本研究将两个从同一所大学毕业的基金经理定义为一种校友关系网络,然而,鲜有人知道两位基金经理间是否互相认识。此外,本研究未按照毕业年份、学院或专业来划分大学校友关系,这些因素可能是校友关系网中的重要因素,因此,本研究无法探究校友关系的熟悉程度是否影响私募基金的绩效联动。综上所述,进一步的研究可以从这些局限性入手。

第六章　中国私募基金持股网络与上市公司股价联动

私募基金持股网络是一种基于共同持股的弱联系。本章在数据筛选的基础上，创建了2010年至2019年中国私募基金持股的数据库，检验了网络对股票收益率联动的影响，并进一步探究了激励相容条件对竞争对手之间可信沟通的影响(Stein, 2008)。首先，本研究发现，由于中国市场的正式制度还不完善，这种社交网络的弱联系会影响中国私募基金经理的行为。其次，被私募基金持股的上市公司会暴露在一个由私募基金组成的信息网络中，私募基金网络越密集，信息传播的可能性越大，股价的联动性就越弱。最后，本章的研究结果与Stein(2008)的两个主要结论相一致：网络效应仅存在于稳定的关系中；一只股票越接近网络的中心，网络效应越强。在控制了各种可能影响私募基金网络信息传播机制的因素后，所有结论均与理论预期相符。综上，本章的研究内容确定了私募基金网络在弱联系之间的信息传播作用，并为竞争对手间的可信沟通理论提供了实证依据。

一、私募基金持股网络影响上市公司股价联动的理论分析

私募基金在金融系统中扮演了何种角色？这个问题在过去的几十年中引发了诸多讨论。许多人认为，由于监管不力，私募基金对于金融系统的稳定性有着负面影响(Boyson et al., 2010)。也有学者认

为,由于私募基金持有的头寸与市场整体相比较小,因此不能将诸多重大的经济危机都归咎于私募基金(Fung and Hsieh,2000;Brown et al.,2000)。近年来,随着中国私募基金市场的飞速发展,探究私募基金对中国的金融市场到底有何种影响是一个极其重要的问题。

与公募基金不同,私募基金通常会采用主动交易策略,以追求"绝对收益"。私募基金的独特之处吸引了越来越多的学者对其展开研究,这些研究涵盖了现代私募基金对市场各个方面的影响,如传递系统性风险、影响市场流动性以及影响资产定价(Stulz,2007)。Cao 等(2013)的研究探讨了私募基金是否可以充当修正股价的套利者角色。他们发现私募基金与其他机构投资者相比,更倾向于持有拥有超额收益和更高非系统性波动的股票,并且私募基金的持股和购买行为(不包括销售)可以提供信息。具体来说,私募基金的持股和购买行为越多,预示着未来被持股股票的收益率越高,而其他机构投资者的投资组合则没有这种预测能力。为了从更加广泛的角度来研究私募基金的这种影响,本章内容不仅考虑了私募基金这类机构投资者的行为,而且采用了动态的、网络交互式的方法来进行深入研究。

因此,本研究从网络角度出发,利用由私募基金及其主要持有资产组成的网络来研究私募基金活动对资产价格的影响。通常来说,在机构投资者之间、机构投资者与上市公司之间往往存在着社交关系网络,这些社交关系会影响信息传播的路径及投资者的投资行为,最终影响资产价格(Anton and Pork,2014)。

机构投资者可以通过社交关系获得有价值的内幕消息,并利用这些信息作出投资决策。Hong 等(2015)发现居住在同一城市的基金经理所管理的私募基金,在持股和交易行为上存在一定的相似性,即使去除其居住地所在的股票,这种城市内效应依然是显著的,这意味着居住在同一城市的基金经理可能会在日常交易中传递信息。Gray(2017)建立了用于分析为什么基金经理愿意分享内幕消息的理论模型。首先,基金经理通过与其他基金经理的交流来提高自己投资组合的分散化水平,从而降低了风险;其次,在与其他基金经理相互分享有价值的内幕消息后,其他基金经理听到该消息后的反应也是一种有价信息。此外,机构投资者的持股量增加会抬高资产价格。因此,基金经理之间共享投资信息是合理的。

研究表明,成熟的资本市场中正式制度比较完善,社交关系会增进人与人之间的信任,从而促进信息的传播。Hochberg 等(2017)基于美国风投辛迪加投资组合公司的数据,建立了美国风投(Venture Capital,VC)的社交网络。Cohen 等(2008)调查了基金经理以及标的公司董事会成员的教育背景,发现基金经理会增加那些联系紧密的公司的持股比重,并且这些由紧密联系公司的股票组成的投资组合收益率更高。Cohen 等(2010)发现,如果卖方分析师与上市公司高管的教育背景存在关联,那么其推荐的股票投资组合的超额收益率约为6.6%。Chenong(2022)发现在并购交易中,如果并购方与私募基金经理有校友关系,那么基金经理在并购前会增加目标公司股票看涨期权的持股。这表明分析师和基金经理都会通过社交关系增加彼此之间的信任,从而利用社交网络传播信息。Pool 等(2015)发现,生活在同一社区的基金经理拥有相似的持股和交易行为。同时,Spilker(2022)发现,相较于从未有交集的基金经理,拥有共同工作经历的私募基金经理会持有和交易更多相同的股票。同时,Spilker 也通过进一步的研究证明了正是社交渠道导致了这种持股和交易的相似性。以上文献通过实证研究证明了社交关系会增强信任程度,从而在正式制度成熟的金融市场中推动关系网络内部的信息传播。

然而,在新兴资本市场中,正式制度和非正式制度并没有同步发展,并且正式制度的发展通常较为滞后。目前,并没有实证研究证实在新兴资本市场中投资者的行为也会像发达资本市场中一样受到非正式制度(如社交网络)的影响(Allen et al.,2005)。

考虑到私募基金会更加主动地参与公司治理的过程中,而董事会会议通常会披露大量关键信息,这时私募基金及其共同持有的上市公司就构成了另一种网络,这是一种过往研究中没有注意到的影响机制。以往的研究仅考虑了强联系(如就读于同一所学校,出身于同一个地方),但是拥有弱联系的社交网络也十分重要(Granovetter,1983)。例如,如果 A 和 B 在同一所大学获得了学士学位,而 B 和 C 在同一所大学获得了硕士学位,那么 A 和 C 就可能通过 B 相互认识。与 A 和 B 或者 B 和 C 之间的关系相比,A 和 C 之间的关系就被称为弱联系,但是他们之间同样可以传递一定的信息(Granovetter,1983)。

随着时间的推移,研究发现私募基金在目标公司会持有更大的所有权,并且会作出更大的资本承诺。Boyson 和 Mooradian(2010)指出,私募基金对目标公司的平均(最大)初始所有者权益占比为 8.8%(12.4%)。Greenwood 和 Schor(2009)根据他们的样本计算得出的平均初始所有者权益占比为 9.8%。尽管这样的份额不足以实现私募基金对目标公司的控制,但它仍然可能为股东大会的信息传播提供强有力的渠道。

为了对新兴市场的社交关系是否会影响私募基金经理的行为进行实证研究,本章将以中国资本市场为例。这不仅仅是因为中国的私募基金市场正在飞速发展,也是因为中国的法律法规等正式制度仍然不够完善,基于人际关系的行为十分常见(Gold *et al.*,2002),因此可以以中国资本市场作为样本来检验法律制度仍不够完善的市场中社交网络对投资者行为的影响。具体而言,通过中国社交网络进行信息传播是以私人渠道为基础的。此外,通过网络传播的信息无法被第三方明确证实,所以信息的可靠性不高,存在被伪造的可能性(Gu *et al.*,2019;Li *et al.*,2019)。因此,中国市场为测试私募基金是否会将从社交网络获取到的信息视为可靠信息,提供了一个很好的研究机会(Stein,2008)。本研究认为,中国资本市场是新兴资本市场的代表,在中国这样的新兴资本市场中,做空是受到限制的,并且衍生品相对较少。根据 Eling 和 Faust(2010)的研究,限制衍生品的使用会导致私募基金之间资产配置的转移更加积极。除了使用量化模型获取超额收益,"网络"传播的信息对于私募基金经理能否取得令人瞩目的超额收益也起着至关重要的作用(Gu et al.,2019)。

如果在新兴市场中,信息是通过弱联系传播的,那么这些信息是如何反映在资产价格上的? Barberis 等(2015)提出了一种信息传播理论,该理论认为由于市场摩擦程度的不同,信息传播的速度也会不同。例如,当利好消息传播时,行业内的龙头股会立刻传播该消息,其股价也会立刻上升,而小公司的反应相对较慢。因此,股票价格的联动可以视为信息传播和传播速度的差异。该结论已经在股票网络的研究中被证实了(Muslu et al.,2014;Israelsen,2016)。所以,由市场摩擦造成的联动可以由私募基金网络以及更顺畅的信息传播渠道来减少。此外,不应存在任何由市场情绪和其他投资者偏好引发的非理性联动。

肖欣荣、刘健和赵海健(2012)的研究发现,持有大量相同股票的公募基金更倾向于交换和共享信息,而私募基金信息网络的构建则基于上述研究结论。每个基金的网络被定义为由与其相连的所有基金组成,因此,私募基金形成了一个由其持有大量股份的上市公司组成的网络,且每家上市公司都暴露在私募基金股东形成的网络之中。由于关系网络中的私募基金要么自己持有上市公司,要么与控股公司间保持着信息交换的关系,因此,本研究使用该网络来代表上市公司非公开信息传播的有效范围。

图 6-1 描绘了私募基金网络的一部分,此处隐去私募基金的具体名称。图中的黑色方框代表私募基金重仓持有的上市公司(a listed firm,如 1、2、3、4),而白色圆圈则代表私募基金(a hedge fund,如 a、b、c)。

本研究使用"网络密度"来度量网络中的弱联系。网络密度衡量了社交网络中两个独立个体的信任程度,网络密度越大,网络中的准则越清晰(基于共同思想和共同行为的认知),并且个体之间的信任程度越高(Coleman,1988;Granovetter,2005)。

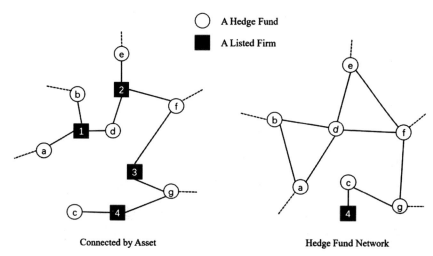

图 6-1　私募基金网络图解

尽管目前已经建立了私募基金网络,但是仍有一个重要的步骤还未完成:信息传播的机制。如何确保通过网络传播的信息都是有价值的,尤其是那些相互竞争的私募基金之间的信息?由于通过网络传播的信息不如单纯的八卦信息有价值也是有可能的,因此,有必要确定私募基金愿意与其他人分享有价值的信息的条件。Stein(2008)阐述了竞争对手之间分享真实信息的理论。他发现竞争对手愿意分享真实信息的关键在于彼此间具有长期稳定的关系,而动机则是收到有价值的反馈的可能性。所以,除了最基本的模型外,本研究将样本根据私募基金的平均持股时间进行划分,并在此基础上进行回归分析。

在两家私募基金进行信息分享后,又是什么动机促使他们与第三方共享信息呢?Stein(2008)进一步证明了只有当私募基金相对于第三方的信息优势不是很明显时才会发生这种情况。因为信息越有价值,则越有可能停留在一个较小的群体中。换句话说,即使私募基金通过网络进行连接,激励相容也会使信息的传播产生一种内生倾向,即最有价值的信息会被限制在一个规模小且孤立的群体中。为了验证这一理论,本研究在模型中添加了交叉项,从而观察网络中不同节点间的信息传播效果是否不同。

其他外部因素也可能会影响网络效应的发生机制。Leuz 等(2004)认为,如果一个公司的内部治理水平较差,那么其外部治理就更加重要。因此,如果目标公司没有公开披露足够的信息,那么私募基金网络则显得尤为重要。使用相同的逻辑进行分析可知,私募基金网络中的信息流通对国有企业的影响较弱,这是因为国有企业接受国家的财政支持,对资本市场的依赖程度较低,因此向机构投资者披露的信息较少(Ding et al.,2013)。而做空制度的提出有效地完善了中国股票市场的价格发现机制,使融券的标的股的定价效率得到了显著的提高(李志生、陈晨和林秉旋,2015)。因此,企业是否是融资融券标的也会影响网络效应的效果。此外,还需要考虑其他相关机构的改革情况。例如,2016 年 2 月,中国证监会(CSRC)颁布了私募基金公司内部控制的指引,提高了私募基金公司治理的质量,并且大大限制了投机行为。该项改革鼓励私募基金披露其标的资产的异质性,提高了私募基金的信息披露水平,从而增加了私募基金网络间的可信度,强化了信息传播的效果。

本章的研究结果表明,某只股票所在的私募基金网络的网络密度越大,则股票收益率的联动性就越低。在根据私募基金的平均持有时间划分样本进行分样本研究后,可以发现在关系稳定的分样本中结果非常显著,同时,解决内生性问题后研究结果依然稳健。本研究进一步考虑了上市公司的其他特征,例如,信息透明度高和没有被作为做空标的,会使得私募基金网络中内幕信息的重要性降低。结果显示,信息确实在股价联动模式中起着重要作用。证监会在 2016 年制定法规要求私募基金在公开渠道披露更多公司信息,这一举措加强了私募基金之间的信任并刺激了非公开渠道的信息传播。最终,本研究检验了基金经理社交网络对资产价格的影响。Lin 等(2021)发现基金经理之间的社交网络会影响私募基金绩效,但并没有发现其对资产价格联动的影响。

本章的研究主要有以下三点贡献:

首先,本研究深化了对弱联系网络中的信息扩散理论的理解,比如正式制度并不完善的新兴资本市场中的信息扩散理论。由于数据的限制,很少有实证论文关注中国私募基金的特点和投资活动,因此本研究创建了一个由私募基金组成的过滤数据库,并以此构建私募基金网络。这能使本研究通过探究中国的私募基金市场,来加深对其他新兴市场的了解。

其次,本研究通过引入网络密度的概念,将其与股票收益的联动性联系起来,扩展了私募基金投资行为的现有研究成果,为私募基金文献做出了贡献。与现有研究相比,例如 Cohen 等(2008)的研究,本研究侧重于持有大量相同股票的不同私募基金之间的网络的研究。由于私募基金或自己持有上市公司股票,或与上市公司保持信息交换,这种信息传播渠道会显著影响股票收益率的联动(肖欣荣、刘健和赵海健,2012)。本研究通过持股网络的信息传递机制来探索对冲投资行为,这对于理解私募基金在整个金融系统中的作用具有非常重要的意义。

最后,本研究强化了 Stein(2008)关于竞争对手信息传播的理论,实证结果与 Stein(2008)的两个主要结论一致。研究发现,信息传播对资产价格的影响(较低价格联动)只存在于以长期关系作为可信沟通的关键要素的稳定网络中。尽管有价值的信息往往被限制在一个小群体中,但本研究预计同一网络的不同资产节点之间的信息传播效应有所不同。资产节点的位置越靠近网络的中心,越有可能接收到有价值的信息,因此价格与市场联动的可能性就越低。

二、数据来源与研究设计

(一) 样本选择

本研究的样本来自私募云通和 WIND 数据库,并辅以 CSMAR 数据库,数据时间横跨 2010 年至 2019 年。通过公司定期报告中的前十大股东数据,本研究确保了研究样本是由私募基金担任前十大股东的上市公司构成。此外,本研究的分析涵盖了 5447 只不同的私募基金以及它们持有的 2704 家不同上市公司的数据。平均持有期约为 9 个月,最长持有期为 84 个月。样本不包括金融类上市公司以及控制变量数据缺失的公司。我们对所有连续变量做了前后 1% 的 Winsorize(缩尾)处理。

中国私募基金的影响之所以受到高度关注,有以下几个原因:首先,中国的私募基金行业成长迅速,日均交易量和资产管理能力与世界主要市场不相上下;其次,中国私募基金主动管理的特点使得它成为了追踪信息传播的一个很好的样本;最后,中国市场有限的金融工具使得本研究能够进行相对简单的分析。

为了描绘私募基金持股网络,本研究从上市公司的报告中收集了主要持股信息,并将每家上市公司持股比例排名前十的股东定义为公司的大股东。由于法律并没有明确要求私募基金披露其持股信息,从私募基金公司的角度出发构建持股信息网络显然是不现实的。但是,前文讨论的中国私募基金的行业特点让本研究能够在不失一般性的前提下聚焦于股票市场。

(二) 主要变量的定义

1. 收益率联动

根据 Khanna 和 Thomas(2009),Antón 和 Polk(2014)以及 Piotroski 等(2018)的成果,本研究用以下表达式来衡量股票的收益率联动:

$$cor_{i,j,t} = \frac{\sum(r_{i,t}-\bar{r}_i)(r_{j,t}-\bar{r}_j)}{\sqrt{\sum(r_{i,t}-\bar{r}_i)^2\sum(r_{j,t}-\bar{r}_j)^2}} \quad i,j=1,2,3\cdots K \quad (1)$$

其中,cor_{ij} 为配对公司(例如,公司 i 和公司 j,$i\neq j$)在第 t 个自然年去趋势、经市场调整后的股票日收益率的皮尔逊相关系数。$r_{i,t}(r_{j,t})$ 表示公司 $i(j)$ 在第 t 年经市场调整后的股票日收益率,$\bar{r}_i(\bar{r}_j)$ 为其均值。那么,股票 i 在第 t 年的联动 $Comovement_{i,t}$ 就可以使用股票 i 和其他股票 j 在第 t 年的皮尔逊相关系数的均值来表示:

$$Comovement_{i,t} = \frac{\sum_{j=1,j\neq i}^{K} cor_{i,j}}{K-1} \quad i=1,2,3\cdots K \quad (2)$$

2. 网络密度

网络密度是本研究的主要解释变量,也是本研究衡量网络内弱联系程度的重点。私募基金信息网络上游之间的"联系"越多,双方的联系就越紧密,信息传播的可能性就越大。网络密度是指网络中的联系数量除以可能出现的最大联系数量。令 L_i 为股票 i 所在的私募基金网络中的联系数量,而 g 为网络中基金的数量,因此网络中可能出现的最大联系数量为 $g(g-1)/2$。那么,股票信息网络密度(D_i)就可以表示为:

$$D_i = \frac{L_i}{g(g-1)/2} \quad (3)$$

举个例子,图 6-1 中的上市公司 4 所在的网络是由私募基金 a,$b\cdots g$ 之间的联系所构成的网络,所以存在 8 条联系($L_i=8$)和 7 只基金($g=7$)。因此,股票 4 所在网络的密度(D_i)为 0.3809。

针对股票信息网络的密度会随着股票的流通市值增加而降低的缺点,本研究根据 Nagel(2005)的方法,使用以下表达式计算网络密度:

$$\log\left(\frac{D_{it}}{1-D_{it}}\right) = \alpha_t + \beta_t \log(mcap_{it} + \varepsilon_{it},$$
$$Network\ Density_{it} = \varepsilon_{it} \tag{4}$$

其中，$mcap_{it}$ 为股票 i 在 t 时刻的市值。

3. 其他变量

根据已有文献，本研究控制了其他相关变量：私募基金、公募基金、合格境外投资者（QFII）的数量和持股比例，如果一只股票被多个私募基金、公募基金或 QFII 持有，则取平均值。除此之外，本研究还控制了其他可能影响收益率联动的因素，例如杠杆率、资产规模、资产负债率（ROA），以及其他人员统计变量，如独董数量，上市时间也作为控制变量出现。所有数据均来自上市公司年报。变量的详细说明请见表 6-1。

表 6-1 变量定义

变量	定义
Comovement	以股票 i 的皮尔逊相关系数与 t 年的其他股票 j 的平均值来衡量
Network Density	由股票市值调整的残差网络密度
Network Density（Alumni）	本研究手动收集了私募基金经理的简历，构建了私募基金经理的校友关系网络，然后计算了相同的残差网络密度
Network Density（Colleague）	本研究手动收集了私募基金经理的简历，构建了私募基金经理的同事关系网络，然后计算了相同的残差网络密度
HF Ratio	t 年末私募基金的平均持股比例
MF Ratio	t 年末公募基金的平均持股比例
QFII Ratio	t 年末 QFII 的平均持股比例
HF Number	t 年末私募基金股东的数量
MF Number	t 年末公募基金股东的数量
QFII Number	t 年末 QFII 股东的数量
Size	t 年末上市公司总资产的自然对数
Leverage	t 年末上市公司的总负债与总资产的比值
ROA	第 t 年上市公司的资产回报率

(续表)

变量	定义
SOE	虚拟变量,如果一家公司是国有企业,则等于1,否则等于0
Independent Director	独立董事人数与董事会成员人数的比值
List Year	上市公司在证券交易所上市年度到会计年度的自然对数
Short-Selling Target	虚拟变量,如果一家公司是做空标的,则等于1,否则等于0
Big4	虚拟变量,如果一家公司在第 t 年接受国际四大会计师事务所的审计,则等于1,否则为0
Opinion	虚拟变量,如果一家公司得到了无保留的审计意见,则等于1,否则等于0
Analyst Rank	第 t 年分析师给出的标准投资排名
Analyst Follow	第 t 年跟踪上市公司的分析师数量的自然对数
Industry Number	同行业上市公司数量的自然对数
Industry Scale	同行业上市公司总资产的自然对数
Degree	度中心性,衡量私募基金在网络中的关系数量,并通过网络中的最大可能关系进行标准化
Closeness	私募基金 u 的接近中心性,是指该区域内所有 $(n-1)$ 个可到达私募基金 u 的平均最短路径距离的倒数。该值是用 $C_u = \dfrac{n-1}{\sum_{v=1}^{n-1} d(v,u)}$ 计算得出的,其中 $d(v,u)$ 是 v 和 u 之间的最短路径距离,n 是可以到达私募基金 u 的私募基金的数量
Betweenness	中间中心性,是指许多其他个体会依赖私募基金在网络中建立的联系而产生的对私募基金的影响。该值是用 $B_v = \sum_{s,t \in V} \dfrac{\sigma(s,t \mid v)}{\sigma(s,t)}$ 计算得出的,其中 V 是私募基金的合集,$\sigma(s,t)$ 是最短的 (s,t) 路径数量,$\sigma(s,t \mid v)$ 是经过非 s 和 t 的其他私募基金 v 的路径数量,如果 $s=t$, $\sigma(s,t)=1$,如果 $v \in s,t$, $\sigma(s,t \mid v)=0$

(三) 研究方法

为分析私募基金网络对股票收益率联动的影响,实证研究部分的回归等式设计如下:

$$Comovement_{i,t} = \alpha_0 + \beta_1 Network\ Density_{i,t}$$
$$+ \sum \gamma_i Controls_{i,t} + ind_i + y_t + \varepsilon_{i,t} \quad (5)$$

$Comovement_{i,t}$ 是股票 i 在第 t 年的收益率联动，$Network\ Density$ 是股票 i 所在的私募基金网络的剩余密度；ind_i 和 y_t 分别表示行业和年份固定效应。

此外，本研究根据私募基金对特定股票的持有期进行分样本回归，验证了 Stein(2008) 关于竞争对手间真实信息交换的理论。本研究通过引入中心性的概念，并将其与网络密度构成交乘项，进一步验证了在同一个网络内不同节点的信息传播的影响是否会存在差异。这一部分的模型可以由公式(6)表示：

$$Comovement_{i,t} = \alpha_0 + \beta_1 Network\ Density_{i,t} \times Centrality_{i,t}$$
$$+ \beta_2 Centrality_{i,t} + \beta_3 Network\ Density_{i,t}$$
$$+ \sum \gamma_i Controls_{i,t} + ind_i + y_t + \varepsilon_{i,t} \quad (6)$$

$Centrality_{i,t}$ 衡量了股票 i 在 t 时刻的中心性。

为了进一步分析主要结果，本研究还对不同的子样本进行了比较分析，例如，国有企业和非国有企业、是否是作为做空目标的企业、信息透明度高或低的企业。

三、私募基金持股网络影响上市公司股价联动的实证分析

(一) 描述性统计

如表 6-2 的 Panel A 所示，私募基金数量自 2010 年以来大幅增长，其对上市公司的持股在 2015 年达到顶峰，当时的中国股市进入了前所未有的牛市时期。随后，由于中国证监会于 2016 年 2 月颁布关于私募基金公司内部控制的指引，私募基金数量出现了剧烈波动。虽然近年来监管的筛选效应抑制了私募基金的持股数量和控股比例，但

总体持股仍高于 2016 年。2010 年至 2019 年,平均每只私募基金会跻身 1 至 2 家上市公司的前十大股东(最多为 9 家)。

表 6-2 的 Panel B 报告了用于衡量股价联动、网络密度以及本研究中使用的控制变量的汇总统计数据。本研究样本中的股价联动的平均值为 0.348,25% 分位数为 0.261,75% 分位数为 0.441,标准差为 0.12,这表明本研究的样本中联动的差异足以用于分析。私募基金网络的复杂性体现在年化网络密度的均值和标准差上,分别为 −0.005 和 1.73,25% 分位数为 −1.049,75% 分位数为 0.397。样本中私募基金的平均持股比例为 1.544,略高于公募基金的平均持股比例 1.388。而公募基金的平均持股数量高于私募基金,这表明私募基金的持股往往比公募基金更加集中,这与私募基金的主动投资理论是相一致的。相比之下,QFII 的持股数量和持股比例都比较小,说明中国股市仍然由国内投资者主导。上市公司平均资产负债率为 44.7%,平均 ROA 为 4.7%。上市公司平均年限的自然对数为 2.257,平均独董占比为 37.4%。本研究进一步确保了足够多的样本以进行分样本回归,近 30% 的上市公司是国有企业,其中约 24% 的公司是做空标的。大部分公司未经四大会计师事务所审计,其中经审计的公司大多收到了无保留意见。

表 6-2 描述性统计

Panel A:私募基金持股的上市公司数量					
年份	♯私募基金持股公司数	♯公司总数	%私募基金持股公司占比	♯私募基金股东数(均值)	♯私募基金股东数(最大值)
2010	348	2041	17.05%	1.48	5
2011	455	2320	19.61%	1.52	4
2012	491	2472	19.86%	1.44	5
2013	746	2468	30.23%	1.50	6
2014	1138	2592	43.90%	1.90	6
2015	1332	2808	47.44%	2.30	8
2016	948	3034	31.25%	1.81	6
2017	1390	3467	40.09%	2.20	9
2018	1246	3567	34.93%	1.99	9
2019	1059	3760	28.16%	1.58	7

(续表)

Panel B：描述性统计

变量	N	Mean	S.D.	25%	50%	75%
Comovement	5526	0.348	0.120	0.261	0.334	0.441
Network Density	5526	−0.005	1.730	−1.049	−0.785	0.397
Size	5526	21.946	1.198	21.098	21.840	22.645
Leverage	5526	0.447	0.215	0.277	0.438	0.609
ROA	5526	0.047	0.068	0.023	0.046	0.078
SOE	5526	0.291	0.454	0.000	0.000	1.000
Independent Director	5526	0.374	0.052	0.333	0.333	0.429
List Year	5526	2.257	0.777	1.792	2.485	2.890
Short-Selling Target	5526	0.238	0.426	0.000	0.000	0.000
Big4	5526	0.035	0.183	0.000	0.000	0.000
Opinion	5526	0.955	0.207	1.000	1.000	1.000
Analyst Rank	5526	3.883	0.710	3.000	4.000	4.500
Analyst Follow	5526	1.522	1.331	0.000	1.386	2.639
Industry Number	5526	6.603	1.547	4.828	7.738	7.793
Industry Scale	5526	28.593	1.524	27.230	29.068	29.933
HF Ratio	5526	1.544	1.415	0.545	1.047	2.021
MF Ratio	5526	1.388	1.886	0.000	0.730	1.952
QFII Ratio	5526	0.100	0.351	0.000	0.000	0.000
Degree	5526	0.013	0.015	0.004	0.009	0.016
Closeness	5526	0.139	0.091	0.070	0.122	0.225
Betweenness	5526	0.014	0.029	0.000	0.004	0.013

Panel A 展示了 2010 年至 2019 年至少拥有一个私募基金股东的上市公司样本的年度汇总统计数据，包括上市公司总数和拥有私募基金股东的上市公司比例。Panel A 还统计了上市公司私募基金股东数的均值和最大值。数量（♯）和占比（%）是根据上市公司年报计算得出的。Panel B 展示了网络密度和控制变量的平均值。本研究排除了私募基金股东未形成网络的上市公司；样本由 5526 个年度观测值构成。所有连续变量都进行了前后 1% 的缩尾处理，以减轻极端值的影响。25%、50% 和 75% 分别指 25% 分位数、中位数和 75% 分位数。有关表格中报告的变量的定义和构造的详细信息，请参见表 6-1。

表 6-3 报告了变量的皮尔逊相关系数矩阵，表明解释变量之间的相关性普遍较小。网络密度与收益率联动之间的负相关关系表明股票的收益率联动与私募基金网络密度呈负相关关系。除此之外，本研究还得到了私募基金持有率也和股票价格联动呈负相关关系的初步结论。

表 6-3 相关系数矩阵

变量	(1)	(2)	(3)	(4)	(5)	(6)	(7)	(8)	(9)	(10)	(11)	(12)	(13)	(14)	(15)	(16)	(17)
Comovement	1																
Network Density	−0.060***	1															
Size	0.043***	0.114***	1														
Leverage	−0.003	0.036***	0.434***	1													
ROA	−0.059***	0.087***	0.080***	−0.255***	1												
SOE	0.102***	0.048***	0.307***	0.252***	−0.045***	1											
Independent Director	−0.019	−0.012	−0.049***	−0.034**	−0.048***	0.079***	1										
List Year	0.086***	0.021	0.279***	0.341***	−0.189***	0.345***	−0.060***	1									
Big 4	−0.002	0.043***	0.275***	0.075***	0.039***	0.098***	−0.009	0.047***	1								
Opinion	0.066***	0.004	0.116***	−0.185***	0.280***	0.028**	−0.018	−0.092***	0.032**	1							
Analyst Rank	0.051***	0.032**	0.278***	−0.027	0.247***	−0.063***	−0.015	−0.144***	0.065***	0.129***	1						
Analyst Follow	0.004	0.112***	0.364***	−0.036**	0.341***	−0.025**	−0.030**	−0.181***	0.119***	0.143***	0.748***	1					
Industry Number	0.008	−0.023**	−0.080***	−0.164***	0.053***	−0.118***	0.002	−0.155***	−0.037***	0.024**	0.054***	0.065***	1				
Industry Scale	0.034**	−0.056***	−0.023**	−0.155***	0.045***	−0.116***	0.01	−0.112***	−0.021	0.015	0.066***	0.050***	0.952***	1			
HF Ratio	−0.133***	−0.01	−0.081***	0.008	−0.055***	0.157***	0.008	0.056***	−0.081***	−0.058***	0.004	−0.027**	0.015	0.037***	1		
MF Ratio	0.083***	−0.011	−0.044***	−0.021	0.110***	0.008	−0.009	−0.025**	−0.049***	0.054***	0.296***	0.341***	0.008	−0.033***	−0.007	1	
QFII Ratio	0.030**	0.005	0.099***	0.007	0.069***	0.047***	0.002	0.077***	0.032**	0.031**	0.106***	0.169***	0.015	0.016	0.009	0.091***	1

本表报告了模型中变量的相关系数。***、**和*分别代表了在 0.01, 0.05 和 0.10 水平下的显著性。

(二) 主要回归分析

1. 基本模型

表 6-4 展示了基于公式(5)表示的基本模型的回归结果。第(1)列的主要结果与第一节中提出的理论预期一致。第(2)列中额外控制了私募基金、公募基金、QFII 基金的持有比例。网络密度系数表明了网络密度与股票收益率联动之间的负相关关系,支持了私募基金网络密度越高,信息传播越快,股票价格与市场联动的可能性越小的假说,此处的市场指的是私募基金持有的股票组合(根据本研究样本构建的),由于本研究是在私募基金持有的股票之间进行比较,因此任何由于私募基金持有而对股票收益率产生的影响都与本研究无关。

这与私募基金的交易逻辑是一致的,即积极寻找市场上特色鲜明的上市公司。负相关关系表示网络密度越高,用于投资决策的信息越有可能流经网络。因此,该网络加强了私募基金对于公司特征的了解。因为私募基金是大股东,所以不太可能受到市场噪音的影响,从而导致股价联动显著降低。

下述研究进一步佐证了本研究先前的观点。通过在第(2)列中加入不同基金的持股比例,可以发现私募基金持股比例与收益率联动负相关,这表明私募基金股东持有的股份越集中,收益率联动就越低。结果还表明收益率联动与公募基金持股占比呈正相关关系,这说明公募基金对于收益率的影响有所不同。但由于本研究的分析重点为私募基金,因此可将公募基金留待未来进一步研究。

表 6-4 私募基金网络和股票价格联动

被解释变量:$Comovement$	(1)	(2)
$Network\ Density$	-0.002^{**}	-0.002^{**}
	(-2.14)	(-2.33)
$Size$	0.007^{***}	0.006^{***}
	(4.58)	(3.90)
$Leverage$	-0.041^{***}	-0.038^{***}
	(-5.76)	(-5.32)

(续表)

被解释变量: Comovement	(1)	(2)
ROA	−0.071***	−0.076***
	(−3.57)	(−3.85)
SOE	0.012***	0.008***
	(4.22)	(3.00)
Independent Director	−0.008	−0.010
	(−0.36)	(−0.48)
List Year	0.007***	0.008***
	(3.65)	(4.43)
Big4	−0.016**	−0.018***
	(−2.49)	(−2.82)
Opinion	0.039***	0.039***
	(6.27)	(6.37)
Analyst Rank	0.004	0.004
	(1.57)	(1.55)
Analyst Follow	−0.002	−0.002
	(−1.45)	(−1.37)
Industry Number	0.053**	0.054**
	(2.21)	(2.25)
Industry Scale	−0.013	−0.012
	(−1.49)	(−1.38)
HF Ratio		−0.007***
		(−8.07)
MF Ratio		0.001
		(1.46)
QFII Ratio		−0.000
		(−0.04)
Industry Fixed Effects	YES	YES
Year Fixed Effects	YES	YES
N	5526	5526
R^2	0.607	0.613

本表报告了股价联动的多元回归结果。被解释变量是 Comovement，衡量股票 i 与其他股票 j 在第 t 年的皮尔逊相关系数的平均值。主要解释变量是网络密度，由经股票市值调整的残差网络密度计算所得。其他控制变量的定义见表 6-1。在第（1）列中，HF 比率、MF 比率和 QFII 比率被排除在回归外。第（2）列则包含了所有控制变量。括号中显示的 t 统计量根据上市公司的聚类进行了调整。***、** 和 * 分别代表了在 0.01、0.05 和 0.10 水平下的显著性。

2. 竞争对手间的信息传播机制

为了揭示私募基金网络对资产价格联动的负面影响,本章对增加了竞争作用后的机制进行了研究。鉴于私募基金相互竞争的这一事实,真实的报告只有在适当的激励兼容条件下才会发生。本小节将解决两个问题:第一,不同质量的信息是如何影响资产价格的?第二,由于不同网络中的信息流不同,真实、有价值的信息是否真的有利于网络中的每个个体?

为了进一步探究,本研究参考了 Stein(2008)的理论工作,他提出,在面对竞争时,网络中的每个参与者为了进一步获得竞争对手提供的信息,均拥有为竞争对手提供真实信息的动机。因此,除了网络密度之外,可信或有效的沟通还需要长期稳定的关系。

因此,本研究根据私募基金的持有期是否高于中值,将样本分为"稳定关系"和"临时关系"两组,分别对两个子样本进行回归分析。表 6-5 第(1)列和第(2)列的结果与之前的理论预期一致:网络效应在"稳定关系"组中保持稳健,在"临时关系"组中则不再显著。这些结果表明,有价值的信息在稳定关系中能够更好地被传播;而网络的影响在临时关系中不再显著,这是因为私募基金互为竞争对手,并没有向仅有临时关系的同行透露任何非公开的、有价值信息的动机。

表 6-5 私募基金网络和股票价格联动:稳定关系与临时关系

因变量:*Comovement*	(1) Stable Relationship	(2) Transient Relationship
Network Density	-0.002^{**}	-0.001
	(-2.07)	(-0.86)
Size	0.007^{***}	0.005^{***}
	(3.01)	(2.87)
Leverage	-0.031^{***}	-0.042^{***}
	(-2.82)	(-5.13)
ROA	-0.089^{***}	-0.060^{**}
	(-2.98)	(-2.46)

(续表)

因变量:Comovement	(1) Stable Relationship	(2) Transient Relationship
SOE	0.018***	0.001
	(4.19)	(0.36)
Independent Director	−0.035	0.004
	(−0.99)	(0.16)
List Year	−0.004	0.016***
	(−1.34)	(6.77)
Big 4	−0.027***	−0.010
	(−2.59)	(−1.41)
Opinion	0.053***	0.024***
	(5.75)	(3.41)
Analyst Rank	0.004	0.002
	(1.06)	(0.70)
Analyst Follow	−0.003	−0.001
	(−1.35)	(−0.31)
Industry Number	0.052	0.046*
	(0.88)	(1.82)
Industry Scale	−0.020	−0.004
	(−1.33)	(−0.33)
HF Ratio	−0.008***	−0.004***
	(−6.90)	(−3.08)
MF Ratio	0.001	0.001
	(0.82)	(1.07)
QFII Ratio	0.005	−0.004
	(1.39)	(−1.22)
Industry Fixed Effects	YES	YES
Year Fixed Effects	YES	YES
N	2413	3113
R^2	0.558	0.665

本表根据私募基金的持有期是高于中值还是低于中值,报告了两个子样本(分别为"稳定关系"子样本和"临时关系"子样本)的股价联动的多元回归结果。被解释变量和所有解释变量详见表6-1。第(1)列报告了"稳定关系"私募基金网络中的多元回归结果,第(2)列报告了"临时关系"私募基金网络中的多元回归结果。括号中显示的 t 统计量根据上市公司的聚类进行了调整。***、**和*分别代表了在0.01、0.05和0.10水平下的显著性。

不同的网络以各种方式影响着资产价格,因为真实信息的共享需要稳定和持久的关系。然而,有价值的信息往往被限制在小群体中,并不会向外传播(Stein,2008)。因此,即使在同一个网络中,也可能根据不同资产在网络中的不同位置而产生不同的影响。Stein(2008)的理论表明,资产离网络中心越近,有价值的信息被传播的可能性就越高。因此,为了检验信息传播的效果在网络中不同节点间是否存在差异,本研究选择了三种不同的节点中心性度量指标:点度中心性、接近中心性和中间中心性(Wasserman and Faust,1994)。表6-6展示了网络密度与这三个中心性度量之间的交互作用。研究发现,在网络密度保持不变时,股票离网络的中心越近,重要信息就越有可能通过网络传播,从而使得更少的信息与市场产生联动,这证实了Stein(2008)的理论。

表 6-6　私募基金网络和股票价格联动:网络中心性

被解释变量:$Comovement$	(1)	(2)	(3)
$Network\ Density \times Degree$	−0.202***		
	(−2.83)		
$Degree$	−0.124*		
	(−1.77)		
$Network\ Density \times Closeness$		−0.537***	
		(−14.21)	
$Closeness$		−0.505***	
		(−12.09)	
$Network\ Density \times Betweenness$			−0.197***
			(−3.35)
$Betweenness$			−0.060
			(−1.34)
$Network\ Density$	0.006***	0.014***	0.006***
	(4.06)	(8.98)	(4.16)
$Size$	−0.039***	−0.052***	−0.039***
	(−5.37)	(−7.55)	(−5.44)
$Leverage$	−0.076***	−0.059***	−0.077***
	(−3.84)	(−3.04)	(−3.90)
ROA	0.008***	0.006**	0.008***
	(2.98)	(2.22)	(2.88)

(续表)

被解释变量:Comovement	(1)	(2)	(3)
SOE	−0.010	−0.007	−0.009
	(−0.47)	(−0.34)	(−0.43)
Independent Director	0.008***	0.009***	0.008***
	(4.34)	(4.69)	(4.38)
List Year	−0.018***	−0.015**	−0.018***
	(−2.79)	(−2.50)	(−2.79)
Big4	0.039***	0.034***	0.038***
	(6.36)	(5.51)	(6.33)
Opinion	0.004	0.003	0.004
	(1.53)	(1.49)	(1.54)
Analyst Rank	−0.002	−0.000	−0.002
	(−1.30)	(−0.25)	(−1.31)
Analyst Follow	0.052**	0.036	0.053**
	(2.20)	(1.44)	(2.23)
Industry Number	−0.012	−0.009	−0.012
	(−1.30)	(−0.98)	(−1.38)
Industry Scale	−0.007***	−0.007***	−0.007***
	(−7.81)	(−7.68)	(−7.90)
HF Ratio	0.001	0.001**	0.001*
	(1.58)	(2.15)	(1.67)
MF Ratio	−0.000	−0.000	−0.000
	(−0.04)	(−0.06)	(−0.06)
QFII Ratio	0.006***	0.014***	0.006***
	(4.06)	(8.98)	(4.16)
Industry Fixed Effects	YES	YES	YES
Year Fixed Effects	YES	YES	YES
N	5526	5526	5526
R^2	0.614	0.628	0.614

本表报告了股价与网络中私募基金头寸联动的多元回归结果。本研究计算了三个中心性指标(点度中心性、接近中心性和中间中心性)来衡量私募基金在私募基金网络中的位置。被解释变量和所有其他解释变量的定义详见表6-1。第(1)列报告了添加网络密度和点度中心性作为交乘项的股价联动的多元回归结果,第(2)列报告了添加网络密度和接近中心性作为交乘项的股价联动的多元回归结果,第(3)列报告了添加网络密度和中间中心性作为交乘项的股价联动的多元回归结果。括号中显示的t统计量根据上市公司的聚类进行了调整。***、**和*分别代表了在0.01、0.05和0.10水平下的显著性。

(三) 中介效应

本研究还使用了股价联动的倒数来衡量公司股价中包含的内幕信息的质量,并进一步检验了私募基金网络在降低上市公司价格联动性中的信息中介作用。具体而言,利用整个市场和行业的周收益率(即上一期、本期和滞后一期)对上市公司每年的周收益率进行回归,得到调整后的拟合优度 R^2,进而构建股价联动指数 $SYN = \ln\left(\frac{R^2}{1-R^2}\right)$,信息内容索引 $Information = -SYN$。表 6-7 报告了中介效应的检验结果,该结果证明了私募基金网络密度会增加上市公司股票价格中的信息含量,从而降低上市公司股票收益率联动的理论。

表 6-7 信息中介检验:股票价格联动性

变量	(1) Comovement	(2) Information	(3) Comovement
$Network\ Density$	-0.002^{**}	0.021^{***}	-0.0005
	(-2.33)	(2.98)	(-0.81)
$Information$			-0.064^{***}
			(-44.35)
$Size$	0.006^{***}	-0.115^{***}	-0.001
	(3.91)	(-9.61)	(-1.09)
$Leverage$	-0.038^{***}	0.251^{***}	-0.021^{***}
	(-5.33)	(4.30)	(-3.65)
ROA	-0.076^{***}	0.229	-0.058^{***}
	(-3.85)	(1.39)	(-3.67)
SOE	0.008^{***}	-0.098^{***}	0.003
	(3.00)	(-3.99)	(1.25)
$Independent\ Director$	-0.010	0.130	-0.002
	(-0.48)	(0.71)	(-0.13)
$List\ Year$	0.008^{***}	-0.059^{***}	0.004^{**}
	(4.43)	(-3.81)	(2.40)
$Big4$	-0.018^{***}	0.045	-0.016^{***}
	(-2.82)	(0.76)	(-3.03)

(续表)

变量	(1) Comovement	(2) Information	(3) Comovement
$Opinion$	0.039***	−0.214***	0.025***
	(6.37)	(−4.09)	(4.79)
$Analyst\ Rank$	0.004	−0.015	0.003
	(1.56)	(−0.70)	(1.44)
$Analyst\ Follow$	−0.002	0.032**	−0.000
	(−1.39)	(2.51)	(−0.16)
$Industry\ Number$	0.054**	−0.374	0.026
	(2.26)	(−1.54)	(1.42)
$Industry\ Scale$	−0.012	0.051	−0.008
	(−1.38)	(0.61)	(−1.20)
$HF\ Ratio$	−0.007***	0.042***	−0.005***
	(−8.07)	(5.30)	(−7.13)
$MF\ Ratio$	0.001	0.016***	0.002***
	(1.47)	(2.85)	(3.91)
$QFII\ Ratio$	−0.000	−0.008	−0.001
	(−0.04)	(−0.35)	(−0.30)
$Industry\ Fixed\ Effects$	YES	YES	YES
$Year\ Fixed\ Effects$	YES	YES	YES
N	5526	5516	5516
R^2	0.613	0.388	0.751

本表报告了使用中介效应模型对股价中的内幕信息进行股价联动多元回归检验的结果。其中,中介变量是内幕信息($Information$),该变量通过对应的股票周收益率与行业和市场的周收益率计算而得。被解释变量和所有其他解释变量的定义详见表6-1。第(1)列报告了股价联动的多元回归结果,第(2)列报告了内幕信息的多元回归结果,第(3)列报告了以信息为控制变量的股价联动的多元回归结果。括号中显示的 t 统计量根据上市公司的聚类进行了调整。***、**和*分别代表了在0.01、0.05和0.10水平下的显著性。

为解决潜在的内生性问题,本研究使用了两阶段最小二乘法(2SLS)进行回归分析。由于私募基金的平均年限($Inception\ Years$)与网络密度密切相关,但与收益率联动没有因果关系,因此,本研究使用 $Inception\ Years$ 作为工具变量(IV)进行一阶段回归,并使用网络密度对其进行回归,然后将第一阶段计算出的估计值插入第二阶段回归中。表 6-8 报告了 2SLS 回归分析的结果。第一阶段选择的工具变量的回归系数均显著,与网络密度强相关;第二阶段估计的网络密度对股票收益率联动显著为负。这些结果表明,在解决内生性问题后,私募基金的网络密度仍然与股票收益率联动负相关,与前文的研究结果一致。

表 6-8　私募基金网络和股票价格联动:2SLS 回归分析

变量	(1) Network Density	(2) Comovement
Inception Years	**0.069****	
	(2.13)	
Density (Predicted)		−0.052*
		(−1.80)
Size	0.082***	0.010***
	(3.37)	(3.47)
Leverage	−0.102	−0.044***
	(−0.88)	(−5.05)
ROA	0.388	−0.065***
	(1.21)	(−2.68)
SOE	0.045	0.009***
	(0.87)	(2.75)
Independent Director	0.267	−0.010
	(0.75)	(−0.41)
List Year	0.060**	0.014***
	(1.99)	(5.34)
Big4	0.030	−0.024***
	(0.25)	(−3.07)
Opinion	−0.092	0.035***
	(−0.94)	(4.81)
Analyst Rank	−0.029	0.002
	(−0.68)	(0.76)
Analyst Follow	0.080***	0.003
	(2.87)	(1.18)

(续表)

变量	(1) Network Density	(2) Comovement
Industry Number	0.227	0.068**
	(0.39)	(2.55)
Industry Scale	0.075	−0.014
	(0.43)	(−1.33)
HF Ratio	−0.005	−0.009***
	(−0.27)	(−8.88)
MF Ratio	−0.017	−0.000
	(−1.61)	(−0.12)
QFII Ratio	−0.046	−0.006
	(−0.77)	(−1.62)
Industry Fixed Effects	YES	YES
Year Fixed Effects	YES	YES
N	4331	4331
R^2	0.464	0.617

本表报告了股价联动的 2SLS 回归结果。工具变量为 *Inception Years*，由网络中私募基金公司的平均年限计算得出，与网络密度相关，但与股价联动没有因果关系。被解释变量和所有其他解释变量的定义详见表 6-1。第(1)列报告了第一阶段网络密度多元回归的结果，第(2)列报告了第二阶段联动多元回归结果，其中网络密度为第一阶段回归的预测值。括号中显示的 t 统计量根据上市公司的聚类进行了调整。***、** 和 * 分别代表了在 0.01、0.05 和 0.10 水平下的显著性。

(四) 网络效应与信息透明度

一个有效的公司治理体系包含内部治理与外部治理，而成功的治理体系则需要内外部的共同作用。当内部治理受到阻碍时，外部治理便显得尤为重要(Leuzet et al.，2004)。因此，私募基金作为外部治理的一部分，应该对信息透明度低的公司产生更大的影响。参考 Ball 等(2004)，本研究使用了上市公司盈余管理程度作为信息透明度的代理变量来度量公司信息透明度的高低。表 6-9 中的结果支持了这一理论预测。

表 6-9　私募基金网络和股票价格联动:高信息透明度企业与低信息透明度企业

被解释变量: Comovement	(1) Low Information Transparency	(2) High Information Transparency
Network Density	−0.004***	0.001
	(−3.57)	(0.71)
Size	0.007***	0.003
	(3.64)	(1.29)
Leverage	−0.043***	−0.024**
	(−4.47)	(−2.53)
ROA	−0.089***	−0.040
	(−3.89)	(−1.16)
SOE	0.007*	0.011***
	(1.80)	(2.99)
Independent Director	−0.020	0.011
	(−0.69)	(0.37)
List Year	0.012***	0.001
	(4.68)	(0.58)
Big4	−0.012	−0.023***
	(−1.36)	(−2.65)
Opinion	0.035***	0.041***
	(4.80)	(3.99)
Analyst Rank	−0.001	0.009***
	(−0.35)	(2.80)
Analyst Follow	0.000	−0.004**
	(0.14)	(−2.26)
Industry Number	0.050*	0.044
	(1.86)	(1.06)
Industry Scale	−0.007	−0.022*
	(−0.58)	(−1.65)
HF Ratio	−0.008***	−0.007***
	(−6.60)	(−5.43)

(续表)

被解释变量： Comovement	(1) Low Information Transparency	(2) High Information Transparency
MF Ratio	0.001*	−0.000
	(1.72)	(−0.08)
QFII Ratio	−0.001	0.002
	(−0.31)	(0.62)
Industry Fixed Effects	YES	YES
Year Fixed Effects	YES	YES
N	2877	2649
R^2	0.604	0.638

本表报告了以上市公司信息透明度中值为界线划分的两个子样本的股价联动多元回归结果。信息透明度用上市公司的盈余管理程度来衡量。被解释变量和所有其他解释变量的定义详见表6-1。第(1)列报告了低信息透明度的上市公司的多元回归结果，第(2)列报告了高信息透明度的上市公司的多元回归结果。括号中显示的 t 统计量根据上市公司的聚类进行了调整。***、** 和 * 分别代表了在 0.01、0.05 和 0.10 水平下的显著性。

由于信息在本研究中起着至关重要的作用，因此不同所有权类型的股票可能具有不同的收益率联动模式。为在中国市场进一步探究这一问题，本研究将上市公司分为两类：国有企业和非国有企业。与非国有企业不同，国有企业可获得政府的财政支持，面临着较少的融资限制，因此，国有企业对资本市场的依赖程度较低，信息披露水平较弱，从而机构投资者可以获得与其有关的信息较少。由此可推断，私募基金网络在信息传播方面对国有企业的作用较弱（Ding et al., 2013）。本研究检验了国有企业和非国有企业的网络效应是否有所不同。表6-10的结果显示，网络效应对非国有企业更为显著。这可能是因为非国有企业较高的信息披露水平增加了网络成员之间的信任，促进了信息的传播，加强了网络效应。

表 6-10　私募基金网络和股票价格联动：国有企业与非国有企业

被解释变量：Comovement	(1) SOE	(2) Non-SOE
Network Density	−0.001	−0.002**
	(−0.69)	(−2.13)
Size	0.002	0.008***
	(0.61)	(4.51)
Leverage	−0.023*	−0.045***
	(−1.87)	(−5.25)
ROA	−0.078**	−0.073***
	(−2.25)	(−3.23)
Independent Director	−0.015	0.008
	(−0.40)	(0.30)
List Year	0.003	0.010***
	(0.54)	(4.62)
Big4	−0.018**	−0.011
	(−2.25)	(−1.24)
Opinion	0.019*	0.042***
	(1.91)	(5.75)
Analyst Rank	0.009**	0.001
	(2.34)	(0.47)
Analyst Follow	−0.006**	−0.000
	(−2.33)	(−0.11)
Industry Number	0.017	0.062*
	(0.51)	(1.93)
Industry Scale	0.008	−0.014
	(0.54)	(−1.22)
HF Ratio	−0.004**	−0.008***
	(−2.23)	(−8.05)
MF Ratio	−0.001	0.001
	(−0.69)	(1.63)
QFII Ratio	−0.001	0.001
	(−0.19)	(0.21)

(续表)

被解释变量：Comovement	(1) SOE	(2) Non-SOE
Industry Fixed Effects	YES	YES
Year Fixed Effects	YES	YES
N	1609	3917
R^2	0.718	0.577

本表报告了按公司所有权性质划分的两个子样本的股价联动多元回归结果。被解释变量和所有其他解释变量的定义详见表 6-1。第(1)列报告了国有企业子样本的多元回归结果，第(2)列报告了非国有企业子样本的多元回归结果。括号中显示的 t 统计量根据上市公司的聚类进行了调整。***、**和*分别代表了在 0.01、0.05 和 0.10 水平下的显著性。

(五) 网络效应和 2016 年法规

上一节从上市公司的角度探讨了信息披露的效果，本节将从私募基金的角度进行进一步研究。中国证监会于 2016 年 2 月发布的《私募投资基金管理人内部控制指引》被视为中国私募基金市场发展的里程碑。该指引要求私募基金建立内部控制制度，提高信息披露水平。

《私募投资基金信息披露管理办法》等制度文件的发布让本研究实现对私募基金管理质量的比较。来自公司治理良好、信息披露质量高的公司的私募基金经理更值得信赖。同时，私募基金要披露公司管理层信息这一事实为网络中的个体提供了互相联系的机会（官方披露保证了真实性），大大增加了网络中弱联系的数量，并提高了基金经理对网络的信赖程度。

因此，2016 年的改革提高了中国私募基金社交网络中的信任程度，并加强了私募基金网络内的信息传播。因此，本研究对 2016 年前和 2016 年后的子样本分别进行了回归，表 6-11 的第(2)列结果表明，网络密度系数在 2016 年后的子样本中更为显著。随后对 2016 年后私募基金的信息披露质量进行检验，进一步探究了 2016 年前后差异背后的机制。

表 6-11　私募基金网络和股票价格联动：2016 年法规

被解释变量：Comovement	(1) Before 2016	(2) After 2016	(3) After 2016
Network Density	0.001	−0.003***	−0.005
	(0.90)	(−3.20)	(−1.51)
Disclosure			−0.017
			(−1.43)
Network Density × Disclosure			−0.012**
			(−2.06)
Size	0.007***	0.004*	0.005**
	(3.56)	(1.83)	(2.30)
Leverage	−0.043***	−0.029**	−0.030***
	(−4.76)	(−2.55)	(−2.67)
ROA	−0.068**	−0.082***	−0.079***
	(−2.47)	(−2.96)	(−2.83)
SOE	0.009***	0.006	0.005
	(2.92)	(1.18)	(1.02)
Independent Director	−0.037	0.014	0.014
	(−1.40)	(0.42)	(0.43)
List Year	0.003	0.016***	0.016***
	(1.44)	(5.24)	(5.27)
Big4	−0.016**	−0.022**	−0.022**
	(−2.00)	(−2.36)	(−2.30)
Opinion	0.024***	0.055***	0.054***
	(2.97)	(5.81)	(5.78)
Analyst Rank	0.002	0.009**	0.009**
	(0.57)	(2.34)	(2.17)
Analyst Follow	−0.001	−0.006***	−0.005**
	(−0.59)	(−2.58)	(−2.26)
Industry Number	0.039	60.321**	59.538**
	(1.64)	(2.35)	(2.34)
Industry Scale	−0.014	−0.044	−0.040
	(−1.25)	(−1.60)	(−1.48)

(续表)

被解释变量：Comovement	(1) Before 2016	(2) After 2016	(3) After 2016
HF Ratio	−0.004***	−0.010***	−0.010***
	(−3.08)	(−8.34)	(−8.22)
MF Ratio	−0.000	0.005***	0.005***
	(−0.52)	(3.82)	(3.86)
QFII Ratio	0.002	−0.003	−0.003
	(0.58)	(−0.84)	(−0.86)
Industry Fixed Effects	YES	YES	YES
Year Fixed Effects	YES	YES	YES
N	3312	2214	2214
R^2	0.624	0.580	0.582

本表报告了以 2016 年中国私募基金行业法规颁布时间进行划分的两个子样本的股价联动多元回归结果。交乘项 Disclosure 是私募基金网络的披露质量，根据对私募基金虚假信息披露的行政处罚统计得出。被解释变量和所有其他解释变量的定义详见表 6-1。第 (1) 列为 2016 年前股价联动的多元回归结果，第 (2) 列为 2016 年后股价联动的多元回归结果，第 (3) 列为添加了信息披露质量 (Disclosure) 与网络密度的交乘项后的 2016 年后股价联动的多元回归结果。括号中显示的 t 统计量根据上市公司的聚类进行了调整。***、** 和 * 分别代表了在 0.01、0.05 和 0.10 水平下的显著性。

首先，本研究手工收集了 2016 年后每年因披露不合格或披露虚假信息而受到行政处罚的公司的数据，并计算了每个私募基金网络的信息披露质量。具体分类方法如下：如果网络中没有私募基金公司因披露虚假信息而受到处罚，则信息披露质量的取值为 1；否则为 0。最终在 2214 个观测值中，约有 90% 的观测对象处于没有虚假信息披露的网络中。

其次，将信息披露质量与网络密度构成交乘项，表 6-11 的第 (3) 列结果表明该系数为负，这意味着当信息披露质量越高时，网络的可信程度越高，网络密度越大，因此网络会具有更强的信息传播能力，从而降低了股票价格的联动性。

(六) 做空标的网络效应

另一种检验信息作用的方法是做空机制。如果将做空机制纳入股票交易,那么投资者悲观和乐观的情绪都会有效地反映在股票价格上(Miller,1977)。2010年3月31日,中国正式实行了做空制度,这意味着资本市场的"单边市场"局面的终结。此举有效改善了中国股票的价格发现机制,以及融券标的股票的定价效率(李志生、陈晨和林秉旋,2015)。在这样的背景下,私募基金网络在做空、融券时,有机会将更多的上市公司信息融入股价中,这意味着与此前的研究相比,上市公司股价的收益率联动会相对下降。为了探究这个问题,本研究将样本分为做空标的和非做空标的,并进行了回归分析。表6-12的结果表明,非做空组的网络效应较弱,而做空组的系数则增加了一倍,这说明网络效应对于那些通过适当做空机制进行投资的资产更为显著。

表6-12 私募基金网络和股票价格联动:做空标的与非做空标的

被解释变量: Comovement	(1) Short-Selling Target	(2) Non-Short-Selling Target
Network Density	-0.004^{**}	-0.001
	(-2.57)	(-0.70)
Size	-0.002	0.008^{***}
	(-0.53)	(4.49)
Leverage	-0.004	-0.046^{***}
	(-0.26)	(-5.82)
ROA	-0.102^{**}	-0.067^{***}
	(-2.52)	(-3.04)
SOE	0.004	0.010^{***}
	(0.95)	(3.17)
Independent Director	0.004	-0.001
	(0.10)	(-0.02)
List Year	0.003	0.009^{***}
	(0.78)	(4.31)

(续表)

被解释变量：Comovement	(1) Short-Selling Target	(2) Non-Short-Selling Target
$Big\,4$	−0.024***	0.000
	(−3.08)	(0.02)
$Opinion$	0.040**	0.035***
	(2.40)	(5.28)
$Analyst\ Rank$	−0.002	0.002
	(−0.36)	(0.87)
$Analyst\ Follow$	−0.003	0.000
	(−1.17)	(0.27)
$Industry\ Number$	−0.051	0.070***
	(−0.58)	(2.74)
$Industry\ Scale$	0.004	−0.016
	(0.24)	(−1.51)
$HF\ Ratio$	−0.006***	−0.007***
	(−3.45)	(−7.15)
$MF\ Ratio$	0.002	0.000
	(1.31)	(0.42)
$QFII\ Ratio$	0.000	0.002
	(0.11)	(0.53)
$Industry\ Fixed\ Effects$	YES	YES
$Year\ Fixed\ Effects$	YES	YES
N	1314	4212
R^2	0.718	0.591

根据上市公司是否可以在交易系统被做空，将样本划分为做空标的与非做空标的，本表报告了使用该子样本对股价联动进行多元回归的结果。被解释变量和所有其他解释变量的定义详见表6-1。第(1)列报告了作为做空标的的上市公司股价联动的多元回归结果，第(2)列报告了作为非做空标的的上市公司股价联动的多元回归结果。括号中显示的 t 统计量根据上市公司的聚类进行了调整。***、**和*分别代表了在0.01、0.05和0.10水平下的显著性。

(七) 社交网络与股票价格联动

本小节简要讨论了对于股票价格联动的替代变量。Lin 等(2021)

发现,在社交网络中处于中心位置带来的信息优势可以影响基金经理的投资风格并提高私募基金的绩效,并且这种影响可能会降低股票价格的联动性。因此在表 6-13 中,本研究进一步控制了校友和同事网络。结果表明,在控制了由校友和同事组成的社交网络后,私募基金仍然发挥着信息传播和提高信息效率的作用。

表 6-13　私募基金网络和股票价格联动:排除社会联系的替代变量

被解释变量:$Comovement$	（1）	（2）
$Network\ Density$	-0.002^{**}	-0.002^{**}
	(-2.10)	(-2.35)
$Network\ Density\ (Alumni)$	-0.001	-0.001
	(-0.84)	(-0.66)
$Network\ Density\ (Colleague)$	-0.001	-0.001
	(-0.72)	(-0.46)
$Size$	0.007^{***}	0.006^{***}
	(3.61)	(3.34)
$Leverage$	-0.032^{***}	-0.029^{***}
	(-3.66)	(-3.26)
ROA	-0.044^{*}	-0.048^{*}
	(-1.67)	(-1.84)
SOE	0.012^{***}	0.007^{**}
	(3.37)	(2.14)
$Independent\ Director$	-0.017	-0.017
	(-0.62)	(-0.63)
$List\ Year$	0.007^{***}	0.008^{***}
	(2.70)	(3.46)
$Big4$	-0.013	-0.015^{*}
	(-1.52)	(-1.85)
$Opinion$	0.039^{***}	0.038^{***}
	(5.15)	(5.22)
$Analyst\ Rank$	0.004	0.003
	(1.20)	(1.02)

(续表)

被解释变量:Comovement	(1)	(2)
Analyst Follow	−0.002	−0.003
	(−1.40)	(−1.54)
Industry Number	0.072**	0.072**
	(1.97)	(2.00)
Industry Scale	−0.019	−0.016
	(−1.65)	(−1.36)
HF Ratio		−0.008***
		(−7.85)
MF Ratio		0.002***
		(3.03)
QFII Ratio		−0.003
		(−1.03)
Industry Fixed Effects	YES	YES
Year Fixed Effects	YES	YES
N	3490	3490
R^2	0.619	0.629

本表报告了以社会关系的替代变量作为控制变量的股价联动多元回归结果。控制变量 Network Density (Alumni) 是根据私募基金经理的校友网络计算的残差网络密度。控制变量 Network Density (Colleague) 是根据私募基金经理的同事网络计算的残差网络密度。被解释变量和所有其他解释变量的定义详见表6-1。第(1)列中，HF Ratio、MF Ratio 和 QFII Ratio 被排除在回归外，第(2)列则包括了所有控制变量。括号中显示的 t 统计量根据上市公司的聚类进行了调整。***、**和*分别代表了在0.01、0.05和0.10水平下的显著性。

四、研究结论与监管建议

本章研究了私募基金在中国股票市场中的作用，重点关注了网络对于私募基金行为以及股票收益率联动的影响。与基于强联系网络的主流研究(Cheong et al., 2022; Spilker, 2022)不同，本章关注的是基于弱联系的网络。本章将弱联系定义为共同持有股票，并通过构建一个经过滤的特有网络数据集,在 2010 年至 2019 年中国私募基金持有的股票样本基础上,研究了信息传播对股票价格收益率联动的影响。

本章的研究结果为证明"私募基金持有的上市公司会暴露在由私募基金弱联系构成的网络中"提供了强有力的证据。当私募基金的网络密度较高时,信息传播的可能性更大,股票价格的联动性更弱。进一步的分析表明,当股票的持有期足够长时,网络密度与股票收益率联动之间的负相关关系更为显著,这证实了 Stein(2008)所阐述的真实信息共享的激励兼容条件。

本研究的第一个贡献是使用实证研究证明了网络会通过弱联系增强中国私募基金之间的信息传播。尽管此前的文献已经表明强社交联系是增进资本市场代理人之间信任的原因,但本研究证明了在新兴市场,弱联系是理解私募基金行为及其对资产价格影响的关键因素。

本研究还引入了网络密度的概念,并将其与股票收益率联动联系起来,为有关私募基金的文献做出了贡献。研究结果拓展了关于基金网络和私募基金作用的已有文献,并证明了股票在私募基金网络中的位置可以显著影响其收益率的联动性,这与其他关于网络中私募基金投资行为和信息传播理论的研究结果一致。

最后,本章的研究结果可以视为 Stein(2008)的竞争者之间的真实信息共享理论的实证。这表明对激励兼容的顾虑会限制有价值的信息在稳定网络中的传播,并阻止其在大型网络中的远距离传播。本研究结果支持以上观点。未来可以在不同市场上对类似主题进行进一步的研究。

第七章　中国私募基金持股与科创板上市公司创新能力

科创板的成立与发展为中国市场提供了科技创新型投资标的,相较于一般企业,机构投资者对科技型公司的创新有更大的推动作用(李涛和陈晴,2020)。而在众多的机构投资者中,私募基金借助市场环境、法律法规及自身的规模、专业、交易机制与薪酬机制等优势,对持股企业发挥着越来越大的影响,尤其是在企业创新这方面(Brav et al.,2012);同时在注重创新性与科技开发的企业中,私募基金对企业创新的推动作用更为显著(Vacher et al.,2020)。本章将私募基金是否是企业前十大股东作为持股标准,选取了自科创板开板后2019年7月至2021年12月的385家科创板上市公司作为研究对象,探究了私募基金持股对科创板上市公司创新的影响。研究发现:针对"突出科技创新属性"的科创板上市公司来说,私募基金持股会促进企业的创新投入与产出,而这与其对A股上市公司的作用是相反的(姚子杨,2021)。同时,本章从私募基金的投资理念、公司治理结构与政府介入这三个方向出发,检验了这一促进作用的影响机制,并发现在长持股周期、低委托代理成本、高信息不对称度、股权结构多元化、民营企业以及非过度政府投资的分样本中,私募基金对科创板上市公司的创新作用更显著。

一、私募基金持股影响科创板上市公司创新能力的理论分析

科创板是中国于 2018 年 11 月 5 日提出设立,并于 2019 年 6 月 13 日正式开板的,独立于现有主板市场的新兴板块,它同主板、创业板、中小板以及场外市场共同推进了中国多层次资本市场的建设与发展。正如其名"科创"二字所言,科学技术是其核心发展目标,创新创造是其内在推动力量,科创板的重点支持与服务对象是面向世界前沿科技、具有国家战略导向的高新技术产业。然而,科技创新存在的不确定性与延迟性给创新投入带来了更大的风险,这些风险使得科技与资本之间仍存在间隙,即外来资本的参与是否能真正有效地促进企业创新。这些在科创板上市的公司是否具有优秀的创新水准?其创新能力又受到哪些因素的影响?探究这类高新科技定位公司的创新水平,对评价科创板的资源配置效果与核心科技的发展状况来说具有重要的现实意义。

资本市场对企业创新的支持作用不仅仅体现在提供更宽阔的投融资渠道上,还体现在参与公司治理这一过程中。在股票市场中,相较于一般的中小投资者,部分机构投资者在为其标的公司提供资金支持时,若发现参与治理公司是有利可图的,就会利用规模优势、信息优势与专业度优势参与公司的治理与决策,这类现象被称作机构投资者的股东积极主义(Brav et al., 2018),而这一类干预效果也直接或间接影响着企业的创新能力。在实际生活与学术研究中,股东积极主义对标的企业创新具有促进或抑制作用,这一作用的效果会受到异质机构投资者、被投资企业的特征、市场环境与法规政策等因素的影响。但并非所有机构投资者都具有积极的治理动机,当机构投资者认为实施干预的预期收益无法覆盖实施成本时便会倾向消极治理,这种现象普遍存在于投资组合分散的被动型机构投资者中,比如指数型基金(杨

青和吉赟,2019)。而与之相对的私募基金,作为一种向少数机构投资者和资金实力雄厚的个人投资者非公开募集资金而设立的主动型基金,其特殊的资金募集对象、广泛的投资范围、灵活的投资方式与丰厚的激励机制等优势,使其成为资本市场中实施股东积极主义的一类重要投资者。因此,探究私募基金对科创板上市公司创新的影响及影响机制具有重要意义。

目前,已有研究包含了整体机构投资者、异质机构投资者和单独某一类机构投资者。在不同的市场环境下、不同的被投资主体下,机构投资者对企业创新的影响效果也是不同的。一方面,科创板上市企业作为产业升级与新经济代表企业,是私募基金的布局重点,以中国证券投资基金业协会(以下简称中基协)的案例报告为例,厦门创投助力中创新航突破动力锂电池技术,江北发展基金助力飞恩微电子建立全球领先的单件流全自动化生产线等一系列案例表明,私募基金在推动创新创业、培育新经济、发展新业态方面发挥着指引性的作用。另一方面,已有研究发现私募基金影响企业创新的结果与机制存在较大的异质性,有学者认为私募基金股东积极主义帮助企业将有限的资源更多地聚焦于核心专利、核心技术人员,从而助力企业的创新(Brav et al.,2018);也有学者认为私募基金过度影响了公司的内部治理结构,从而抑制了企业的创新投入与产出(姚子杨,2021)。因此,私募基金持股对中国科创板上市公司创新的影响与影响机制是一个具有研究价值的问题。因此,本研究将基于上述背景,深入探讨私募基金对于科创板上市公司创新的影响,亦希望通过这一研究丰富现有学术研究成果,为私募基金的发展与科创板中的企业创新提供可参考的建议。

(一) 制度背景介绍

1. 科创板的成立与创新基因

中国于1990年设立了上海和深圳证券交易所,并于1992年成立了中国证监会,经过30多年的蓬勃发展,中国现已形成了由场内市场的主板、创业板、科创板、中小板以及场外市场的新三板转股系统、区域性股权交易市场、券商 OTC 市场构成的多层次资本市场。不同板块的设立为不同的企业提供了"因企制宜"的融资渠道,而其中于 2019 年 6 月 13 日正式开板的科创板,其注册制改革试点的推进,更是弥补了中国资本市场所缺乏的适用于科技创新型企业的融资渠道,完善与升级了多层次资本市场体系,增强了其与各类实体企业的适配性和普惠性,让金融能更好地和实体经济、科技企业相融合。

科创板成立之前的 A 股市场对科技创新型中小企业的支撑力度有所欠缺,最主要的主板市场的服务对象集中于 100 亿股以上的大盘股,由银行、食品饮料、造船、钢铁、石化等交易活跃度不高的行业组成。不同于主板、中小板以及创业板等板块的定位,科创板的服务对象集中于处于全球高科技前沿、符合国家战略定位和需求、以核心技术为突破口且具有较高市场认可度的高科技创新型企业。同时,这些技术必须是上市公司自己拥有的核心技术与知识产权,其范围包括但不限于新一代信息技术、新能源、新材料、高端装备、节能环保、生物医药等高新技术行业。

在这一目的下产生的科创板配备了以企业市值为主要衡量指标并逐渐放宽财务指标的 5 套差异化上市标准,这些放宽财务指标的标准主要是从营业收入、研发投入、现金流与市场空间等角度来判定公司的上市资格,这样的上市标准设计也为中小型高科技企业提供了更加灵活的上市融资支持。除此之外,由核准制向注册制改革的第一步也是在科创板推行的,传统核准制下从受理 IPO 申请到最终上市或挂牌交易的全过程基本在 1 年以上,而作为不设立实质条件的股票发行制度的注册制将企业优劣的评判标准下放给市场,有效缩减了 IPO 的审核流程与时间,因而在科创板受理发行申请到最终上市或挂牌交易的平均用时在 4 个月左右(周文怡,2021)。

由此可见,科创板不仅助力企业充分发挥创新作用、打好"创新牌",而且为更多的机构投资者创造了投资与进退的渠道。

2. 科创板制度创新推动企业创新

要实现"金融服务于实体,资本市场适配于企业创新和高质量发展"这一根本目的,可以通过两个渠道:一是资本的增加,二是创新倾向的提升,具体到科创板及注册制改革层面来看,科创板能够为企业创新提供企业融资、信息披露、管理层约束和人才吸引等角度的支持作用(龙书玉,2021)。

科创板优化了高科技企业的融资渠道,促进了企业创新。一方面,科创类企业的前期发展往往需要大量的资本投入,同时在一定时期内不具备盈利能力或仅存在较低的盈利水平,而过去的中国资本市场仅能满足成熟企业的融资需求。科创板这块"试验田"提升了中国资本市场的包容性,它设立多元化上市指标与条件(如综合考虑企业市值、收入、净利润、研发投入、现金流等因素),允许未盈利企业、红筹企业与特殊股权架构的企业上市融资。另一方面,科技创新因素是科创板上市评估的标准之一,《上海证券交易所科创板股票上市规则》中明确提出将企业的研发投入作为多元包容的上市条件之一,且自主知识产权及核心技术人才的数量等信息也是企业申请科创板上市时所必须披露的内容(伍光明,2020)。从科创板的上市要求可以看出,其主旨是为这类高科技企业提供融资渠道与流动性。流动性作为企业的生命线,在技术创新全过程中发挥着最底层的保障作用,企业创新面临着巨大的不确定性,顶层设计的缺陷、全流程预算不科学与不精确、研发成果市场化效果不佳以及各种突发性事件均会对企业创新造成负面影响。因此,科学的资本市场可以通过资源配置、估值定价等方式为企业提供流动性,分担创新过程中的部分风险,从而促进企业创新。

注册制改革强化了信息披露要求,促进了企业创新。科技创新的主要特点就是其透明度低且周期长,由于其进度、成果、预期效果具有高度动态变化特征,在项目的整个周期内市场对具体信息的可获取程度较低,且具有滞后性,这些问题会导致市场不能及时准确获取企业的创新进程信息,从而无法为企业创新的前景作出准确定价。加之科创型企业盈利及持续性盈利能力的较大不确定性,科创板取消了持续盈利等发行门槛的限制,用更加严格的信息披露要求取而代之。科创板针对科创企业的特点,发布专用的招股说明书格式准则,增加了如行业特点、核心技术、未盈利及存在累计未弥补亏损企业风险揭示等披露要求,同时也包括企业的创新能力、创新成果、创新规划等创新相关的披露要求。这一制度保证了投资者在创新项目信息上的可获取性,从而给予市场合理评估企业价值的机会,有利于促进企业提高创新倾向、加大创新投入,也有助于企业增加提升资本的机会,从而提升市场的资源配置效率。

注册制与高投资门槛增加了科创板市场参与者的专业性,加大了股东对管理层的约束,促进了企业创新。股东持股可以影响企业的经营,股东依法享有参与决策权、选择与监督管理者权、资产收益权、知情权等各项权利,这些权利的实施与否在一定程度上制约着管理层的行为。在资本市场上,股东可以以最简单的买卖股票的形式约束管理层。企业的核心竞争力在于其技术创新能力,而股价的高低也是投资者对于未来企业核心竞争力发展信心的体现,当股东不看好企业的技术创新与发展前景时,便可大量出售公司股票离场,保护股东的个人利益,从而给管理层带来较大压力,敦促管理层重视企业创新。相较于主板来说,科创板具有更高的投资门槛,同时注册制下企业价值评判的权力下放至市场,即市场化的发行承销机制以机构投资者为主体进行询价、定价与配售,这一机制实现了"供求决定价格",取代了核准制下对新股发行的价格与规模的限制。上述这些因素使得科创板市场中投资者的专业性大大高于主板,且机构投资者发挥作用的占比更大。因此,高专业度的投资者对企业核心竞争力和企业创新的高重视度,在一定程度上提高了管理层的创新倾向,加大了企业的创新力度。

人才激励与人才吸引促进企业创新。而科技创新核心是研发人员创新创造的能力,其源源不断的支持来自流动性,在企业乃至市场经济发展与技术进步的过程中,人力资源的创新与贡献是远远大于物质资本的。而资本市场给予了人力资源可衡量、可定价的场所,同时可以通过合理的激励机制与约束机制激发人力资源的内驱力,使其价值观趋同于企业的价值观,以实现自我发展的"小我"目标为锚,来成就企业长期规划与目标并进的"大我"目标。一方面,科创板的双层股权制度能够激励企业家精神;另一方面,《科创板上市公司持续监管办法(试行)》《公开发行证券的公司信息披露内容与格式准则》等文件在科创板股权激励制度方面作出了完善——增加了激励对象范围、放宽了股价限制、扩大了股权激励比例上限、推出了第二类用于授予激励对象的限制性股票、强调了股权激励必须与公司绩效挂钩(李朝芳,2020),根据委托代理理论,这些制度的完善进一步强化了上市公司对人力资本的激励作用,将研发人员等人才的个人利益与企业利益相关联,提升了企业本身的创新倾向,并在一定程度上实现了资本增加效应对企业创新的利好作用。

3. 科创板与机构投资者

自科创板成立以来,其投资者结构、市场化定价等方面都随着改革的深入而呈现出积极的变化趋势。其中,从持股企业的投资者结构来看,专业投资者的占比在快速提升,举例来说,清科研究中心数据显示,自科创板成立以来的 3 年内,其上市企业中 VC/PE 的渗透率始终保持在 80% 以上,并且这一数字持续保持增长。根据 WIND 数据计算可知,截至 2021 年第四季度,科创板中机构投资者的持股比例达 39.97%,相较于科创板的成立年份 2019 年 20.22% 的持股比例来说,该数值增长了 19.75%。而放眼 A 股市场的持股数据,机构投资者整体的持股占比不升反降,从 2019 年的 57.91% 下降到 2021 年的 40.73%,下降了 17.18%。这说明机构投资者对科创板上市公司呈现出越来越明显的持股偏好。

从机构投资者的交易情况来看,截至 2022 年 7 月 22 日,科创板开市 3 周年,由首批的 25 家上市公司扩容至 439 家,并迎来了市值总规模 5.8 万亿元的成绩,且 2022 年机构投资者在科创板的交易占比首次超过自然人,这说明机构投资者高度关注着科技创新领域,而科创板正是吸引这类投资者,加强科技创新与经济转型升级正向循环的理想"试验田"。

上述机构投资者持股与交易偏好的现象不仅仅源自科创属性的天然吸引力,也来自机构投资者作为普通投资者的"中介投资渠道"这一原因。聚焦于科创板可发现,较高的投资门槛与投资风险给予了普通投资者更少的投资机会,取而代之的是公募基金与科创板主题 ETF 在其中发挥的"中介作用"。例如,科创板 ETF 中自然人 55% 的交易占比与 48% 的投资占比远高于其他宽基指数 ETF。为了进一步丰富投资者的投资选择,吸引更多普通投资者在科创板中进行资源配置,上海证券交易所也在不断推动科创板主题 ETF 的开发、优化其申购流程、设立允许部分股转 ETF 的机制等;针对境外投资者,除了 QFII/RQFII、沪港通机制,一系列境外上市的科创板 ETF 及境外投资机构发行追踪科创板主要指数的基金等产品都是借助机构投资者来提升科创板国际化水平的重要渠道。由此可知,这些举措都将扩大机构投资者在科创板中的作用与影响力。

具体从机构投资者角度来看,公募基金与私募基金以其总规模优势占据了重要的地位。不同于国外私募基金具有较久远历史与较成熟市场,中国的私募基金近年来呈现出一种井喷式发展的状态,甚至在一定程度上与公募基金平分秋色。中基协发布的数据显示,截至 2021 年第四季度,中国各类型资产管理业务的存量总规模达到了 680232.60 亿元,其中私募基金以 29.80% 的规模占比,公募基金以 37.58% 的规模占比占据了最主要的两大部分。

细分来看,中基协将私募基金分为以下 4 类:私募投资证券基金、私募股权创业投资基金(即 PE/VC)、私募资产配置类基金和其他私募投资基金,而 PE/VC 与私募证券投资基金是最主要的两大类私募基金。值得注意的是,私募证券投资基金作为一种对应境外对冲基金、通过非公开方式向少数特定投资者募集资金并设立的基金,其总规模在 2021 年底达到了 63090.38 亿元,相较 2020 年的 42979.27 亿元提升了 46.79％,且私募证券投资基金的规模占比从 2019 年的 18.13％上升至 2020 年的 25.34％,而在 2021 年更是达到了 31.12％的水平。相较之下,PE/VC、私募资产配置类基金和其他私募投资基金的发展速度远不及私募证券投资基金。

但私募证券投资基金快速发展的背后也存在一些问题。根据中基协 2021 年发布的私募基金行业发展报告,中国私募证券投资基金管理人的集中度高于美国对冲基金,截至 2020 年,国内前 10 家私募证券基金管理人的行业集中度高达 23.46％,前 500 家的集中度高达 83.72％;相较之下,美国前 10 家对冲基金管理人的行业集中度仅为 7.50％,前 500 家的集中度为 56.70％。这说明在中国,较少的头部机构拥有较大管理规模,而多数管理人的管理规模较小,呈现出显著的长尾特征,这一问题也侧面反映了私募基金这一类机构之间的规模差异大,以及资本市场中机构投资者的发展仍不完善的问题。

从上述对中国私募基金的简要概述中可以发现,私募证券投资基金在我国私募基金中的占比越来越大,其对资本市场的影响也越来越明显,将这一投资者作为研究主体有助于市场更好地理解私募基金的存在意义与作用,同时也有助于发展更适合私募基金发挥积极作用的政策制度与市场环境。

4. 科创板的局限与发展

Saint-Paul(1992)认为,金融市场可以为企业技术创新分担风险,由于其提供了更为丰富的融资渠道,当企业缺少金融市场的融资支持时,会为了规避风险而将有限的资金投入短期见效的项目中,这会阻碍企业需要长期投入的高端技术的发展,反而无助于企业创新。相反,有效的金融市场支持可为企业的长期投入与研发提供充足的资金保障,尤其是对科技型企业来说这类金融支持就更为重要。

由于上海证券交易所在 2019 年 6 月 13 日才推行科创板注册制

的改革试点，这使得与其他成熟的国际资本市场相比，我国成立时间尚短的科创板存在着市场规模小、市场开放程度欠缺、企业结构与投资者结构不均衡、政策引导与市场监管不充分等问题（郭澄澄和张春，2021），这些问题在较大程度上都会限制科创板上市企业的融资能力。举例来说，与科创板定位相同的是创立于1971年的美国纳斯达克市场，两者均主要服务于科技创新型企业，为这些企业的科技研发项目提供融资渠道的支持。而随着美国高新技术产业的飞速发展，经历了50余年发展的纳斯达克能够给予市场更加成熟的金融支持。虽然其与科创板均实施注册制，但在纳斯达克注册制下发行审核与上市审核两个环节相互分离，给予了美国证券交易委员会对企业信息的合规披露进行审核的权力，也给予了交易所对发行人的综合财务水平进行审核的权力。除此之外，纳斯达克根据企业的市值分层为纳斯达克全球精选、纳斯达克全球和纳斯达克资本三大市场，而科创板目前尚未实施分层或转板的机制，加之中国资本市场起步较晚，纳斯达克市场对科技型企业的金融支持作用更有效（龙书玉，2021）。

但科创板的改革之路给中国资本市场生态带来了深刻变化，其具有的独特的"硬科技"属性与"高成长"特性吸引着越来越多的国内外投资者的目光。针对科创板开板时间较短、市场流动性还有巨大提升空间的问题，2022年初，证监会与上交所积极引入科创板做市商制度，以形成"混合做市"模式，这一模式既保留了竞价交易模式下市场信息的公开透明，又发挥了做市商提升市场流动性、稳定性与定价效率的机制。除此之外，前述的科创板主题ETF的开发、多渠道吸引境外投资者的参与以及保持与优化"开门办审核"的注册制实施、完善信息披露制度、加强持续监管等举措，都是科创板突破局限，稳步推进与优化市场化、法治化、国际化投资格局的重要发展方向。

从上述制度背景的分析可知，研究科创板这一特定资本市场中的企业创新，及其中能影响这类企业创新的因素是具有开创性意义的，本研究从私募基金股东积极主义的角度出发，探讨了这类机构投资者对科创板企业创新的影响。

(二) 科创板上市公司创新的影响因素

企业创新能力是影响一个企业发展的核心因素,其对公司的发展方向、发展速度、发展规模等产生重大影响。从研究层面来看,国内外学者对于企业创新影响因素的研究涵盖了从宏观环境、中观市场到微观企业这三个层面。

1. 宏观环境层面

学者在宏观环境层面的研究延伸至了不同社会或国家整体的文化、人口、法律、市场发展等层面,其中最具有代表性的是法规与政策,这些规范性条约是政府调控其国家经济运行的重要保障,对于处于特定时期特定市场的企业来说,其创新项目会受到法律与政策的左右,比如政府提供的财政激励与补贴、信息透明度条件、政治的不确定性及公司税和个人税相关的税法等。有关一般企业的研究中,黎文靖和郑曼妮(2016)发现产业政策的激励在多数情况下是对企业创新行为增加的一种管理层策略,即为"寻扶持"而创新,表现为专利的数量增加而非质量增加,并且这种情况在国有企业及非高科技企业中更显著;余明桂等(2016)将产业政策对企业创新的影响细分为信贷、税收、政府补贴和市场竞争四种机制,并发现产业政策均能通过这四种机制促进重点鼓励行业企业的创新,而在一般鼓励行业中,仅市场竞争机制发挥显著作用。

针对科创板的研究,目前多集中于对企业所处的政策环境与市场环境的研究。魏瑶(2021)通过对华熙生物公司的案例分析发现,科创板本身不同于其他板块的准入筛选制度、价格发现制度以及创新治理制度,在科创板上市的企业拥有更强的创新动力与底气,对企业创新起到了显著的正向激励作用。龙书玉(2021)证实了科创板注册制的实施对企业研发支出、研发强度、研发人员的投入和强度均具有促进作用,肯定了注册制拓宽了科创板上市公司的融资渠道,从而给予这些企业更大的创新驱动力。李志广和李姚矿（2022）发现城市环境中的"政府对营商和科技具有高重视程度的政策环境"，"优秀的人才环境"与"长期稳定的金融支持"能够提升科创板企业的创新效率，而过度的政府补贴、以 GDP 衡量的城市经济发展水平与城市研发环境会导致企业研发投入的冗余增加，从而对企业创新效率的提升起到了负面作用。他们在 2021 年的研究中用三阶段 DEA 模型解释了科创板上市企业的运行效率，并发现科创板企业借助资本扩张的速度大于本身经验能力增加的速度，从而存在企业规模无效率的问题，其中城市高经济发展水平与政商关系的紧密性对企业的技术创新起到抑制性的作用，而拥有良好信息化、知识化、生态化和全域性的营商环境则会促进企业创新。

2. 中观市场层面

从市场角度看，学者有关科创板的研究结果甚少，但放眼整个资本市场仍有丰富的研究结论。任何一家企业都不能脱离市场而存在，不同的市场力量与市场综合环境如产业市场与产品市场的特征、竞争等市场条件会影响企业创新（聂辉华等，2008；Desmet and Rossihansberg，2013）。针对市场上一般企业的研究中，Nanda 等（2013）分析了风险投资（VC）行业的投资周期对企业创新活动的影响，他们发现，在 VC 投资更为活跃的周期下获得 VC 投资的企业的创新结果差距更大，即创新失败（破产）与创新成功（产出更多更具影响力的专利）的概率均会增大，这一发现推翻了原有"市场热度高利好低质量企业"的这一观点。股市、债市和银行业等为企业提供创新项目融资渠道的平台也会在借款人作创新决策时起到重要作用，如银行业的结构、发展、政策等因素会通过信贷渠道影响依赖外部融资的企业创新项目，尤其是中小企业（唐清泉和巫岑，2015；Benfratello *et al*.，2008；Chava *et al*.，2013）。Jess 等（2015）发现，与"银行业竞争的加剧会使得银行信用的成本降低从而促进企业创新"这一普遍认知不同，银行业竞争的加剧反而会降低大企业的创新水平。这是由于更多的中小型企业能通过低成本信贷来提升创新水平,加强核心竞争力,从而减少其被大企业收购的可能性,而依靠收购中小型创新企业来提升创新水平的大型企业的创新水平会下降。除此之外,信息披露制度也会影响企业创新。Fu 等(2020)对财务报告频率的监管要求变化进行了研究,发现更高的财务报告频率会因过度增加高管的压力而致使管理者短视,从而不利于回报周期长的企业开展创新项目,使企业失去进行长期创新投资的动力,这种负面影响对具有高度价格敏感和严格财务约束的企业来说作用更大。

3. 微观企业层面

从企业层面看,内部因素有公司治理结构、财务结构,外部因素有机构投资者等。在现有对一般企业的研究中,首席执行官(CEO)作为公司最重要的决策者,其激励机制、管理风格、个人特征等因素都会影响企业创新的方向与规模,因此 CEO 的各种特征与企业创新之间的关系密不可分。李春涛和宋敏(2010)发现,CEO 的薪酬激励可以促进企业创新,且对管理层的薪酬激励在不同所有制背景下存在差异,同样的激励条件对民营企业的作用更强。由于股东为企业提供了必要的资源条件,且持股份额差异、不同持股主体差异等因素会导致股东在同一个项目上具有不同的支持程度,因此股权结构也是影响企业创新的重要因素之一。李文贵和余明桂(2015)将非国有股权细分成外资持股、法人持股、个人持股以及集体持股四类,并发现法人持股和个人持股比例更高的企业拥有更强的创新能力。机构投资者作为企业外部影响因素,也会对企业创新的过程和结果产生影响。早期研究机构投资者的文献多将机构投资者视为同质的,而这类研究方法忽视了不同类型的机构投资者之间的差异性,因此对机构投资者进行分类并研究其对企业创新的作用是十分必要的。温军和冯根福(2012)以异质机构投资者为对象,研究了不同的机构持股对企业创新的影响,发现证券投资基金、QFII 与保险公司对企业创新具有不同方向的影响,且这些机构在不同的企业制度下存在不同的影响效果。作为机构投资者之一的私募基金即为我们的重点研究对象。

在科创板中,微观层面的企业研究也主要集中于公司财务结构与治理结构,以及外部机构投资者带来的影响。

其一,从公司内部角度看,融资方式引起的资本结构变化会导致产生权益代理成本和债务代理成本的均衡问题。肖瑞(2021)用资产负债率来衡量企业的资本结构,发现科创板公司资产负债率的提升会通过提高债务代理成本而减少创新投入,从而降低其创新能力水平,证实了低负债水平有助于缓解债务代理成本,提高公司的创新投入水平。赵绍平(2021)也发现科创板公司的平均资产负债率是低于其他A股板块上市公司的,且高债务比会通过财务困境机制与债务契约机制来削弱企业的创新投入,科创板为科技型公司扩大了股权融资的途径,从而优化了其资本结构,提升了科创板上市公司的企业创新能力。颜莉等(2021)验证了研发投入对企业创新有正向影响作用,并发现实施股权激励措施的企业的研发投入会有一定的提高,且当股权激励的内容为股票期权时,期权的风险兜底性质可以避免管理者的行为过于谨慎保守,从而使其具备更高的意愿去开展风险性较大的创新项目,此时的股权激励方式能对科创板上市企业的创新能力起到正向推动作用,不过要注意的是,对管理层的股权激励比例过高会侵害股东利益,在一定程度上也会限制研发活动。

其二,从公司外部角度看,耿迅(2020)在不考虑机构异质性的前提下,发现整体机构投资者的持股比例与企业创新研发投入成显著正相关关系,并在考虑机构异质性后将机构投资者分为国有资本、外来资本与其他机构投资者,发现这三类异质的机构投资者均促进了企业的研发投入。其中,外来资本机构投资者持股对企业创新的正向推动作用最大,反之,高研发投入也会吸引更多机构投资者的投资。高宏霞和王倩倩(2021)用创新投入与创新产出综合分析了风险投资这一具体机构投资者对企业创新事件的事前事后效应,发现风险投资进入前对科创板上市企业的技术创新存在事前选择效应,而在进入后具有正向的选择效应和增值效应。

从上述宏观环境、中观市场、微观企业层面的分析可以看出,目前针对科创板上市公司创新的研究多集中于微观层面,这说明从公司财务结构与公司治理结构等企业内部角度和机构投资者等企业外部角度对科创板上市公司的研究理论与结论比较成熟,具有较大的参考性。而考虑到科创板开板与注册制推行的时间尚短,更多的法律法规、制度环境的建设仅处于试验阶段,并未经过长时间的考验,因此从中观与宏观角度分析科创板上市公司的创新能力是缺少足量的时间跨度和数据支持的。因此,我们重点研究了微观企业外部层面的机构投资者即私募基金持股对科创板上市公司创新的影响与影响路径。

(三)机构投资者与科创板上市公司创新

资本市场的功能就是给予资金需求者即上市公司更多的融资渠道,给予资金拥有者即投资者更丰富的可选投资标的,其中投资者的投资决策与企业的经营治理共同决定了资源配置效率的高低。从主体性质来看,市场上的投资者可分为机构投资者与个人投资者。根据发达市场的成熟经验与行为金融学理论可知,个人投资者存在追涨杀跌与羊群效应,且占据更高比例的个人投资者更易放大市场的波动;而机构投资者则拥有对冲非理性投资行为、降低市场噪音、作为市场稳定器的作用,原因在于机构投资者的交易往往采取"大量买入并持有"的策略,其更换投资组合的频率更低,且作为信息优势方的机构投资者同时具备了更专业的分析能力(史永东和王谨乐,2014)。因而除了最基本的投资活动目的,机构投资者可以运用资金、信息与技术优势参与公司治理与决策。

根据 WIND 数据显示,截至 2021 年 12 月,在 A 股市场中,以公募、私募、外资为代表的持股市值占比已达到 44%(剔除一般法人持股),相较 2015 年的 30% 有大幅提升;而截至 2021 年 6 月,A 股市场中这三类机构投资者的成交总比重达 34.9%,比 2015 年的 6.9% 有大幅提升。其中私募基金是 A 股成交占比最高的机构投资者,主要原因是富人资产搬家带来了私募基金规模的大幅扩张,以及量化私募基金产品的发展壮大。由此可见,A 股市场的投资者结构逐渐呈现机构化趋势,私募基金在其中扮演的角色也越来越重要,机构投资者与上市公司之间的关联性也越来越强。随着市场规模、投资者结构、投资观念的不断完善,越来越多的机构投资者介入公司治理与企业发展决策的过程中,其中就包括了重视企业的研发投入与创新活动(韦施威等,2022)。

1. 机构投资者与一般企业创新

学术界现有的有关机构投资者对企业创新影响的研究成果主要分为两类,一类是机构投资者促进企业创新的理论,另一类则是机构投资者抑制企业创新的理论。

从促进作用的角度看,基于代理理论可知,公司规模的增加创造了所有者和管理者这两类不同的利益相关群体,不同的群体拥有不同的风险偏好。由于管理者多数仅为一家公司工作,其雇佣风险无法分散;而相对于获取既定薪酬、更偏好低风险决策的管理层来说,股东能够通过优化投资组合的方式对冲投资风险,并且任何一项投资收益的下降都不会从根本上损害他们的整体回报,因而更偏好高风险的公司经营策略。特别地,这种风险偏好也会体现在企业的创新投入中。另外,所有权和控制权的分离为管理层提供了更大的自由裁定权,使得所有者与管理者之间由于利益冲突而发生相互对抗的可能性增大。

与个人股东不同,机构投资者代表的是他人的利益,投资资金本质上是"别人的钱",因而机构投资者有足够的义务密切关注其持有的股份并保护这些资产远离价值的侵蚀(Krikorian,1991)。这表明,机构投资者拥有最本质的动机通过参与公司治理、公司决策以及公司创新项目等过程来维持股价,保护这些资产所属者的利益。

除此之外,机构投资者的资本市场规模与专业性对企业创新具有促进优势。一方面,更大的市场规模使机构投资者在获取信息和分析信息方面处于优势地位,有能力对企业的长期利润进行正确评估,也有能力为企业进行多维度的资源配置,从投资初期对具有创新潜力的公司的识别,到投资后期通过参与股东大会、实地走访调研等方式主动加强对企业创新项目过程的监督,这一系列的投资举措可以缓解企业的委托代理与信息不对称问题,增强企业的治理水平与创新能力(许长新和杨李华,2018)。另一方面,不同于个人投资者对短期收益可观性的偏好,机构投资者更具长线思维,注重长期投资绩效(Gillan et al.,2003)。因此作为积极的机构投资者,他们拥有更高的失败与业绩波动容忍度,通过激励管理层抛弃短期业绩压力以追求实质性企业创新为目标的方式,为企业创新塑造更好的经营环境,支持企业提升核心竞争力(Manso,2011)。

从抑制作用的角度看,过去的研究发现主要有两种观点证实机构投资者会对企业创新起到负面作用。一种观点认为,由于市场上的投资者均不能获得企业的完整信息,财报等财务数据则起到了主要的信息传递作用,因而机构投资者不能准确地从各方面评价企业的长期价值(Porter,1992)。

另一种观点则更为主流,主要是从基金经理面临的短期业绩压力出发,由于并非所有的基金份额持有人均能接受长期价值投资理念、忍受短期亏损压力,因而投资者对短期可观收益的潜在预期与要求使得基金经理不得不考虑业绩波动带来的大额赎回问题,这便使更多的机构投资者过分关注投资的短期回报(Graves and Waddock,1990)。而企业创新与核心竞争力的提升往往是一种中长期战略目标,特别是对高科技型企业来说,一方面,创新过程前期需要不断注入大量资金,但短期内创新投入难以有显著成效,更难以直接变现;另一方面,企业创新具有极高的风险性,包括技术突破的风险与打破行业壁垒的风险(邹俊,2015)。除此之外,拥有垄断地位或占据市场主要份额的企业,其相关商业竞争手段,以及市场需求的不确定性也会为企业创新带来不小的挑战(庞坤,2012)。因此从上述结论来看,机构投资者可能会迫于短期业绩压力而减少对企业创新的中长期投资,从而削弱企业的创新能力。

2. 机构投资者与科创板上市公司创新

科创板的设立就是为了完善中国多层次的资本市场,有针对性地为"科技+创新"型公司拓宽融资渠道,提高中国实体企业在核心科技上的竞争力,其主打的"科技创新牌"也为各类市场参与者提供了一批优质的高科技中小企业的投资标的。

科创板上市公司的融资更需要机构投资者的参与。科创板上市公司的创新融资存在一个矛盾问题,即重要技术创新的具体信息需要作为企业发展的核心竞争要素进行保密,而技术项目的融资却需要对外来投资者提供该项目的详细信息以获取投资者的信任。同时,高科技企业的技术成果转化更具有高风险、高收益的不确定性,从研究开发阶段到产品化阶段,再到商品化阶段和产业化阶段,不同阶段的一系列信息不对称问题会加大投资者投资高科技企业的难度(熊波和陈柳,2007)。相比分散的个人投资者,机构投资者拥有更大的信息获取与处理优势,通过资本和人才的积累可以更加深入地了解高科技相关的新技术、新产品、新市场方面的知识。另外,机构投资者能以其大量的资本对分散风险的投资组合进行投资(史永东和王谨乐,2014)。因此面对创新难度大、风险大但潜在收益也大的高科技企业,机构投资者利用其优势可成为更具适配性的资金提供方,从而在资本、时间乃至专业度上支持企业的创新与发展。

机构投资者对科创板上市公司的企业创新具有明显的促进作用。相对于创新空间较小的非高科技型企业来说,机构投资者对科创板上市公司的科技创新促进作用更明显。这是由于高科技行业背景下的创新机遇与创新需求更多,除了将精力分配到公司治理等其他方面,机构投资者借助其丰富的信息优势与市场经验,能够给予管理层更多的研发战略视角与建议(李涛和陈晴,2020)。进一步学术研究表明,机构投资者可以通过公司治理渠道来提升高科技企业研发费用的资本化比率，以平衡研发投资和短期盈利压力，并采用更灵活的薪酬激励来提升管理层的创新动力；同时在资本融资能力渠道中，机构投资者持股可作为科技型企业的质量信号，增加了这些企业股权再融资的机会(Ye and Liu,2020)。

3. 异质机构投资者的分类

上述研究表明，将机构投资者视为一个整体来看，它对企业创新既存在积极作用也存在消极作用，但由于机构异质性的影响，并非所有机构都能发挥相同的作用、履行相同的职能。因此，学术界也针对机构的异质性，根据不同的分类标准对不同类型的机构投资者与企业创新的关系进行了探究。

对异质性机构的分类标准有两大类，第一种分类方法即对单独某一种机构投资者如商业银行、风险投资、共同基金、保险基金、QFII等机构作其对企业创新的影响研究(温军和冯根福,2012;高宏霞和王倩倩,2021;Jess et al.,2015)。

另一类是根据某一特征或某些特征将机构投资者划分为不同的类型。举例来说，从机构投资者与公司业务往来关系来看，仅与公司存在单一投资关系的机构投资者往往发挥着股东积极主义的作用，能够以监督企业发展、为企业提供决策方案的角色推动企业创新，这一类投资者称为压力敏感型投资者。相较之下，与公司有频繁业务往来的机构投资者对公司经营业绩的关注度较小，多对企业的决策与发展保持支持或中立的态度，这一类投资者称为压力抵抗型投资者(Brickley et al.,1988;Almazan et al.,2005)。有学者以2012—2017年连续5年上市A股的公司为样本进行研究发现，当不考虑机构异质性时，机构投资者整体能够促进企业创新，但考虑了机构投资者与公司的业务往来关系后发现，仅压力抵抗型投资者能显著促进一般企业的科技创新水平；相反，压力敏感型投资者则不具有显著作用(李涛和陈晴,2020)。除此之外，从流动性角度看，可将机构投资者分为长期与短期两类，机构投资者流动性强弱即表现为其持有的资产组合周转率的大小与是否有冲动交易的行为,越频繁更换投资标的的机构拥有越大的流动性(即短期机构投资者)。虽然短期机构投资者也能促进企业创新能力的提高,但相较之下长期机构投资者的促进作用远大于短期机构投资者(洪敏等,2018;Yan and Zhang,2009)。除上述分类标准外,也有学者从持股时间、持股比例、投资积极性等角度对异质性机构投资者进行分类研究(Koh,2003;Almazan *et al.*,2005;Chen *et al.*,2007)。

目前,从异质性机构投资者出发对科创板上市公司创新进行研究的成果较少,主要集中于研究风险投资这一类机构投资者在其中发挥的作用,发现风险投资的持股有助于企业专利产出(高宏霞和王倩倩,2021),而本研究将具体探究私募基金这一具体的机构投资者与科创板上市公司企业创新之间的关系。

(四) 私募基金与科创板上市公司创新

1. 私募基金的特征

中国私募基金的概念对应境外的对冲基金,是一种向少数机构投资者和资金实力雄厚的个人投资者非公开募集资金而设立的基金,它与公募基金虽同属证券投资基金大类,但由于资金募集对象、募集门槛与市场监管标准等特点不同,它拥有更广泛的投资范围、更小的投资限制、给予基金经理更丰厚的激励机制等优势。随着市场的不断完善与投资者结构的优化,私募基金在公司治理过程中占据了重要的中间地带,即多元化股东对公司的绝对控制与日常监督之间的位置(Brav *et al.*,2012)。

相较于公募基金来说,上述私募基金的特征可以归纳为拥有更长期且更独立的投资能力,这些特征将使私募基金专注于被投资企业日常经营的监督、创新能力的提升和未来发展的决策等,而非简单的交易目的,即这一类机构可以通过长期投资组合的调整来优化收益,而不会受到短期回报波动的影响进行频繁交易(Chen *et al.*,2007)。进一步来看,私募基金能帮助企业聚焦创新活动,且能将聚焦的内部资源集中于提升企业核心竞争力的关键领域,这些资源包括但不限于企业的技术资本与人力资本,同时帮助企业出售非核心领域相关的专利成果,进一步优化配置有限的资源,从而提高企业的创新效率(Brav et al.,2018)。

基金经理作为基金的核心人物,对负责的基金乃至整个基金公司起到关键作用。朱雯君(2017)针对基金经理机会主义的表现形式将其分为两大类来研究,一种是包含了窗饰(window dressing)行为和赌博(gambling)行为的基金经理个体机会主义,另一种是包含了羊群(herding)行为的基金经理群体机会主义。学者发现,中国公募基金的基金经理存在显著的窗饰机会主义行为,尤其是前期表现与实际能力较差的基金经理;而赌博行为则受到基金年中绩效、规模、收益波动、成立时间、费用率等因素的影响,不置可否的是,业绩指标与投资者赎回压力使得市场上很多公募基金经理有显著的赌博性投资机会主义行为;羊群效应则更多出现在基金经理一致买卖的行业中,同时买卖方在某一行业中的羊群效应程度会受到该行业交易基金数量的影响,即基金交易量较少的行业的基金经理更易发生羊群效应行为,从而使得该行业的估值与稳定性偏离真实水平。除此之外,行业特征的差异除了会导致机会主义问题的发生,也会对基金经理的专业能力产生影响。多数学者认为,收益共享与风险共担的管理模式、绩效提成等激励机制与更自由的可选投资方式使得私募基金的基金经理个人水平能够得到更好的发挥与锻炼,比如私募基金的基金经理比公募基金的基金经理在选股能力和择时能力上的表现均更优(赵骄和闫光华,2011)。

2. 私募基金与企业创新的关系

一般来说,机构投资者想要对企业创新起到显著作用,通常需要参与企业的内部治理与公司决策,而作为股东积极主义之一的私募基金积极主义,则表现为私募基金行使股东权利,主动给予管理层压力以实现自我诉求的一种干预公司管理的行为,具体涉及领域包括薪酬机制等人力资源、专利优化等技术创新、项目选择等经营决策方面(田轩和黄兆君,2019)。

针对这些干预行为,学者们在不同的市场背景下研究了私募基金积极主义对企业创新的真正影响。一部分学者的研究表明,私募基金持股不利于企业创新。Coffee 和 Palia(2016)的研究发现,私募基金能利用其"狼群"成员挖掘不对称的信息优势,找出具有短期高额回报的企业进行投资,这一事前选择效益加之积极主义的干预不利于企业进行长期投资,特别是会严重影响科技研发与企业创新;姚子杨(2021)以 2010 年至 2017 年沪深 A 股上市公司为研究对象,发现私募基金的基金经理由于业绩压力与短视行为,导致其通过增加 CEO 强制变更的次数来介入公司的治理,从而对整体 A 股市场的企业创新起到了抑制作用,且这种抑制作用对发明类专利、民营企业、拥有长期负债的公司更加明显。

另一部分的研究则支持了私募基金对企业创新的促进作用。Brav 等(2018)发现,私募基金持股与干预明显提高了企业的创新效率,即其积极主义降低了目标公司的创新投入,但提高了目标公司的创新产出和研发生产力,而这个作用机制主要从优化专利资源、集中核心优势等方面发挥作用。Wang 和 Zhao(2015)同样也有上述发现,并且其研究结果表明,当私募基金在目标公司中的所有权占基金管理总资产的比例较大时,这种积极影响会更强;同时,私募基金对创新产出和效率的积极影响在更具创新性的公司、财务受限的公司、被低估的公司以及竞争更激烈的行业中的公司中更强。Vacher 等(2020)使用模糊集定性进行比较分析,同样证实了私募基金股东积极主义能够通过加大资金对技术的投入等方式,对企业技术创新产生积极作用;并且发现,针对高运营绩效与关注核心竞争力和科技创新能力开发的企业,其积极作用更显著。

科创板与主板市场的不同之处在于,科创板上市的企业均为高科技型企业,这些企业作为符合国家战略定位与需求的主体,肩负着突破核心技术与研发全球前沿科技的使命,因此"创新性"就是这些企业的代名词。上述学者的一系列发现恰恰支持了本研究的假说:私募基金持股及股东积极主义对于科创板上市公司的创新具有支持作用。

(五) 理论分析与研究假说的提出

1. 私募基金持股影响科创板上市公司创新

长期以来,越来越多的学界人员与从业者开始探究股市压力与管理层激励的影响。在可持续发展的战略导向下,企业的创新能力与长期价值应作为企业可持续经营的核心发展战略一以贯之,但现实却是来自股价的波动和业绩的压力导致部分上市公司管理层采取了"管理者短视"方案以解决问题(Brav et al.,2018)。企业市场估值越低,管理层越容易采取短视行为以面对"威胁",从而损害了企业的长期价值(邵丹等,2017)。也有学者通过机器学习技术分析年报 MD&A 披露的"短期视域"语言,发现管理者内在的短期主义特质会压缩企业的研发投入,而当公司治理水平提高,或有外部高分析师关注度以及高持股比例的监督型机构投资者时,管理者短视对企业长期创新投资的负面影响会受到抑制(胡楠等,2021)。

中国的私募基金,相较于传统的公募基金,在募集方式与募集对象上,通过非公开方式向特定的高净值投资者,也就是有风险识别与承受能力的个人或机构募集资金;在运作机制上,私募基金具有更大的灵活性与更宽泛的投资范围,且通常不具有明确的持仓比例限制,当遭遇系统性风险时,这类基金能够以调低仓位甚至空仓的方式避免像公募基金持仓所带来的跌价损失;在盈利目标与激励机制上,私募基金追求投资的绝对收益而非公募基金追求的相对收益,且其对基金经理采取的超额收益激励模式——当基金净值达到创立以来的最高值才可提取超额业绩费——使得基金管理人与投资者的利益趋于一致(邹剑,2011)。而这样的运作与激励机制也使得私募基金的基金经理比公募基金的基金经理在选股能力和择时能力上的表现均更优,专业能力更强(赵骄和闫光华,2011)。

一般而言,股票市场上的投资者投资的都是企业的未来价值,而专业度更强、对投资收益要求更严苛的机构投资者会对企业的股价或经营策略等更为关注,在与公司日常经营的博弈中拥有更高的话语席位,这种股东积极主义主要表现为对公司经营、财务、投资与创新等诸多方面的干预。而拥有以上特点的私募基金在实际操作中多扮演着股东积极主义者参与公司的治理与经营。

一方面,从"管理者短视"角度看,创新活动的高潜在失败可能与不确定性,以及私募基金带来的股价压力或偿债压力均可能会使得管理层采取仅考虑眼前利益的经营策略,即最大化眼下的财务业绩与股票价格,倾向于投资周期短而收益高的项目,而不愿选择需要长期投资且风险性更大的创新项目,不利于公司的核心竞争力的培养与长期发展(Holmstrom,1989)。同时,私募基金追求的"绝对收益"目标与存续期的流动性限制也可能给基金管理人带来过大的业绩压力(邹剑,2011)。出于对职业生涯的担忧,基金经理人的"管理者短视"特征可能使其利用"干预之便"影响管理层的决策,从而也可能损害企业创新与长期发展(赵羲等,2018)。但另一方面,从"代理人问题"角度看,很多情况下,公司股东与管理层权利分离与利益不一致的问题会使得管理层作出"损害股东利益与公司利益,以谋取个人利益"的行为,这能够通过作为股东的私募基金的介入与干预来约束。除此之外,私募基金持股这一行为等同于增加了企业投资者的多元化,"不把鸡蛋放在同一个篮子里"的投资模式更利于分散企业创新带来的高风险,从而增加投资者对企业创新高收益的追求,因此,在这一背景下股东对企业的创新研发水平将会有更高的要求(Aghion et al.,2013)。

由此可见,对于私募基金的股东积极主义是否能促进企业创新存在一定的争议。但从以科创板上市公司为持股对象的角度来看,其高科技、高创新的企业特征给予了私募基金与其他机构投资者更具吸引力、更具潜力预期的投资标的,同时科创板的制度优势也给予了上市企业更多科技创新的支持。多数研究表明,私募基金对科技创新性更强、核心竞争力开发更积极的企业有着正面的创新促进作用(Wang and Zhao,2015;Vacher et al.,2020)。究其原因,主要是因为高科技行业的创新需求与创新机遇更多,机构投资者能为被投资企业提供除了资本与公司治理层面之外的研发创新相关的专业资讯与建议(李涛和陈晴,2020)。因此,本研究提出假说H1:私募基金持仓促进科创板上市公司的创新。

2. 持股周期对私募基金促进科创板上市公司创新的影响

Bushee(1998)根据机构投资者过去的持股集中度、资产组合周转率以及其对盈余结果的敏感度等投资行为,将机构投资者分为短暂型、准指数型与专注型机构投资者。其中,短暂型机构投资者基于企业当期的盈利情况频繁交易,其持股目标企业的时长很短;与之相反的专注型机构投资者则以企业的全面信息为基础,其持有时间长、不频繁交易;而准指数型则是指采取跟随指数购买和持有策略的机构投资者。同时,Bushee(1998)也发现,短暂型机构投资者更偏好被持有公司当期的短期利润,这种频繁交易的行为会体现在公司的股价上,从而迫使公司管理层将精力集中于公司的短期利润表现。Borochin和Yang(2016)对这三类投资者影响企业创新的渠道作了研究,发现专注型机构投资者会通过增加企业专利的产出与其他相关专利的引用来促进企业的创新效率。蒋艳辉等(2014)以换手率为基础,将机构投资者分为长期投资者与短期机会主义投资者后发现,长期投资者可以促进高新技术企业的研发投入,而短期机会主义投资者则会抑制企业创新投入。由此可见,因为研发投入与企业创新效率在很大程度上影响着企业的核心竞争力与未来发展空间,所以长期投资者更关注企业长远发展与公司价值的这一特点会促进被持有公司的创新效率。因此,本研究提出假说H2:私募基金长期主义促进科创板上市公司的创新活动。

3. 治理结构对私募基金促进科创板上市公司创新的影响

对治理结构问题可分三个角度进行分析,分别是委托代理问题、信息不对称问题以及股权结构多元化问题。

委托代理问题主要分为第一类代理成本(股东与管理层之间的代理问题)和第二类代理成本(大股东与小股东之间的代理问题)。第一类代理成本越大,说明管理层越关注自身效益最大化,而忽略股东利益;第二类代理成本越大,说明处于优势地位的大股东的高集权度与现金流的严重倾斜越会谋害小股东利益。上述这些代理人问题均不利于企业长期技术创新活动(杜金岷和任玎,2019),其主要原因是由于代理人减少了研发投入与研发活动相关的"隐性投入",其中包括代理人的内驱力、努力程度、管理模式与经营理念等,且这类负面影响的作用在客观与主观的风险增加的情况下会加重(韩松和习媛杰,2021)。

在实际的企业管理中,两职合一作为一种普遍的管理模式得到广泛应用,但学术界关于"两职合一"的管理模式对企业创新的影响存在争议。部分学者认为,两职合一可能会导致董事长以权谋私,从而削弱董事会对管理层的监督作用,降低企业内部控制的质量,不利于企业创新文化的建设(顾海峰和卞雨晨,2020);也有学者认为,两职合一的管理模式使得CEO在作出高风险高回报的创新决策时拥有更大的自主权,而这一权利可以很好地促进管理者对开放式创新合法性的感知,这一感知力有助于提升企业的开放式创新水平(刘良灿等,2018;李云健等,2021)。根据第一类代理问题的理论分析可知,董事长与总经理的权职合一同时代表了管理层和股东的核心利益,这可以促进双方利益倾向的统一,从而减缓第一类代理成本,促进企业创新。因此,本研究提出假说H3:两职合一有助于减缓第一类代理成本,发挥私募基金持股对科创板上市公司创新的促进作用。

相较之下,私募基金作为股东积极主义者干预公司治理与经营时,其对企业创新产生的作用受到第二类代理问题的前提制约,若大股东的高股权集中侵占过多其他股东的合理权益,损害企业的有限资源,则在高股权集中度的环境下不利于私募基金发挥其治理优势。因此,本研究提出假说 H4:第二类代理成本越低的企业,越有利于私募基金发挥其持股对科创板上市公司创新的促进作用。

另外,信息不对称问题一直是让学界业界感到困扰的重要问题。关于信息披露要求的高低,有学者研究认为过高的信息披露要求会因给予管理层过高的业绩压力而导致管理者短视,从而减少企业长期的创新投资(Fu et al.,2020)。但更多研究指出,信息不对称程度的提高可以降低机会主义行为,促进企业所有者和管理层激励相容,降低代理人的道德风险,从而降低代理成本(Bushman and Smith,2003),而信息披露水平的提高有助于企业在投资创新活动的同时降低其融资约束(Botosan,1997)。中国市场的现实案例可体现在"十二五"规划后,国有企业民营化进程加速了这些企业的科技创新,而加速的根本原因在于这类所有权结构的变化导致企业信息传递成本降低、信息不对称问题得到改善,因而也证明了信息不对称度越高越有利于企业的技术创新投入(袁齐和洪正,2018)。

值得注意的是,外源性的技术创新型投资有别于一般的投资,其因信息不对称带来的问题更甚。有学者认为,信息不对称度的存在会导致技术创新投资市场成为一个"柠檬"市场,这是由于投资机构仅能掌握某类项目的平均风险与质量水平,而无法精确估计具体企业的项目,从而助长了更多的低质量高风险的项目进入融资市场(程昆等,2006)。因此在科技型企业的创新技术转化过程中,存在其与投资者之间事前与事后的信息不对称问题——事前存在逆向选择问题,即投资者无法充分了解企业经营者的真实能力与投资项目的潜在回报率;而事后存在道德风险问题,即投资者无法控制企业的具体投资项目及经营者是否尽职工作(熊波和陈柳,2007)。

因而可以推断,针对科创板这一特殊市场来说,在私募基金为科创板企业提供资金支持的过程中,一方面会倾向于信息不对称度更高、项目风险更小的企业;但另一方面也会以其超越传统机构投资者的更优秀的信息处理能力来减缓其信息处理成本(熊波和陈柳,2007),从而在实施股东积极主义作用之后,努力克服企业本身存在的信息不对称问题,从而减少其与企业之间的信息差,与企业实现激励相容,提升企业技术创新水平。因此,本研究提出假说H5:私募基金可以通过降低企业的信息不对称度来增强科创板上市公司的创新能力。

按照风险偏好原则,绝大部分投资者都是风险规避型。而根据冯·诺依曼的理性假设,股东对企业创新项目的支持程度会受到其持股份额的影响,通常来说,大股东为了控制其个人利益会对企业创新投入施加更大的个人偏好压力(杨建君和盛锁,2007)。若假定所有股东都是风险规避型,那么当公司的股权结构处于股权集中的状态时,拥有控制权的大股东同时具有系统性风险与非系统性风险,而股权分散型企业的股东则只具有系统性风险,因此相较于股权集中型企业的股东,股权分散型企业的股东在全部参与企业投资决策的理想状态下,对企业新项目提案的支持度是最高的(Zhang,1998)。Aghion等(2013)发现,当多元化的投资者拥有更大的能力来吸收创新风险时,公司股东可能会提出比管理层更高的创新研发水平,即加大了企业创新的投入与产出要求。朱德胜和周晓珮(2016)也发现,在我国A股市场的高新技术企业样本中,高股权制衡度的企业,其创新效率也更高。究其原因是因为股权结构多元化企业的股东,其资产组合的多元化可以分散更多的非系统性风险,从而给予风险度与不确定性大但具有高回报率的创新项目更大的决策支持。而私募基金的持股分散了企业的股权集中度,丰富了股权结构的多元化程度。因此,本研究提出假说H6:股权结构多元化程度越大的企业,越有利于发挥私募基金持股对科创板上市公司创新的促进作用。

4. 政府介入对私募基金促进科创板上市公司创新的影响

对政府介入可分别从企业所有权性质与政府补助两个角度进行

分析。

关于公司所有权性质的国有性与非国有性的对比研究,是社会主义经济下中国股票市场的一个研究特点。虽然有学者从政治观的角度证明了国有企业以其社会资本、创新资源、政府补助等优势可受到更多机构投资者的青睐,加强投资者对企业创新的影响(Qian,1994),但多数研究成果证明,民营企业创新活动的实际产出普遍优于国有企业,私募基金等机构投资者的股东积极主义反而会对国有企业的创新起到负面调节作用(韦施威等,2022)。究其原因,非国有股权对企业创新的促进作用源于经理人观而非政治观,而国有企业经理人市场的非完全竞争性会削弱投资者积极主义带来的创新效应(温军和冯根福,2012;李文贵和余明桂,2015)。从创新项目的事前选择角度看,相较于民营企业的激励机制,国有企业经理人进行企业创新获得的收益增量小于民营企业的经理人,这使得国有企业经理人对企业创新项目的推动缺乏一定的积极性;同理,从创新项目的事后进程角度看,国有企业受到创新项目失败风险的压力更小,公司业绩对经理人的留任情况并无强关联,因此在创新项目的推动过程中,私募基金对其的监督促进作用也会更小。因此,本研究提出假说H7:私募基金持股对非国有科技企业的创新有更大的促进作用。

政府补贴对企业研发的效用一般可分为两类:一类是正面的激励效应,即政府对企业研发项目的直接或间接的补贴与税收优惠,可以促进企业自身的R&D投入。如有学者研究发现,在创业板高新技术企业样本中,政府补助能显著激励企业的创新产出(郑春美和李佩,2015);另一类则是负面的挤出效应,是指政府对企业的创新补助会挤出企业的R&D投入(刘虹等,2012)。关于政府补贴对企业研发投入的影响到底在何种情况下是促进或抑制的,学术界并无统一的研究结论。但有大量研究结果表明,政府补助对企业研发投入的促进作用与政府补助呈倒"U"形关系,即随着政府补助的增加,其对企业创新投入的促进作用会先增大后减弱(刘虹等,2012;陈昊阳,2021;Dominique et al.,2003)。因此进一步探讨"在政府补助的背景下,私募基金持股对科创板上市公司创新的促进作用是否受到影响"这一命题具有显著意义。

以科创板上市公司的高科技特征为背景来看,根据行业的技术特征与企业特征等不同因素来划分,政府的R&D资助起到的作用是不同的,在高R&D投入的行业中,政府R&D资助在其中起到的创新助推作用最不明显(王俊,2011)。一方面,政府补助可以缓解企业创新投入的资金约束,并引导其他社会资金企业的研发创新项目,帮助企业突破技术难题;另一方面,对科技型企业的政府补助资金往往带有全局性与战略性的特点,对企业科技突破的要求更高,这也会使得企业面临技术商业化的难题,陷入研发投入资金耗散的困境,从而导致企业创新受阻。李左峰和张铭慎(2012)发现,政府补助对更高R&D活动强度的企业存在负面效应,这是由于高难度基础科学的商业化困境与新兴技术对R&D资金的耗散导致的。因此,本研究提出假说H8:仅当政府补助处于合适的范围之内时,私募证券投资持股对科创板上市公司创新的促进作用才得以有效发挥。

本章的研究结果表明,私募基金持股对科创板上市公司的创新具有正向的推动作用,同时在解决内生性问题后的回归结果依然稳健且显著。本研究进一步将样本根据私募基金的投资理念、公司治理结构与政府介入这三个方向分为不同的分样本进行机制检验,发现在长持股周期、低一类与二类委托代理成本、高信息透明度、股权结构多元化、非国有企业以及非过度政府投资的分样本中,私募基金对科创板上市公司的创新具有更为显著的推动作用。这一系列结论展示了私募基金影响企业创新的不同机制,可为学界及实务界提供更多的参考。

综上所述,本研究主要有以下两点贡献:

本章的研究区别了一般企业与科创板上市公司,将研究对象聚焦于科创板上市企业,拓展了中国私募基金与企业创新之间关系的研究对象范围。科创板上市公司不同于一般企业,具有作为国家重点发展的新兴产业、聚焦前沿科学技术的特征,是突出"科创"属性的一类企业。对于肩负"发展世界前沿科技、面向国家重要战略"责任的科创板来说,如何利用好企业与市场的资源来提升板块创新效率是一个重要且永不过时的命题。对私募基金影响企业创新的现有研究覆盖的是一般企业(姚子杨,2021;Brav et al.,2018),本研究以科创板上市公司为特定研究对象,探究了在高度重视与依赖创新的科技型企业背景下,私募基金是如何影响企业创新的。

已有文献对"私募基金影响企业创新"这一假说多从公司治理角度进行检验,本研究将影响机制系统性地分为"三大七小",从更全面的视角来分析这一影响可实现的途径。私募基金的股东积极主义对企业创新具有正负两极的作用,异质性的企业主体受到的影响也不同。主要的影响机制包括利用其规模、信息与专业优势干预公司治理、参与公司决策,同时这些干预创新的效果也会受到其他场内外因素的影响。支持派的学者认为,私募基金基于其投资优势,能够以更长远的眼光,从优化公司有限资源的配置、加强公司核心技术研发与运用等角度来对企业创新进行积极干预(Brav et al.,2018),且这一影响效果在科技型企业中更为明显(Vacher et al.,2020)。反对派的学者主要认为,创新活动的高风险性与基金经理的业绩压力,共同压迫管理层作出一些利于短期回报但损害公司长期发展与创新投资活动的行为(Holmstrom et al.,1989)。本研究在现有研究成果的基础上,从私募基金的长期主义、对公司股权治理的干预以及受到外部政府介入影响这三个角度出发,结合两类委托代理问题、信息透明度问题、股权结构多元化等理论,探究并拓展了私募基金影响科创板上市公司创新的机制。这一研究结论能帮助市场更加了解私募基金在科创板上市公司创新方面的投资作用与影响机制,为科创板上市公司的创新提供了可供参考的外部影响因素,为基于机构投资者的市场规则的制定与完善提供了新的思路。

二、数据来源与研究设计

(一) 样本选择

本研究选取自科创板开板后的 2019 年 7 月至 2021 年 12 月的 385 家科创板上市公司的横截面数据。由于科创板正式运行时间较短,因此所有数据的时间跨度以季度为度量单位,对非季度数据做季度平均值处理。其中,私募基金的持仓数据选自 WIND 所披露的科创板上市公司前十大持股股东信息,专利申请数据来源于 CSMAR 统计的企业国内外专利申请获得情况表。

本研究中的数据均来自 WIND 数据库与国泰安 CSAMR 数据库,行业分类选取了证监会的分类标准,同时为消除极端值对数据分析产生的干扰与误差,本研究对所有连续变量进行了 1% 和 99% 的缩尾处理,所有实证分析的过程均使用 Stata 17.0 软件实现。

(二) 主要变量的定义

1. 企业创新

总结已有文献可知,度量企业创新的指标通常有两类,分别是创新投入与创新产出。创新投入主要指企业在前期研究、中期研发以及后期产出等整个创新阶段所投入的资金、技术人员、设备等资源,主要以研发支出为衡量标准(王玉泽等,2019;冯根福和温军,2008)。而创新产出则为企业资源投入后其使用效率的体现,多数学者如黎文靖和郑曼妮(2016)、Brav 等(2018)均采用专利申请数来衡量企业的创新能力,也有部分学者如王玉泽等(2019)鉴于 2007 年新会计准则,使用无形资产净额占期末总资产的比重来衡量企业创新产出的能力。在这个基础上,也有学者综合考虑上述投入与产出,通过创新投入与创新产出构建了创新效率指标(朱德胜和周晓珮,2016)。

参考上述文献,针对创新投入的指标,本研究的被解释变量选择科创板上市公司资产负债表所披露的研发投入总额计算出的季度数据作为创新投入的衡量指标,记作 $LnRD$。在稳健性检验中,使用上市公司第 t 季度的研发投入占企业总资产的占比(RD_Asset)以及研发投入占营业收入比(RD_Income)作为衡量创新投入的被解释变量。

创新产出的最直接衡量方法就是专利产出,而专利产出数据又可细分为专利的申请与授权。相较于专利授权数,专利申请数能更加及时反映企业的创新成果,并且存在在申请过程中对企业绩效产生影响的可能,因为仅当创新成果本身价值超过专利申请成本时,企业才会申请对应的专利;同时专利授权数可能因年费缴纳不及时而被取消,这一变化的披露具有一定的滞后性(周煊等,2012)。因此为满足研究数据的时间跨度要求,本研究依据 CSMAR 数据库所披露的科创板上市公司国内外专利获得情况的年度数据,以国内外专利申请总数的季度平均值($PatentQ$)作为衡量创新产出的被解释变量。

2. 私募基金持股

本研究根据科创板上市公司每一季度前十大股东的公开信息构造私募基金持股指标,若当季度私募基金为前十大持仓机构则取值为 1,否则取值为 0,将解释变量定义为虚拟变量,并记为 $ifHF$。同时在稳健性检验中,本研究使用了私募基金的持股比例($HFRatio$)作为解释变量。

(三) 研究方法

本研究旨在验证私募基金持股科创板企业对企业创新的影响,本研究参考姚子杨(2021)的做法,构造如下所示的实证研究模型:

$$LnRD_{i,t} = \beta_0 + \beta_1 HF_{i,t} + cControls_{i,t} + Season\ Dummies + Industry\ Dummies + \varepsilon_{i,t} \quad (1)$$

$$PatentQ_{i,t} = \beta_0 + \beta_1 HF_{i,t} + cControls_{i,t} + Season\ Dummies + Industry\ Dummies + \epsilon_{i,t} \quad (2)$$

根据现有文献(李薇,2020;李友俊等,2020;姚子杨,2021),本研究选取了10个控制变量以辅助验证假说,分别包括:企业规模($LnAsset$)、资产负债率(Lia_Asset)、企业利润($LnProfit$)、资产收益率(ROA)、股权制衡度(Z)、股权集中度(H)、总资产周转率($Asset\_Turnover$)、营业利润增长率($Growth\_OpeProfit$)、公募基金持股情况($ifMF$)以及核心技术人员($CoreNum$)。所有变量定义如表7-1所示。

表 7-1 主要变量及定义

类别	符号	名称	定义
被解释变量	$LnRD$	研发支出水平	根据资产负债表计算所得公司第 t 季度研发支出数的对数值
	$PatentQ$	专利申请数量	公司第 i 年度国内外专利申请数总额的季度平均值
解释变量	$ifHF$	私募基金持股	公司第 t 季度若有私募基金为前十大股东,则 $ifHF$ 取值为1,否则为0
控制变量	$LnAsset$	企业规模	公司第 t 季度总资产的对数值
	Lia_Asset	资产负债率	公司第 t 季度负债总额与资产总额的比值
	$LnProfit$	企业利润	公司第 t 季度总利润的对数值
	ROA	资产收益率	公司第 t 季度税后净利润与总资产的比值
	Z	股权制衡度	公司第 t 季度第一大股东与第二大股东持股比例的比值
	H	股权集中度	公司第 t 季度第一位大股东持股比例的平方和
	$Asset\_Turnover$	总资产周转率	公司第 t 季度总资产周转率
	$Growth\_OpeProfit$	营业利润增长率	公司第 t 季度营业利润的同比增长率
	$ifMF$	公募基金持股	第 t 季度的目标对象有公募基金持股则为1,无公募基金持股则为0
	$CoreNum$	核心技术人员	公司第 t 季度核心技术人员总数的对数值

三、私募基金持股影响科创板上市公司创新能力的实证分析

本节按照实证模型(1)研究了私募基金持股对科创板上市公司创新的影响,同时研究了该影响的发生机制。

(一) 描述性统计

表 7-2 为本研究的描述性统计结果,$LnRD$ 的均值为 16.792,标准差为 1.019,中位数为 16.656,四分位数下限和上限分别为 16.070 和 17.703;$PatentQ$ 的均值为 19.367,标准差为 33.060,中位数为 8.750,四分位数下限和上限分别为 4.500 和 17.250,从中可看出科创板上市公司的研发投入水平存在合理的差距,但专利产出水平参差不齐,创新能力强的企业的专利申请数远大于科创板中的其他企业;$ifHF$ 的均值为 0.068,标准差为 0.251,且中位数为、四分位数上下限均为 0.000,这说明中国科创板中私募基金的参与比例尚小,这与科创板成立年限较短、投资标的风险较大等因素有关。本研究的其他控制变量分布合理。

表 7-2 私募基金持股对科创板上市公司创新的影响:描述性统计

变量	观测值	均值	标准差	25%分位点	中位数	75%分位点
被解释变量:企业创新						
$LnRD$	1745	16.792	1.019	16.070	16.656	17.370
$PatentQ$	1745	19.367	33.060	4.500	8.750	17.250
解释变量:私募基金持股						
$ifHF$	1745	0.068	0.251	0.000	0.000	0.000

(续表)

变量	观测值	均值	标准差	25%分位点	中位数	75%分位点
控制变量						
$LnAsset$	1745	21.414	0.808	20.867	21.259	21.843
Lia_Asset	1745	0.225	0.155	0.105	0.191	0.298
$LnProfit$	1745	17.382	1.177	16.719	17.342	18.033
ROA	1745	0.055	0.051	0.022	0.045	0.072
Z	1745	3.907	7.253	1.499	2.275	4.030
H	1745	0.114	0.099	0.044	0.080	0.155
$Asset\_Turnover$	1745	0.004	0.003	0.002	0.003	0.005
$Growth\_OpeProfit$	1745	1.126	3.990	−0.038	0.281	0.916
$ifMF$	1745	0.241	0.428	0.000	0.000	0.000
$CoreNum$	1745	5.947	2.556	4.000	5.000	7.000

(二) 回归分析

1. 主效应分析

表 7-3 展现了面板数据的回归结果,解释变量 $ifHF$ 表示私募基金是否为科创板上市公司前十大持股股东。从回归结果可以看出,私募基金持股对企业创新的研发投入具有正向作用,系数为 0.151,在 1% 的水平上显著;同时也对创新产出的专利申请数具有正向作用,且该作用效果远大于对创新投入的效果,其中系数为 3.612,在 5% 的水平上显著。该结果初步验证了假说 H1:私募基金持仓促进科创板上市公司的创新。

表 7-3 私募基金持股对科创板上市公司创新的影响:主回归

被解释变量	$LnRD$ (1)	$PatentQ$ (2)
$ifHF$	0.151***	3.612**
	(2.66)	(2.42)
$LnAsset$	0.820***	7.047***
	(16.41)	(4.15)

(续表)

被解释变量	LnRD (1)	PatentQ (2)
Lia_Asset	1.240***	22.512***
	(6.00)	(2.98)
$LnProfit$	0.015	−0.208
	(1.02)	(−0.77)
ROA	2.090***	16.857
	(4.16)	(1.49)
Z	0.005***	−0.001
	(2.93)	(−0.02)
H	−1.031***	−168.151
	(−2.62)	(−1.34)
$Asset\_Turnover$	28.193***	−780.847***
	(4.03)	(−3.36)
$Growth\_OpeProfit$	−0.011***	−0.007
	(−3.00)	(−0.10)
$ifMF$	0.056**	0.383
	(2.54)	(0.65)
$CoreNum$	−0.001	0.748
	(−0.03)	(0.56)
$Constant$	−1.416	−116.639***
	(−1.28)	(−2.82)
观测值	1802	1774
R^2	0.402	0.097
季度固定效应	是	是
行业固定效应	是	是

本表报告了私募基金对科创板上市公司创新影响的主要回归结果。第(1)列报告了私募基金对科创板上市公司创新投入(研发支出)的影响;第(2)列报告了私募基金对科创板上市公司创新产出(专利申请数量)的影响。t 值根据公司个体进行了聚类调整并考虑了稳健标准;***、**和*分别代表了在 0.01、0.05 和 0.10 水平下的显著性。

2. 私募基金长期主义的对比分析

私募基金促进企业创新的渠道主要有两种,一种是基金长期主义渠道,另一种是股权治理结构渠道。从基金长期主义角度来说,关注企业核心竞争力与发展前景的私募基金具备长期主义特征,对企业创新具有促进作用(蒋艳辉等,2014)。本研究以私募基金的总持仓周期为分类标准,由于科创板成立时间尚短,在 2017 年 7 月至 2021 年 12 月这段研究期间,将持仓时间大于等于 3 个季度的基金定义为长持仓周期基金,将持仓时间小于等于 2 个季度的基金定义为短持仓周期基金。对分样本回归的结果如表 7-4 所示。

表 7-4 私募基金持股对科创板上市公司创新的影响:长期主义分样本

解释变量	$LnRD$		$PatentQ$	
	长持仓周期 (1)	短持仓周期 (2)	长持仓周期 (3)	短持仓周期 (4)
$ifHF$	0.246***	−0.039	2.277	−0.043
	(2.98)	(−0.51)	(1.39)	(−0.06)
$LnAsset$	1.084***	0.789***	31.293***	8.826***
	(3.44)	(14.52)	(4.12)	(3.53)
Lia_Asset	0.122	1.406*	63.580***	40.117
	(0.19)	(2.02)	(3.12)	(1.60)
$LnProfit$	−0.005	−0.011	−0.689	1.029**
	(−0.09)	(−0.19)	(−0.47)	(2.27)
ROA	−0.309	3.449**	57.444	−6.620
	(−0.27)	(2.58)	(1.23)	(−0.44)
Z	−0.021	0.048	−0.682**	−1.829
	(−1.70)	(0.77)	(−2.71)	(−1.16)
H	1.395	−3.106	−368.945***	38.786
	(0.70)	(−1.05)	(−6.86)	(0.44)
$Asset\_Turnover$	54.190**	27.289*	−2321.327**	−513.517*
	(2.53)	(1.80)	(−2.62)	(−1.84)
$Growth\_OpeProfit$	−0.023	−0.030***	−0.362	−0.230***
	(−0.78)	(−5.40)	(−0.57)	(−5.07)

(续表)

解释变量	LnRD		PatentQ	
	长持仓周期 (1)	短持仓周期 (2)	长持仓周期 (3)	短持仓周期 (4)
ifMF	−0.042	0.043	2.402	2.854**
	(−0.76)	(0.74)	(1.36)	(2.41)
CoreNum	−0.154*	0.051	5.519**	1.080
	(−1.97)	(0.55)	(2.65)	(0.95)
Constant	−5.897	−0.730	−623.019***	−202.062***
	(−0.85)	(−0.65)	(−3.62)	(−3.28)
观测值	166	177	164	174
R^2	0.463	0.592	0.581	0.480
季度固定效应	是	是	是	是
行业固定效应	是	是	是	是

本表报告了私募基金对科创板上市公司创新影响的两个子样本的回归结果,根据私募基金的投资理念与持仓时间长短可将其分为长持股周期与短持股周期两个分样本。第(1)列与第(3)列分别报告了具有长期投资理念的长持股周期的私募基金对科创板上市公司的研发投入与专利申请产出的影响;第(2)列和第(4)列分别报告了不具有长期投资理念的短持股周期的私募基金对科创板上市公司的研发投入与专利申请产出的影响。t 值根据公司个体进行了聚类调整并考虑了稳健标准;***、**和*分别代表了在 0.01、0.05 和 0.10 水平下的显著性。

回归结果表明,总持仓周期更长的私募基金对企业创新投入的推动作用在 1% 的水平下显著,系数为 0.246;相反,总持仓周期更短的私募基金对企业创新的投入与产出不具有显著性影响。值得注意的是,持仓周期的长短并未对专利申请数产生显著性影响,这是由于科创板开板时间仅 3 年有余,企业创新从无到有,从投入转化为产出需要一定的周期,短时间内创新的效益可能并不明显,即专利产出相对研发投入具有一定的滞后性(朱平芳和徐伟民,2005),因此无法通过创新产出的指标来衡量本研究时间跨度内的私募基金的持仓周期对专利申请的影响。

综上所述,私募基金可以通过长期主义的渠道促进企业的创新投入,验证了假说 H2:私募基金长期主义促进科创板上市公司的创新活动。

3. 第一类委托代理问题的对比分析

私募基金也可以通过影响股权治理结构的方式来干预企业创新的投入,其中代理问题是股权治理的重要研究对象之一。第一类代理问题是指企业所有者与经营者之间利益相互冲突,导致经营者为谋取私利损害股东利益的现象的发生,而两职合一的管理制度是这一代理成本的主要解决方法之一。本研究按照科创板上市公司的董事长与总经理的两职设置状况进行分析,回归结果如表 7-5 所示。结果显示,在两职合一的企业中,私募基金持股对企业研发投入具有1%水平下的显著性影响,系数为 0.169,同时也对企业的专利申请数具有10%水平下的显著性影响,系数为 3.718;相反,董事长与总经理不存在两职合一的情况时,私募基金持股对企业创新的投入与产出均不具有显著性影响。

表 7-5 私募基金持股对科创板上市公司创新的影响:第一类代理问题分样本

解释变量	$LnRD$		$PatentQ$	
	两职合一 (1)	非两职合一 (2)	两职合一 (3)	非两职合一 (4)
$ifHF$	**0.169*****	**0.109**	**3.718***	**2.820**
	(2.76)	**(0.95)**	**(1.94)**	**(1.08)**
$LnAsset$	0.799***	0.871***	6.470***	7.927***
	(10.53)	(10.95)	(2.77)	(3.49)
Lia_Asset	1.342***	1.230***	28.280***	10.626
	(4.75)	(3.67)	(2.72)	(1.26)
$LnProfit$	0.039**	−0.023	−0.103	−0.554
	(2.19)	(−0.97)	(−0.27)	(−1.49)
ROA	1.626**	2.494***	7.150	22.318
	(2.51)	(3.08)	(0.40)	(1.39)
Z	0.008	0.003***	−0.009	0.014
	(1.63)	(2.76)	(−0.05)	(0.22)
H	3.839	−1.285***	259.584**	−439.994***
	(0.83)	(−5.83)	(2.04)	(−11.67)

(续表)

解释变量	LnRD		PatentQ	
	两职合一 (1)	非两职合一 (2)	两职合一 (3)	非两职合一 (4)
$Asset\_Turnover$	26.161***	36.853***	−541.776	−917.391***
	(2.78)	(4.26)	(−1.53)	(−3.04)
$Growth\_OpeProfit$	−0.011**	−0.008**	−0.088*	0.121
	(−2.38)	(−2.44)	(−1.66)	(0.73)
$ifMF$	0.071**	0.035	0.933	−0.608
	(2.37)	(1.02)	(1.20)	(−0.98)
$CoreNum$	0.022	−0.007	2.385	−0.954
	(0.42)	(−0.18)	(0.94)	(−1.05)
$Constant$	−2.054	−1.876	−165.566***	−82.701
	(−1.12)	(−1.07)	(−2.85)	(−1.62)
观测值	1057	745	1033	741
R^2	0.349	0.460	0.097	0.161
季度固定效应	是	是	是	是
行业固定效应	是	是	是	是

本表报告了私募基金对科创板上市公司创新影响的两个子样本的回归结果,根据私募基金持股科创板上市公司两职合一的情况,可将其分为第一类代理成本高和第一类代理成本低两个分样本。第(1)列和第(3)列分别报告了第一类代理成本低(两职合一)的子样本中私募基金对科创板上市公司的研发投入与专利申请产出的影响;第(2)列和第(4)列分别报告了第一类代理成本高(非两职合一)的子样本中私募基金对科创板上市公司的研发投入与专利申请产出的影响。t 值根据公司个体进行了聚类调整并考虑了稳健标准;***、**和*分别代表了在 0.01、0.05 和 0.10 水平下的显著性。

这一结果说明,董事长所有权与 CEO 经营权的统一有助于减少第一类委托代理成本,统一股东和管理层双方的利益会使得私募基金更好地发挥股东积极主义,以促进企业创新。该结果验证了假说 H3:两职合一有助于减缓第一类代理成本,发挥私募基金持股对科创板上市公司创新的促进作用。

4. 第二类委托代理问题的对比分析

第二类代理问题是指在股权高度集中、大股东控制权与现金流权严重倾斜的情况下,处于优势地位的大股东可能会作出有损小股东利益的行为。本研究以其他应收款与总资产的比值作为第二类代理问题的测度指标,这是因为企业中大股东侵占小股东的利益往往表现为占用企业资金,并且主要表现为关联方交易形成的其他应收款和"暂借款"等隐蔽形式的其他应收款,因此若其他应收款占企业总资产的比重越大,说明第二类代理成本越大(杜金岷等,2019)。同时,本研究按照其他应收款与总资产的比值的前后 50% 分位作为区分高二类代理成本与低二类代理成本的界限,并据此分样本进行回归,回归结果如表 7-6 所示。

表 7-6 私募基金持股对科创板上市公司创新的影响:第二类代理问题分样本

解释变量	$LnRD$		$PatentQ$	
	高二类代理成本 (1)	低二类代理成本 (2)	高二类代理成本 (3)	低二类代理成本 (4)
$ifHF$	0.120	0.119*	0.699	4.472**
	(1.33)	(1.67)	(0.31)	(2.65)
$LnAsset$	0.890***	0.924***	11.787***	3.583*
	(17.06)	(10.07)	(3.71)	(1.95)
Lia_Asset	1.126***	1.335***	17.312*	21.177**
	(3.30)	(3.87)	(1.67)	(2.16)
$LnProfit$	0.013	−0.060*	−0.961	−0.378
	(0.59)	(−1.91)	(−1.64)	(−0.52)
ROA	1.617*	3.275**	37.392	15.375
	(1.80)	(2.45)	(1.40)	(0.88)
Z	0.070**	0.005**	0.483	−0.015
	(2.22)	(2.21)	(0.19)	(−0.30)
H	−1.493	1.373	1,178.102	−549.342***
	(−0.27)	(0.70)	(1.15)	(−9.34)
$Asset\_Turnover$	18.003*	6.775	−744.569*	−1,035.595**
	(1.88)	(0.40)	(−1.87)	(−2.23)

（续表）

解释变量	LnRD		PatentQ	
	高二类代理成本 (1)	低二类代理成本 (2)	高二类代理成本 (3)	低二类代理成本 (4)
$Growth\_OpeProfit$	−0.020***	−0.017***	−0.200*	0.646
	(−7.32)	(−2.78)	(−1.96)	(1.19)
$ifMF$	−0.031	−0.027	1.094	0.330
	(−0.77)	(−0.62)	(0.95)	(0.50)
$CoreNum$	0.025	0.017	3.330	0.592
	(0.44)	(0.40)	(1.56)	(0.61)
$Constant$	−2.921**	−2.709	−361.348***	6.296
	(−2.00)	(−1.36)	(−2.67)	(0.17)
观测值	452	571	446	554
R^2	0.630	0.434	0.153	0.274
季度固定效应	是	是	是	是
行业固定效应	是	是	是	是

本表报告了私募基金对科创板上市公司创新影响的两个子样本的回归结果，根据私募基金所持股科创板上市公司其他应收款的占比的情况，可将其分为第二类代理成本高和第二类代理成本低两个分样本。第（1）列和第（3）列分别报告了第二类代理成本高的子样本中私募基金对科创板上市公司的研发投入与专利申请产出的影响；第（2）列和第（4）列分别报告了第二类代理成本低的子样本中私募基金对科创板上市公司的研发投入与专利申请产出的影响。t 值根据公司个体进行了聚类调整并考虑了稳健标准；***、** 和 * 分别代表了在 0.01、0.05 和 0.10 水平下的显著性。

高二类代理成本的企业中，私募基金持股对企业创新的投入和产出均不具有显著性影响。在低二类代理成本的企业中，私募基金持股对企业的研发投入具有 10% 水平下的显著性影响，系数为 0.119；且对专利产出具有 5% 水平下的显著性影响，系数为 4.472。这一结果表明，第二类代理成本越低，越有利于私募基金发挥积极作用，促进企业的创新投入和产出，进一步验证了假说 H4：第二类代理成本越低的企业，越有利于私募基金发挥其持股对科创板上市公司创新的促进作用。

5. 信息不对称度的对比分析

信息不对称度可作为股权治理结构的主要特征之一,体现在市场交易双方的信息不对称程度上。从金融发展的理念来说,通过法制与监管手段提高信息不对称度有助于促进金融效率的提高;同时,充分的信息披露也可以使市场整体乃至社会整体能够在金融公平的环境下作出抉择;此外,信息不对称度的提高亦有助于推进金融安全,从而降低交易风险乃至系统性风险(李友俊等,2020)。然而,特别是对注重创新属性的科创板上市公司来说,信息不对称会导致外部投资者无法准确估计公司长期创新活动价值,进而低估上市公司的股价,减少其创新资本的投入(Thomas et al.,2018)。因而,当企业的信息不对称度更高时,其本身的创新能力相对更弱,一方面会增大外源融资的难度,另一方面也更利于私募基金充分发挥股东积极主义的作用,即其对企业创新的投入与产出影响程度就越大。

本研究参考 Thomas 等(2018)的研究方法,选用上市公司分析师报告中对应分析师的预测准确度作为公司信息不对称的度量指标。本研究以 CSMAR 数据库中不同分析师在不同日期对某一股票的预测值为初始数据(该数据的具体含义为:分析师对某股票预测的 EPS 减去该年该股票的实际 EPS 的差值的绝对值再除以该股票的实际 EPS 的绝对值),本研究以季度为单位划分该数据,并在此基础上对同一股票同一季度下不同分析师的预测准确度取均值,最后选择该数据前后 50% 分位进行样本分组。分析师预测准确度值越接近 0,说明其预测效果越好,侧面反映出信息不对称程度越低。

从表 7-7 的结果可以看出,当创新投入作为被解释变量时,在低信息不对称度的子样本中,私募基金持股对企业创新投入具有 10% 水平下的正向促进作用,这解释了前述的"事前选择效应",即这类投资者会以其自身的判断结果优先选取信息不对称度较低的企业进行投资,并增强这些企业的创新投入力度。但相反的是,高信息不对称度下的企业样本中,私募基金对企业创新产出能力,即专利申请水平具有显著的推动作用,其系数高达 7.876,且在 1%的水平下显著。这说明私募基金能缓解目标公司的信息不对称问题,即信息不对称度越高的公司受到的创新产出阻力越大,从而私募基金的干预效果越好,使得企业创新的驱动力越强。这验证了假说 H5:私募基金可以通过降低企业的信息不对称度来增强科创板上市公司的创新能力。

表 7-7 私募基金持股对科创板上市公司创新的影响:信息不对称度分样本

解释变量	$LnRD$		$PatentQ$	
	高信息不对称度	低信息不对称度	高信息不对称度	低信息不对称度
$ifHF$	**0.068**	0.103*	7.876***	0.003
	(0.76)	(1.83)	(3.52)	(0.00)
$LnAsset$	1.351***	1.660***	7.274	35.029*
	(9.93)	(5.12)	(0.87)	(1.66)
Lia_Asset	1.007**	−0.585	56.447**	−39.377
	(2.22)	(−0.77)	(2.53)	(−1.06)
$LnProfit$	−0.011	−0.014	0.296	−0.429
	(−0.32)	(−0.35)	(0.54)	(−0.76)
ROA	0.255	1.962	−11.577	−7.908
	(0.30)	(1.36)	(−0.56)	(−0.35)
Z	0.016	0.025	−0.529	3.699***
	(1.06)	(0.67)	(−1.61)	(3.68)
H	16.340*	7.923***	133.049	36.652
	(1.80)	(4.07)	(0.88)	(0.20)
$Asset\_Turnover$	55.866***	31.661*	−879.566**	−1160.142**
	(4.25)	(1.67)	(−2.39)	(−2.11)
$Growth\_OpeProfit$	−0.001	−0.006*	0.031	−0.009
	(−0.22)	(−1.70)	(0.64)	(−0.12)
$ifMF$	0.047	0.073*	1.041	−0.063
	(1.16)	(1.72)	(0.68)	(−0.06)
$CoreNum$	−0.141**	−0.007	0.455	0.159
	(−2.08)	(−0.19)	(0.20)	(0.06)
$Constant$	−13.286***	−19.682***	−163.047	−730.410
	(−4.13)	(−2.85)	(−0.90)	(−1.61)

(续表)

解释变量	LnRD		PatentQ	
	高信息不对称度	低信息不对称度	高信息不对称度	低信息不对称度
观测值	468	554	456	556
R^2	0.393	0.453	0.269	0.195
季度固定效应	是	是	是	是
行业固定效应	是	是	是	是

本表报告了私募基金对科创板上市公司创新影响的两个子样本的回归结果,根据分析师对私募基金所持股科创板上市公司的预测准确度,可将其分为高信息不对称度和低信息不对称度两个分样本。第(1)列和第(3)列分别报告了高信息不对称度的子样本中私募基金对科创板上市公司的研发投入与专利申请产出的影响;第(2)列和第(4)列分别报告了低信息不对称度的子样本中私募基金对科创板上市公司的研发投入与专利申请产出的影响。t 值根据公司个体进行了聚类调整并考虑了稳健标准;***、** 和 * 分别代表了在 0.01、0.05 和 0.10 水平下的显著性。

6. 股权结构多元化的对比分析

股权结构多元化亦是股权治理结构的重要研究内容之一。股权结构多元化程度越高,说明企业股东分散非系统性风险的能力越强,而企业创新项目的高风险性特征也使得股东在作出这一类项目投入的决策时受到更大的风险偏好的影响(Zhang,1998)。相较于股权更集中的企业,股权结构更多元的企业的股东对风险性大的创新项目拥有更大的推进意愿,而私募基金的持股也在一定程度上降低了股权集中度。

本研究以科创板上市公司的前十大股东的股权集中度(前十大股东持股比例的平方和)的前后 50% 分位为标准,对分样本进行回归,结果如表 7-8 所示。低股权集中度的企业分样本中,私募基金对企业创新投入的作用在 5% 的水平下显著,系数为 0.158,对专利申请的作用在 10% 的水平下显著,系数为 5.607;而高股权集中度的分样本中则均不存在显著性影响。该结果验证了假说 H6:股权结构多元化程度越大的企业,越有利于发挥私募基金持股对科创板上市公司创新的促进作用。

表 7-8　私募基金持股对科创板上市公司创新的影响:股权结构多元化分样本

解释变量	$LnRD$		$PatentQ$	
	高股权集中度 (1)	低股权集中度 (2)	高股权集中度 (3)	低股权集中度 (4)
$ifHF$	**0.132**	**0.158****	**3.169**	**5.607***
	(1.64)	**(2.04)**	**(1.45)**	**(1.85)**
$LnAsset$	0.930***	0.693***	6.034***	6.519***
	(10.86)	(8.45)	(3.60)	(2.73)
Lia_Asset	1.545***	1.281***	32.330***	15.765*
	(4.32)	(4.69)	(2.94)	(1.73)
$LnProfit$	0.014	0.020	0.440	-0.396
	(0.57)	(1.21)	(1.25)	(-1.22)
ROA	2.574***	0.790	15.077	7.341
	(4.06)	(1.23)	(1.07)	(0.48)
Z	0.002***	0.027	-0.045	0.164
	(3.25)	(1.49)	(-1.37)	(0.32)
H	-0.607	14.921	-204.453	311.310
	(-0.59)	(1.15)	(-1.58)	(1.08)
$Asset\_Turnover$	26.098***	40.210***	-898.492^{***}	-629.456^{**}
	(3.20)	(4.52)	(-3.45)	(-2.01)
$Growth\_OpeProfit$	-0.012^{**}	-0.010^{***}	-0.031	0.051
	(-2.32)	(-3.00)	(-0.52)	(0.48)
$ifMF$	0.072**	0.014	-0.789	2.216**
	(2.34)	(0.43)	(-1.20)	(2.59)
$CoreNum$	0.010	-0.034	-0.394	1.704
	(0.24)	(-0.68)	(-0.34)	(0.80)
$Constant$	-3.939^{**}	0.220	-84.655^{**}	-150.793^{**}
	(-2.10)	(0.10)	(-2.04)	(-2.26)
观测值	932	870	908	866
R^2	0.361	0.406	0.137	0.126
季度固定效应	是	是	是	是
行业固定效应	是	是	是	是

本表报告了私募基金对科创板上市公司创新影响的两个子样本的回归结果,根据私募基金持股科创板上市公司的前十大股东的股权集中度,可将其分为高股权集中度(股权结构多样性低)和低股权集中度(股权结构多样性高)两个分样本。第(1)列和第(3)列分别报告了高股权集中度的子样本中私募基金对科创板上市公司的研发投入与专利申请产出的影响;第(2)列和第(4)列分别报告了低股权集中度的子样本中私募基金对科创板上市公司的研发投入与专利申请产出的影响。t 值根据公司个体进行了聚类调整并考虑了稳健标准;***、** 和 * 分别代表了在 0.01、0.05 和 0.10 水平下的显著性。

7. 公司所有权性质的对比分析

公司所有权性质即国有性与非国有性对私募基金发挥股东积极主义的作用有不同的影响。本研究按照科创板上市公司的公司所有权性质进行分析，回归结果如表 7-9 所示。与国有企业相比，非国有企业样本下私募基金持股对企业的研发投入和专利产出均具有1%水平下的显著性影响，系数分别为 0.169 和 4.112；相反，国有企业样本下私募基金持股对企业创新不具有显著性影响。

表 7-9 私募基金持股对科创板上市公司创新的影响：企业所有权性质分样本

解释变量	$LnRD$		$PatentQ$	
	国有企业 (1)	非国有企业 (2)	国有企业 (3)	非国有企业 (4)
$ifHF$	−0.030	0.169***	0.134	4.112***
	(−0.35)	(2.56)	(0.13)	(2.45)
$LnAsset$	0.649	0.846***	14.898***	9.375***
	(1.57)	(10.29)	(3.02)	(3.09)
Lia_Asset	1.045	1.264***	37.893**	21.084**
	(0.73)	(4.74)	(2.54)	(2.18)
$LnProfit$	−0.040	0.012	1.040	−0.278
	(−0.26)	(0.82)	(0.97)	(−0.97)
ROA	5.491	2.046***	−73.171***	8.823
	(1.60)	(3.60)	(−3.14)	(0.78)
Z	0.005**	0.010**	−0.152**	0.142
	(2.42)	(2.07)	(−2.15)	(0.62)
H	0.367	−1.169***	−463.466***	16.133
	(0.24)	(−2.66)	(−42.98)	(0.21)
$Asset\_Turnover$	25.578	31.318***	2.011	−771.687***
	(1.34)	(3.80)	(0.01)	(−2.98)
$Growth\_OpeProfit$	−0.006	−0.011***	−0.049	0.004
	(−0.40)	(−2.88)	(−0.18)	(0.06)
$ifMF$	0.086	0.059**	−3.788**	0.423
	(0.95)	(2.47)	(−2.09)	(0.66)

(续表)

解释变量	LnRD		PatentQ	
	国有企业(1)	非国有企业(2)	国有企业(3)	非国有企业(4)
CoreNum	−0.040	0.008	2.812	0.730
	(−0.27)	(0.26)	(1.35)	(0.51)
Constant	3.428	−2.004	−245.039**	−187.084***
	(0.40)	(−1.15)	(−2.07)	(−2.83)
观测值	106	1,625	105	1,596
R^2	0.290	0.405	0.607	0.101
季度固定效应	是	是	是	是
行业固定效应	是	是	是	是

本表报告了私募基金对科创板上市公司创新影响的两个子样本的回归结果,根据私募基金所持股科创板上市公司的企业所有权性质,可将其分为国有企业和非国有企业两个分样本。第(1)列和第(3)列分别报告了国有企业子样本中私募基金对科创板上市公司的研发投入与专利申请产出的影响;第(2)列和第(4)列分别报告了非国有企业子样本中私募基金对科创板上市公司的研发投入与专利申请产出的影响。t 值根据公司个体进行了聚类调整并考虑了稳健标准;***、**和*分别代表了在0.01、0.05和0.10水平下的显著性。

这一结果说明,非国有企业的所有权环境更适合私募基金发挥股东积极主义,促进企业创新,这一结论与已有文献的实证研究相一致,验证了假说H7:私募基金持股对非国有科技企业的创新有更大的促进作用。

8. 政府补助的对比分析

私募基金股东积极主义对企业创新的作用受到政府补助多少的影响,由理论分析部分可知,对于高科技企业来说,过高的政府补助可能通过加大企业研发难度、挤出企业R&D投入的途径来抑制企业创新(刘虹等,2012)。本研究按照黎文靖和郑曼妮(2016)的衡量方法,用科创板上市公司受政府补助金额占其总资产的比例来定义政府补助,并按照该变量前后50%的分位数做分组,回归结果如表7-10所示。在新兴科技型企业这一背景下,低政府补助的企业样本中私募基金对企业创新投入的促进作用在5%的水平下显著,系数为0.122,且对企业专利申请的促进作用同样在 5% 的水平下显著,系数为 3.473;相反,过高的政府补助则不利于私募基金发挥促进企业创新的作用。

表 7-10　私募基金持股对科创板上市公司创新的影响:政府补助分样本

解释变量	LnRD		PatentQ	
	高政府补助 (1)	低政府补助 (2)	高政府补助 (3)	低政府补助 (4)
$ifHF$	**0.088**	**0.122****	**1.967**	**3.473****
	(1.55)	**(2.07)**	**(1.07)**	**(1.98)**
$LnAsset$	0.853***	0.810***	6.000**	8.753**
	(10.35)	(10.73)	(2.27)	(2.40)
Lia_Asset	1.170***	0.969***	27.297***	18.241**
	(3.94)	(3.25)	(2.71)	(2.44)
$LnProfit$	0.006	0.011	−0.189	0.271
	(0.24)	(0.57)	(−0.36)	(0.89)
ROA	2.142***	2.080***	3.259	13.545
	(2.68)	(3.33)	(0.20)	(0.70)
Z	0.070***	0.005	3.366**	−0.102
	(2.84)	(0.97)	(2.44)	(−0.96)
H	−2.331***	0.218	−294.796***	−116.447
	(−5.64)	(0.09)	(−3.18)	(−1.17)
$Asset\_Turnover$	30.818***	25.220**	−773.810**	−881.149*
	(2.68)	(2.49)	(−2.20)	(−1.73)
$Growth\_OpeProfit$	−0.016***	−0.004	0.095	−0.164
	(−3.64)	(−1.25)	(1.04)	(−1.50)
$ifMF$	0.030	0.022	0.056	−0.440
	(0.62)	(0.61)	(0.07)	(−0.47)
$CoreNum$	0.029	−0.072*	2.345	−1.378
	(0.63)	(−1.90)	(1.25)	(−0.82)
$Constant$	−2.160	−0.871	−101.190*	−153.809**
	(−1.23)	(−0.54)	(−1.67)	(−2.15)
观测值	775	844	758	830
R^2	0.405	0.423	0.166	0.098

	\<LnRD\>		\<PatentQ\>	
解释变量	高政府补助 (1)	低政府补助 (2)	高政府补助 (3)	低政府补助 (4)
季度固定效应	是	是	是	是
行业固定效应	是	是	是	是

（续表）

本表报告了私募基金对科创板上市公司创新影响的两个子样本的回归结果，根据私募基金所持股科创板上市公司获得的政府补助的多少，可将其分为高政府补助和低政府补助两个分样本。第(1)列和第(3)列分别报告了高政府补助子样本中私募基金对科创板上市公司的研发投入与专利申请产出的影响；第(2)列和第(4)列分别报告了低政府补助子样本中私募基金对科创板上市公司的研发投入与专利申请产出的影响。t 值根据公司个体进行了聚类调整并考虑了稳健标准；***、** 和 * 分别代表了在 0.01、0.05 和 0.10 水平下的显著性。

这一结果说明，适量的政府补助能辅助私募基金发挥股东积极主义作用，但当政府补助的金额过大时可能会通过增加企业创新与商业化难度等途径影响这一作用的效果。这验证了假说 H8：仅当政府补助处于合适的范围之内，私募证券投资持股对科创板上市公司创新的促进作用才得以有效发挥。

（三）稳健性检验

1. 针对内生性问题的混合多期 PSM-DID 检验

内生性问题是指模型中的解释变量取值会受到模型内部因素的影响，主要分为测量误差、遗漏解释变量以及互为因果这三类，且前述步骤的数据真实性与控制变量的选取可以解决前两类问题。针对互为因果问题，一方面，私募基金在投资标的的选取上存在事前选择效应，即企业本身的创新水平有可能会影响私募的投资决策；另一方面，私募基金采取股东积极主义的方式干预公司治理与经营并影响了企业创新，这一过程便是事后增值效应。

本研究采用 PSM-DID 模型作有关因果问题的内生性检验。首先，本研究选取私募基金作为前十大股东持股科创板上市公司这一事件，并将被持股的目标公司作为实验组，运用多期 PSM 的方法进行匹配得到对照组。由于本研究的数据周期为季度,因此在使用 PSM 模型时分季度通过最近邻匹配的方法进行匹配,得到初步的对照组,且对照组各季度变量的标准差绝对值小于 10,即匹配变量通过平衡性检验,将所有匹配样本汇总后可作为对照组再作双重差分检验。在对照组的基础上,本研究选取私募基金持股的前一季度($t-1$ 季度)与当季(t 季度)样本构建使用个体固定效应的多期 DID 模型。其中,$Post \times Treated$ 交乘项是作 PSM-DID 检验的主要观察指标,该交乘项表示私募基金作为前十大股东持股科创板上市公司的处理效应,最终结果为研发支出所对应交乘项 $Post \times Treated$ 的系数在 1% 的水平上显著为正,系数值为 0.215;专利申请数量所对应交乘项 $Post \times Treated$ 的系数在 5% 的水平上显著为正,系数值为 4.473。这表明与配对公司相比较,私募基金成为目标公司的前十大股东对企业的创新是有正向的净效应的。该结论在控制了私募基金持股与企业创新之间的内生性问题的基础之上,证明了本研究结论的可靠性。

2. 其他稳健性检验

本研究分别更换了主回归中的解释变量与被解释变量来进行稳健性检验。首先,使用企业研发费用占总资产的比值(RD_Asset)和企业研发费用占总收入的比值(RD_Income)作为企业创新投入的被解释变量。其次,使用前十大持股股东中私募基金的持股比例($HFRatio$)作为私募基金持股的解释变量。更换了这两项指标后的回归结果与主回归的结果是一致的,证实了私募基金对科创板企业创新具有促进效用这一结论并未改变。

四、研究结论与监管建议

私募基金在中国资本市场上的作用越来越明显,不仅仅体现在其提供了更宽阔的投融资渠道上,亦展现在了公司治理与公司决策过程中。本研究通过对 2019 年 7 月至 2021 年 12 月 385 家科创板上市公司的横截面数据进行混合回归，并运用多期 PSM-DID 模型与更换解释变量与被解释变量的衡量指标来检验实证结果的稳定性，最终发现私募基金对科创板上市公司的企业创新投入与产出具有明显的促进作用。该促进作用的机制可分为以下三大类：

第一，私募基金长期主义促进科创板上市公司的企业创新。现有理论认为，机构投资者抑制企业创新的主要原因在于投资者对短期回报的高要求导致产生管理层短视问题，而私募基金的自身优势与监管标准的不同，使得这类机构在投资过程中更注重企业的长期价值，助力企业的创新投入与产出。

第二，私募基金通过影响标的公司的股权治理结构来促进企业创新，具体影响渠道可分为委托代理问题、信息不对称度与股权结构多元化。从委托代理角度看，当两类代理成本更小的情况下，私募基金对科创板企业创新的促进作用更明显；从信息不对称度角度看，虽然私募基金也会偏好信息不对称度更低的企业，但其能利用专业优势与更低的信息处理成本缓解企业的信息不对称问题，为企业创新与决策提供更科学的指导，因此在高信息不对称度的子样本中，私募基金对企业创新产出的促进效果非常显著；从股权结构多元化角度看，股权结构多元化有助于股东分散创新项目投入带来的不确定性风险，在这种状态下，私募基金推动企业创新投入的阻力会更小。

第三，政府力量的介入也会影响私募基金对科创板企业创新的促进作用，具体可以从企业所有权性质与政府补助两个角度来分析。从企业所有权性质角度看，国有企业经理人市场的非完全竞争性会削弱投资者积极主义带来的创新效应，而非国有企业背景下的经理人观能增加私募基金对科创板企业创新的促进作用。从政府补助角度看，对科技型企业的过高政府补助往往带有全局性与战略性的特点，这类特点会给予公司更大的科技突破压力，因而只有当政府补助在一个合适的区间内，才可以发挥私募基金对科创板企业创新的促进作用。

这一章节的研究结论区别了一般企业与科创板上市公司，将研究主体聚焦于科技创新型企业,拓展了有关科创板的研究框架。基于文献归纳总结发现,不论国内还是国外,私募基金对企业创新的影响均具有不确定性,但其针对"关注核心竞争力与科技创新"的企业的创新研发普遍具有比较显著的促进作用(Wang and Zhao,2015;Vacher et al.,2020),因此本研究创新性地开拓了这一命题在以"主力企业发展核心科技为主要战略目标"的科创板中的研究。

另外,本章也丰富了私募基金持股对企业创新的影响机制的研究。多数学者的研究聚焦于机构投资者持股后对公司治理的干预(许长新和杨李华,2018;Manso,2011),而本研究从私募基金自身的投资主义、其干预公司治理的角度与政府介入这三个大方向切入,具体研究了私募基金长期主义、委托代理问题、信息透明度、股权结构多元化、企业所有权性质与政府外部补助这六种机制的影响。

最后,本章拓展了中国市场与科创板相关的研究,为金融政策制定者与市场监管者等提供了新的参考方向。一方面,相较于国外更成熟与完整的有关私募基金的研究,国内的研究更多集中在将机构投资者视为一个整体,或根据某一类特征将其分为异质性机构投资者来进行研究(洪敏等,2018;李涛和陈晴,2020;Yan and Zhang,2009)。而私募基金作为某一具体类别的投资机构,发展时间尚短,市场成熟度不高,因此有关研究尚处于起步阶段。本研究揭示了这一类投资者在中国市场中扮演的角色,为金融监管部门提供了更多关于私募基金与企业创新相关的信息。另一方面,本研究关于六种具体影响机制的分析也能为我国政府部门和政策制定者提供可供参考的实证证据。

在本研究所得出的结论基础之上,未来可以有许多更深层次的相关研究。首先,由于私募基金的信息披露要求较宽松,目前仅可获得以季度为单位的持股数据,因此,本研究关于私募基金持股数据的度量的精确度还有待提高;其次,鉴于科创板成立年限较短,本研究采用的数据的跨度仅从2019年下半年至2021年第四季度,样本期间较短;最后,本研究关于企业创新的衡量指标为企业研发投入和专利申请数,且国内尚缺少更完善细致的专利信息数据库,目前的衡量指标较为单一,不够深入。后续研究可以从提高持股数据的精确度、延长研究样本的时间跨度、多角度衡量企业创新水平等方法入手,进一步完善与拓展本研究的内容。

第八章　基于中国私募基金的资产配置

本章作为全书的总结部分,在回顾资产配置发展历史尤其是 FOF 的发展前景的基础之上,基于中国私募基金经理与公司的特点,提出中国私募基金资产配置的思路。

一、资产配置 FOF 简介

FOF 是 fund of funds 的缩写,以基金为投资对象,是"基金中的基金"。面对各种投资标的不同、获利能力参差的基金,FOF 凭借其专业能力和系统全面的分析及评价系统,在寻找优势基金的过程中更富有效率。FOF 能够通过分散化配置帮助投资者有效规避风险,获取稳健收益,满足投资者的需求。FOF 根据标的基金的种类不同,可以分为以下四类:私募基金的基金(FOHF,fund of hedge funds)、公募基金的基金(FOMF,fund of mutual funds)、私募股权投资基金的基金(PEFOF,private equity fund of funds)和信托投资基金的基金(FOITF,fund of investment trust funds)。

FOF 最早出现在上世纪 70 年代,一开始投资于一系列私募股权基金,而后公募 FOF 在 20 世纪 80 年代产生。美国 FOF 的行业集中度很高,先发优势明显,截止到 2014 年底,美国市场共有 1337 只 FOF,规模为 1.7 万亿美元,占到美国公募基金的 10%(不含货币市场基金)。

FOF 与一般基金最大的区别在于它是以"基金"为投资对象的,

除此之外,它还具有资产类别、策略多样化,且灵活性更高等优势。具体区别如下:

(1) 降低门槛:通过购买一篮子基金,可参与门槛较高的优质投资项目;

(2) 精选基金:研究团队凭借其专业素养,可以全方位、多维度地深入挖掘已有的基金,选出其中的精品;

(3) 省时省心:专业顾问量身打造,方便快捷;

(4) 优势配置:可以根据实时的市场行情,进行组合投资的优化;

(5) 分散风险:构建多策略基金投资组合,降低单一策略面临的风险;

与其他基金相比,FOF 的优势为:优选基金、分散风险、降低门槛、优势配置;劣势为:申赎周期较长、实际费用偏高、双重收费。

二、资产配置 FOF 的产品设计

(一) FOF 产品分类

FOF 产品根据不同角度有五种分类方法:

(1) 按投资标的可分为纯 FOF 和非纯 FOF;

(2) 按投资对象的归属可分为内部 FOF、外部 FOF 和混合 FOF;

(3) 按投资对象的类型可分为股票型 FOF、债券型 FOF、货币型 FOF 和混合型 FOF;

(4) 按投资策略可分为主动管理型 FOF、被动管理型 FOF。

内部 FOF 是由大型基金公司发行、标的基金产品丰富且仅投资于基金公司内部基金的一种基金。由于同一家公司同类基金对于市场变化的适应度一般比较相似,因此内部 FOF 鲜见纯粹的股票型 FOF,而以配置型 FOF 为主。内部 FOF 的好处是能够留住存量和开拓客户,一般情况下不收管理费,只收取内部标的基金的管理费,在一定程度上能够解决 FOF 的双重收费问题。而外部 FOF 中股票型 FOF 的占比较高,一般为基金经理选择基金的依据。如果该基金公司自身的产品线不丰富,则可以通过发行外部 FOF 来丰富其产品。

(二) FOF 的产品设计

FOF 产品设计的目的是满足客户的不同需求。因此,精确了解客户需求是进行 FOF 产品设计的第一步。根据客户需求,调整不同风险资产的配置比例,可以设计出丰富多样的 FOF 产品。

常见的 FOF 产品有资产配置型 FOF、固定收益型 FOF、另类投资型 FOF、目标周期 FOF、目标风险 FOF 和智能投顾产品。

(1) 产品 1:资产配置型 FOF

资产配置型 FOF 是依据大类资产配置方法,让资金在高收益(高风险)、低收益(低风险)等多种收益类基金之间作资产配置,而资产配置也是 FOF 最核心的优势,最简单的配置型 FOF 就是在股票型基金和固定收益型基金之间作动态配置。

根据投资目标市场的不同,可将配置型 FOF 分为单一市场 FOF 和跨市场 FOF,而不同市场间此消彼长的"流动性转移"使得跨市场 FOF 成为其中非常重要的一种产品。不同于仅选择基金产品、无须考虑投资市场的单一市场 FOF,跨市场 FOF 能够更加灵活地根据市场状况作出及时且动态的配置调整,以寻求更大范围内的收益最大化,但这也要求投资者对多市场及其之间的关系有着充分且深刻的了解。根据具体投资策略与投资风格的不同,也可将配置型 FOF 分为保守型 FOF、稳健型 FOF 和激进型 FOF。

资产配置型 FOF 的主力主体之一为公募 FOF。中国第一只公募 FOF 成立于 2017 年 10 月 19 日,经过 5 年的发展,截至 2022 年 6 月 30 日,国内全市场已成立公募 FOF 共 306 只(仅保留初始基金)。虽然目前公募 FOF 的规模仅占同期公募非货币基金规模的 1.4%,但其高速发展的势态不容小觑。除此之外,相比私募 FOF,公募 FOF 更适合发行多资产配置型产品——从公募基金的资产配置范围上看,公募基金对基础资产的覆盖面更广、投资品种更丰富、产品分类更清晰;从公募基金的制度优势上看,强流动性与更少的申购赎回限制能够给予动态调仓更大的便利。

具体来说,动态调仓的主要依据是资产配置型 FOF 不同投资资产的收益风险水平,即从"鸡蛋不放在同一个篮子里"的理论出发,根据不同资产本身的风险与收益,以及资产之间的风险与收益的关系来不断调整各类资产的配置比例,从而增加资产配置的多样性,分散投资风险。目前,配置型 FOF 所遵循的资产配置相关的策略有:均值—方差模型、Black Litterman 策略、美林时钟策略、行业轮动策略、桥水风险平价策略、低波动率策略等。

(2) 产品 2:固定收益型 FOF

固定收益型 FOF 是一种以风险更小的债券类基金作为底仓,并适当配置少量高波动的基金类资产的产品,如偏股型基金、商品型基金等。这类 FOF 根据投资对象的不同可分为免税型固收 FOF 和收益型固收 FOF。具体来说,免税型 FOF 主要投资于以国债等免税债券为标的的基金,其目的更偏向以税收减免来增加收益;而收益型 FOF 则主动追求高收益,动态投资于以中长期债券、高息债券等资产为标的的基金。

(3) 产品 3:另类投资型 FOF

另类投资资产是指区别于传统股票、债券和现金的其他金融或实物资产,如房地产、私募基金、证券化资产、大宗商品乃至艺术品等。顾名思义,另类投资型 FOF 就是以另类投资型基金为投资标的的产品。因另类投资资产的种类丰富,另类投资型 FOF 的投资范围也较广,可根据投资策略或投资标的来划分种类,如私募基金 FOF、商品基金 FOF 等。它们的目标具有"桥梁性",通过这些产品让分散的小额非专业投资资金进入高门槛、高专业要求的投资品市场。

(4) 产品 4:目标周期 FOF

如何赚钱和花钱，是人生不同阶段的不同任务。对于本次研究的人生阶段而言，需要花费大额金钱的项目都有比较确定的时间，比如教育、养老等，且项目所需要的"钱"都需要时间积累获得，而投资是积累金钱的重要途径之一。

目标周期FOF以资产配置方法为基础，将FOF大幅推入教育市场和养老基金市场。

具体来说，这类基金的核心以确定人生不同阶段及其开销需求为基础，并随着目标时间点的远近，调整不同风险资产的配置比例。因此，其核心并不在于投资对象的选择，而在于对投资对象的"配置"，并且均具有明确的时间期限。常见的目标周期FOF包括生命周期FOF、教育周期FOF等，而这两类FOF分别以退休时间和大学教育时间为期限。由于上述特性也正是FOF的优势所在，因此目标周期基金市场的主流都走向了目标周期FOF，据统计，美国市场上的目标周期基金大约有90%以上都是以FOF形式运作的。

其中，生命周期FOF是根据人在不同阶段的风险承受能力不同而设计的一种FOF，一般以投资者的退休时间为期限。根据距离个人退休日期的时间远近程度，可将生命周期分为早期（远离退休日期的时间）和晚期（接近退休日期的时间），生命周期FOF则在早期更多地配置股票等激进类资产，而在晚期更多地配置债券等保守型资产。在投资的存续时间线内通过调整高风险和低风险资产的配置比例来调整产品的整体风险。Vanguard Target Retirement 2025 Fund就是先锋基金公司发行的生命周期基金的代表产品，以委托者的40岁作为划分早晚期的界限，在40岁之前的早期阶段将委托者约90%的金融资产投资于高风险的股票型资产，而在40岁之后的晚期阶段高风险资产的配置比例逐年下降。

生命周期FOF根据投资者的生命周期进行投资，是天然的养老产品。在我国改革开放之后，在真正意义上有着庞大的可支配投资资产的一代人如今也开始面临养老问题，而巨大的养老压力也为生命周期FOF的发展提供了所需的外部环境,即越来越多的投资者开始关注职业生涯结束后的理财需求。根据目标日期的不同,生命周期FOF的产品线可分为"To"系列(基金存续期截止于投资者退休当年)和"Through"系列(基金存续期截止于投资者退休后的年份)。具体来说,"To"系列的产品以最大化投资者在退休时点的总收益为目标,在接近退休时点时大幅下调权益类资产的配置比例,以减小收益波动的幅度,最终在并入收入型基金后保持权益类资产的配比不变。相较之下,"Through"系列产品的存续期一般截止到投资者退休后的10年到20年之间,退休时点并非基金存续期的终止日期,因此其在临近退休时点的资产配比会比"To"系列产品更加激进,但在靠近最终目标日期时,权益类资产的配比依旧会下调。通过比较上述两个系列的产品可发现,"Through"系列的目标日期确立似乎更为合理,原因是其考虑到了年轻一代养老"储蓄性"投资需求背后的"消费性"投资需求,即投资者退休后真正的消费水平是远超单纯的养老需求的,这类产品抓住了未来退休者的消费需求,因而拥有更符合时代特征的投资理念。

教育周期FOF是旨在为关注子女教育的家庭提供理财服务的新型资产管理模式。类似于生命周期FOF,以小孩上大学日期如18岁为目标日期,调整不同风险资产的权重。当小孩很小时,权益类资产比重较高,当小孩逐渐靠近18岁时,大幅度降低权益类资产比重,加大固定收益类资产比重。中国家庭特别注重小孩教育,符合中国国情。

(5)产品5:目标风险FOF

目标风险FOF也叫做生活方式FOF,它比上述生命周期FOF的存续时间更长。顾名思义,不同于分散风险的资产配置类FOF,这类FOF以追求特定的风险与收益为目标,并通过引入多类型资产的方式,达到利用资产间相关性将组合风险调整和维持在一定水平的目标。目标风险FOF在其产品成立之初,会根据其投资者风险偏好的不同制定相对应的目标风险,这一目标风险即为该FOF的投资组合风险的最大值。根据目标风险水平的不同,通常可将这类FOF划分为稳健型、平衡型、进取型等。

虽然投资目标不同,但目标风险FOF的投资标的与资产配置FOF具有很大的相似性,包括常见的股票、固定收益、现金,以及外汇、贵金属、商品、金融衍生品等。其中,金融衍生品多以满足风险管理的需要被纳入投资组合。除此之外,股票、债券等资产还需从全球资产配置的角度将不同发展程度的市场作为考量,如发达国家市场、新兴市场等。

美国目标风险FOF的发展趋势与公募基金发展趋势同步。2008年的次贷危机让美国的投资者深刻意识到了风险管理的重要性,这使"评估个人风险偏好与风险承受能力"的意识与目标风险FOF的设计初衷不谋而合。在此次危机后,目标风险FOF的发展迎来了新的拐点,并受到了养老金计划类投资者的青睐,2015年这类投资者在目标风险FOF中的投资占比高达44%。

从境外市场的发展来看,投资目标风险FOF是一种定位精准的一站式资产配置产品,为投资者提供多样化且有特点的产品选择。但是,通过对中国和境外基金市场进行对比和分析,发现目标风险FOF应用于中国可能会存在某些问题。

第一,中国的投资者缺乏风险认知与风险管理意识。从上述美国目标风险FOF的投资者构成比例数据可知,超过50%的投资者投资于非养老账户。这说明个人客户是目标风险FOF的主要力量,因此,个人投资者对于风险的认识水平对投资组合的定位非常重要。当前,中国个人投资者经常会出现其对收益的要求与对风险的要求不匹配的情况,这就要求其提高对投资风险的感知度以及对于风险收益的认知水平。尤其是在现在国家经济飞速发展但资本市场仍处于发展初期的阶段,个人投资者对于收益的认知远远大于其对于风险的认知。随着股票市场和债券市场波动加剧,投资者对于风险和收益的认知逐步深入,目标风险FOF的发展将变得越来越重要。

第二,子基金种类不平衡。美国目标风险 FOF 产品的子基金类别清晰、数量庞大、种类繁多,从而为 FOF 组合的构建提供了丰富的投资标的。而中国的公募基金虽表现出快速的发展趋势,如基金数量不断增多与基础资产覆盖范围不断扩大,但其分类框架相比之下依然有待提高,商品基金等另类投资资产、债券资产等被动型基金仍有待进一步发展。

第三,底层基金换仓频繁、风格不延续。目标风险 FOF 的投资组合构建对底层基金的风格稳定性具有较高的要求,只有在这种前提下目标风险 FOF 才可保持整体资产比例与风险水平的稳定。中国作为新兴资本市场国家,A 股的高波动性导致国内公募基金具有偏高的换手率,产品的后续投资往往会偏离最初的名称与风格设计,而这种现象在中国的公募基金产品中普遍存在。

第四,A 股波动大,权益类基金的波动率较高。鉴于 A 股市场的现实原因,如果只考虑目标风险 FOF 波动率的实现,即使 FOF 经理定期调整其投资组合,仍然可能会出现风险收益比较低的情况。

因此,建议在国内公募 FOF 中运用目标风险策略时注意三方面的影响因素。首先,国内目标风险策略的区分标准可能会集中在波动率和最大回撤,即通过波动率和最大回撤双重定位目标风险策略。其次,结合目前债券市场、股票市场的预期收益和波动率,在国内比较适合推出的目标风险类策略主要是保守类、稳健类和平衡类,其对应的波动率大约是 $5\%—7\%$、$7\%—10\%$、$10\%—15\%$。

(6)产品 6:智能投顾产品

智能投顾是一种将客户的投资委托于 AI 的理财产品。具体来说,根据投资者的预期收益水平、风险偏好与风险承受能力,智能投顾产品可利用大数据分析技术、量化金融模型、智能化算法,结合各类投资组合模型设计出可供用户参考的投资建议。除此之外,智能投顾也可实现对市场动态的实时监测,以及资产配置的调整与平衡,最终使投资者实现以人工智能为基础的、流程自动化的动态财富管理目标。

三、资产配置 FOF 的投资体系

(一) FOF 的收益来源

要分析 FOF 的收益与风险,首先要知道 FOF 的收益来源。FOF 的收益来源有三类,最主要的来源是资产配置,第二大来源是类别资产配置,第三才是具体品种的收益。

第一,资产配置。在投资决策中,资产配置的选择远远比对具体投资品种的选择更为重要。其中 FOF 中的大类资产配置中的"大类资产"即对应了投资于某一具体大类资产的基金。例如,投资股市的股票基金、投资债市的债券基金、投资商品的期货基金、投资房地产的不动产投资信托基金(REITs)等等。对于大类资产的配置则是由 FOF 经理负责,而具体如何投资其中的某一只股票、某一只债券等问题,FOF 经理并不负责,这些具体的投资行为由 FOF 所买的基金的基金经理负责。上述"两两分工,各司其职"的专业化职能设计能确保两类经理最大化地发挥专长,以避免因过度关注宏观或微观策略而造成投资失误的情况出现。

第二,类别资产配置。同一类别的资产具有相似属性,此处所谓的类别资产介于上述大类资产(股票、债券、现金、另类投资等)与具体资产品种之间,如股票中的蓝筹股、白马股,债券中的利率债、信用债等均属于类别资产。而在 FOF 里,类别资产则聚焦于某大类基金下的细类基金,这种细类往往根据资产的某一特点进行划分,如股票基金下的蓝筹股基金、成长型基金等。现有的学术研究结果表明,不同类别资产的基金绩效的长期趋势是不断分化,而同类则会出现绩效趋同的现象,这种现象又被称为基金绩效的收敛与分层。因此,类别基金的配置成为 FOF 的第二大收益来源。

第三,具体品种的收益。根据基金绩效的收敛与分层现象,理论上选择某一细类下的任何基金都可在长期获得相近的收益,但现实中存在其他干扰因素。一是基金风格类别的不延续,即基金从投资初始风格 A 向投资后的风格 B"漂移",这种风格漂移的情况将破坏细类资产配置的既定目标;二是会有例外的出现,一般来说,长期趋势下同类基金绩效趋同,但并非每一只基金的收益均能毫无意外地靠近均值,必会存在极少数收益始终高于同类基金的"长青基金",同样也会存在收益始终低于同类基金的高风险产品。

(二) 资产配置 FOF 的投资策略

1. 构建投资组合

FOF 投资组合的构建,大致分为两步,即构建基金池和筛选基金。

构建 FOF 基金池是投资组合构建的首要环节。FOF 管理人根据其对市场与政策环境的趋势预测来确定大类与细类资产,在这个基础上进一步确定具体的投资基金,从而完成基金池的构建。具体来说,基金池的优劣很大程度上会影响投资组合的超额收益与风险抵御能力,优质的基金池能为 FOF 带来稳定可观的绩效。因此,基金池的构建是每一位 FOF 管理人首要且重要的任务。

基金池类别确定后进入第二步,筛选基金。实际上,每家 FOF 母基金都会有自己的筛选流程。每一位管理人都会根据自身的专业能力、FOF 的风格种类、风险收益的目标、投资策略等形成自己的基金池,因此,不同风格与种类的 FOF,其选择基金的标准是不同的,由此挑选出来的基金池也不尽相同。除此之外,管理人还需要对基金池做持续的跟踪与评估,具体到池内基金公司与基金经理的调研与访谈,再根据实际调研结果定期维护与替换池内的基金。大类资产和类别资产确定之后,用计量经济学回归模型,对每个基金产品的基金经理绩效进行持续性检验或者持股分析,确定业界持续能力排名靠前的基金产品纳入基金池。进行行业配置时可基于 BL 模型、风险平价模型、股票风格轮动模型等。

2. 常用投资策略

每种策略都有其特有的风险收益特征。

(1) 逆向投资策略

策略原理为:"羊群效应"揭示了多数投资者追涨杀跌的盲目投资现象,相反,利用过去一段时间内投资者对市场反应过度的特点,我们可以通过"买低卖高"(即买入前期表现较差的资产,并卖出前期表现较好的资产)的策略进行套利,即在资产配置中,调整前期绩效表现较好和较差的资产占比。实证研究表明,从短期来看,基金绩效持续性不高,但中长期来看,基金持续性尚可。

(2) 定性资产配置策略

美林时钟将经济周期分为复苏、过热、滞胀、萧条这四个阶段,而在这样的经济阶段轮动过程中,经济周期的循环、经济增长的速度、财政政策与货币政策等宏观因素会给予不同阶段的不同行业或资产截然不同的投资机遇。因此,顺应经济周期的轮动,找到对应周期下行业轮动的规律,便可以挖掘未来具有发展空间的行业与资产,在对应的投资机遇之上制定投资策略,从而获取投资收益。

以耶鲁大学捐赠基金策略为例。大卫·史文森先生从雷曼兄弟离职,负责管理其母校耶鲁大学约20亿美元的耶鲁捐赠基金。耶鲁模式最为重要的三个特征如下:其一,高度分散化;其二,偏好股权类具有高收益潜力的资产类别;其三,偏好非传统、低流动性的私有资产,并进行主动管理。

(3) 定量资产配置策略

马科维茨均值—方差模型中的"均值"是指可视为期望收益率的各类资产的历史收益均值,"方差"即为投资风险。该模型展现了两类投资逻辑:一是在特定的风险水平下最大化投资组合的收益;二是在特定的收益水平下最小化投资组合的风险。

Black-Litterman策略将专业的主观判断融入均值—方差模型中。专业的主观判断则可分为两类:一是给予某类资产/资产组合确定的预期收益,如主观判断未来一年内 A 股行情将整体上涨 10%,或股票与债券的仓位保持 1∶1 的情况下可在一年内获得 5% 的收益等;二是判断不同类型资产间的相对关系,如未来一年内大宗商品指数将跑赢沪深 300 指数等。这一策略同时发挥了定性与定量的作用,使得资产组合的构建更稳健。

(4) 桥水风险平价(risk parity)策略

风险平价是指对投资组合中的不同资产分配相同的风险权重,而桥水风险平价则以组合中各类资产的风险贡献度为基础,来优化投资组合的风险结构。这种策略可以防止投资组合仅暴露在单一资产类别的风险敞口中,不同风险间的互相对冲可以让投资者达到风险平衡基础上的投资收益最大化。

四、中国私募基金资产配置 FOF 的发展机遇和挑战

境外私募基金和资产配置 FOF 已经历了半个多世纪的风雨,市场成熟度高,目前基本进入平稳发展的阶段,而中国私募基金刚刚起步。2010 年 4 月 16 日,中国金融期货交易所首次推出沪深 300 股指期货,使私募基金成为了可能。2014 年到 2017 年,中国私募基金(对应于中国私募证券投资基金或阳光私募基金)实现井喷式增长,迅速成长为投资界的明星,国内私募基金的迅速增长也带动了资产配置 FOF 的发展。

目前,中国的资产配置 FOF 发展还处于萌芽阶段,其基金规模在整个基金行业中所占比例较小,按管理人的性质主要分为私募资产配置 FOF 与公募资产配置 FOF;根据投资标的不同,私募资产配置 FOF 可大致分为私募股权资产配置 FOF 和私募证券资产配置 FOF。在 2014 年之前,私募机构是不能发行监管部门所认可的私募产品的,因此处于监管的灰色地带。他们只能通过信托机构来发行阳光私募基金,因此大部分采用的是 TOT(trust of trust)的形式。2014 年之

后,监管部门承认了私募基金的合法地位,并且《私募投资基金监管管理暂行办法》明确规定了私募基金的投资范围。私募基金的政策支持是资产配置 FOF 发展的一大利好,使得私募证券资产配置 FOF 成为私募资产配置 FOF 中的主流,借助 2015 年上半年的一波牛市行情数量倍增。相比之下,公募资产配置 FOF 的发展更晚。2017 年中国第一批公募资产配置 FOF 正式发行。2018 年 9 月,私募资产配置基金正式出现,标志着私募资产配置 FOF 即将迎来大发展时期。

(一) 中国私募基金资产配置 FOF 的分类

按投资对象的归属,资产配置 FOF 可以分为内部资产配置 FOF、外部资产配置 FOF、混合资产配置 FOF。公募资产配置 FOF 的发行人只能是公募基金公司,所以公募资产配置 FOF 都是内部管理,不存在内部资产配置 FOF 只投资自己的基金的情况,目的是通过资产配置,在不同的市场环境下调整客户的投资组合,或满足客户需求的变动。内部型资产配置 FOF 的好处是能够充分利用已有资源维系现有客户,同时只收取标的基金的管理费,从而可以吸引新的投资者。外部型资产配置 FOF 只投资其他公司的基金。其中,股票型资产配置 FOF 的比例相对较高,目的在于基金的二次筛选。在基金公司本身产品不够丰富但是想要扩增规模时,发行外部资产配置 FOF 不失为一个好的选择。

按投资对象的种类,资产配置 FOF 可以分为股票型资产配置 FOF、债券型资产配置 FOF、货币型资产配置 FOF 和混合型资产配置 FOF。股票型资产配置 FOF 就是主要投资于股票(一般 80% 以上的基金资产)的资产配置 FOF。混合型资产配置 FOF 可以投资于股票型基金、债券型基金、货币市场基金以及其他基金。

按标的基金使用的投资风格,资产配置 FOF 可分为保守型、策略性、分散型和防御型四种。保守型资产配置 FOF 以维持稳定收益为目标,主要投资于一些使用保守策略的基金,例如,市场中性和各种套利手段。策略型资产配置 FOF 追求相对较高的回报,投资于投机成分更大的基金。分散型资产配置 FOF 主要侧重于风险的分散,倾向于被动管理,因此绩效表现可能和私募基金指数资产配置 FOF 高度相关。防御型资产配置 FOF 主要适用于牛市,通过选择与市场表现的相关系数为负的基金,从而在市场下跌时获取正收益。

(二) 中国私募基金资产配置 FOF 发展前景

私募基金资产配置 FOF 结合了私募基金和资产配置 FOF 的优势,具备私募基金灵活的投资方式,也可以如普通资产配置 FOF 产品一般,降低个人投资者实现大类资产配置的门槛,同时平滑风险和收益,具有广阔的发展空间,更好地实现避险功能。

私募基金资产配置 FOF 管理人一般都是单独设立,与投资对象的管理人不会有利益冲突,所以投资时受到的限制较小,不会有同业竞争之嫌,更多的是一种客户和经理之间的关系。资产配置 FOF 管理人可以充分对拟投资对象进行尽职调查,甚至和投资对象成为战略合作伙伴。

私募基金资产配置 FOF 可以更好地进行资产配置。对于公募资产配置 FOF 禁止投资的一些标的,私募基金资产配置 FOF 却可以投资,如成立时间不足 1 年的标的基金、资产规模小于 1 亿元的标的基金、复杂的和具有衍生品性质的标的基金。私募基金本身就可以灵活运用多种投资技巧和金融工具,采取不同风险收益特征的投资策略,为资产配置 FOF 提供了丰富的标的。同时,丰富的投资选择给了私募基金资产配置 FOF 天然的优势。

从国际经验来看,欧美等发达国家投资的大部分资金都是由专业机构通过资产配置 FOF 的形式实现配置,资产配置 FOF 是市场成熟的一个标志。大力发展私募基金资产配置 FOF 一方面可以形成资产管理行业多层级的架构体系,引导资本市场投资理念走向成熟;另一方面也有助于满足个人投资者大类资产配置的现实需求或其他个性化需求,而个人投资者在选择资产配置 FOF 时可基于基金经理特征和基金公司治理结构的视角加以辅助决策。

随着中国居民生活水平的提高,国民财富不断积累,国内高净值人群迅猛增长,也体现出大类资产配置的重要性,不能停留在固定收益和房地产,应该分散化投资,合理配置资产;而由于私募基金与资产配置 FOF 管理资产的能力更加灵活多样,因此会承担起更多的增加居民收入和管理资产风险的重任。

(三) 中国私募基金资产配置 FOF 的特点与建议

(1) 中国私募基金经理的特征

本书基于私募基金经理的相关个人特征(学历、专业、研究员履历、行业经历、境外经历等),研究了其与基金产品绩效的关系。实证结果表明:拥有本科名校背景、研究员履历、相关行业工作经历、境外经历的基金经理,其管理的基金产品绩效较好;拥有高学历的基金经理,其管理的基金产品绩效反而较差;经管专业背景的基金经理管理的基金产品风险较高,而理工科背景的基金经理管理的基金产品风险较低。另外,结合中国"关系型社会"的特点,基于私募基金经理的社会网络特征,研究私募基金经理的社会网络特征对基金产品绩效的影响。研究发现:中国私募基金经理校友关系网络中心度越高,其管理的基金产品绩效反而越差;私募基金经理在同事关系网络中的位置越重要,其管理的基金产品绩效越差。进一步的研究也表明,私募基金经理在社会网络中的位置越重要,则其管理的基金绩效与其他私募基金产品的绩效关联度越高。故建议在选择私募基金产品的过程中,对基金经理做全方位的了解,包括其学历、专业、过往经历等,并且对其之前在求学过程中和就业过程中的社会关系做一定的了解,以便更好地判断其私募基金产品的管理能力。

(2) 中国私募基金持股的上市公司特征

本研究基于私募基金的外部治理效应做了一定的探索,例如,发现私募基金持股网络可以增加信息含量,但也会增加联动效应,尤其对于科创板上市公司而言,私募基金持股可以更好地促进企业创新,特别需要关注私募基金长期主义、委托代理问题、信息透明度、股权结构多元化、企业所有权性质与政府外部补助这六种机制的影响。因此,上市公司视角也可以作为私募基金资产配置的观察维度。

基于私募基金的研究还远远没有结束,未来将会有更多的研究结论,也会给广大投资者提供更多更完善的资产配置的相关建议。

参 考 文 献

[1] 艾洪德,刘聪.基金经理个人特征与基金投资风格[J].财贸经济,2008,(12).

[2] 常青青.跨国并购对中国企业研发能力的影响研究——基于 PSM 和 DID 方法的实证检验[J].技术经济与管理研究,2021,(7).

[3] 程昆,刘仁和,刘英.风险投资对我国技术创新的作用研究[J].经济问题探索,2006,(10).

[4] 陈道轮,陈强,陈工孟.阳光私募:消亡现象与幸存者偏误[J].上海管理科学,2013,35(5).

[5] 陈道轮,陈欣,陈工孟,张晓燕.阳光私募基金经理具有卓越的投资能力吗?[J].财经研究,2013,39(12).

[6] 陈昊阳.政府补助对高新技术企业 R&D 投入的影响研究[J].现代商业,2021,(4).

[7] 陈新春,刘阳,罗荣华.机构投资者信息共享会引来黑天鹅吗?——基金信息网络与极端市场风险[J].金融研究,2017,(7).

[8] 陈运森,谢德仁.网络位置、独立董事治理与投资效率[J].管理世界,2011,214(7).

[9] 褚剑,方军雄.中国式融资融券制度安排与股价崩盘风险的恶化[J].经济研究,2016,51(5).

[10] 杜金岷,任玎.新三板企业股票流动性是否抑制了技术创新?——基于委托代理问题和经济政策不确定性的实证与解读[J].暨南学报(哲学社会科学版),2019,41(6).

[11] 冯根福,温军.中国上市公司治理与企业技术创新关系的实证分析[J].中国工业经济,2008,(7).

[12] 高宏霞,王倩倩.风险投资对科创板上市企业技术创新产出的效应研究

[J].工业技术经济,2021,40(11).

[13] 耿迅.机构投资者对科创板企业研发投入的影响研究[D].哈尔滨工业大学,2020.

[14] 顾海峰,卞雨晨.内部控制、董事联结与企业创新——基于中国创业板上市公司的证据[J].管理学刊,2020,33(6).

[15] 郭白滢,李瑾.机构投资者信息共享与股价同步性——基于社会网络的分析[J].金融经济学研究,2018,33(4).

[16] 郭澄澄,张春."科创板"制度创新问题探讨[J].理论探索,2021,(6).

[17] 郭晓冬,柯艳蓉,吴晓晖.坏消息的掩盖与揭露:机构投资者网络中心性与股价崩盘风险[J].经济管理,2018,40(4).

[18] 郭玥.政府创新补助的信号传递机制与企业创新[J].中国工业经济,2018,(9).

[19] 韩松,习媛杰.风险视角下企业治理结构和研发创新——基于委托代理模型的研究[J].经济理论与经济管理,2021,41(4).

[20] 何杰.证券投资基金治理结构特征与绩效关系的经验研究[J],管理评论,2005,(8).

[21] 洪敏,张涛,王广凯.异质机构投资者与企业技术创新——基于不同期限机构投资者的实证检验[J].中国科技论坛,2018,(5).

[22] 胡楠,薛付婧,王昊楠.管理者短视主义影响企业长期投资吗?——基于文本分析和机器学习[J].管理世界,2021,37(5).

[23] 蒋艳辉,唐家财,姚靠华.机构投资者异质性与上市公司R&D投入——来自A股市场高新技术企业的经验研究[J].经济经纬,2014,31(4).

[24] 李朝芳.科创板公司股权激励之多元业绩考核创新研究——基于科创板公司特征的视角[J].当代经济管理,2020,42(8).

[25] 李春涛,宋敏.中国制造业企业的创新活动:所有制和CEO激励的作用[J].经济研究,2010,45(5).

[26] 李锋森.我国融资融券助涨助跌了吗?——基于波动非对称性视角[J].金融研究,2017,440(2).

[27] 李涛,陈晴.异质机构投资者、企业性质与科技创新[J].工业技术经济,2020,39(3).

[28] 李薇.科创板上市的科技型企业创新绩效评价研究[D].东北石油大学,2020.

[29] 李维安,齐鲁骏.公司治理中的社会网络研究——基于科学计量学的中外文献比较[J].外国经济与管理,2017,(1).

[30] 李文贵,余明桂.民营化企业的股权结构与企业创新[J].管理世界,2015,(4).

[31] 黎文靖,郑曼妮.实质性创新还是策略性创新?——宏观产业政策对微观企业创新的影响[J].经济研究,2016,51(4).

[32] 李学峰,张舰.基金公司治理结构是否影响基金绩效[J].证券市场导报,2008,(2).

[33] 李友俊,李薇,巩艳芬.科创板企业创新绩效评价研究[J].重庆科技学院学报(社会科学版),2020,(6).

[34] 李云健,张振刚,李莉,沈鹤.管理者认知、开放式创新与企业成长——两职合一的调节作用[J].科技进步与对策,2021,38(8).

[35] 李志广,李姚矿.城市创新创业环境有助于企业创新效率提升吗——来自科创板上市公司的经验证据[J].科技进步与对策,2022,(4).

[36] 李志生,陈晨,林秉旋.卖空机制提高了中国股票市场的定价效率吗?——基于自然实验的证据[J].经济研究,2015,50(4).

[37] 李左峰,张铭慎.政府科技项目投入对企业创新绩效的影响研究——来自我国95家创新型企业的证据[J].中国软科学,2012,(12).

[38] 刘虹,肖美凤,唐清泉.R&D补贴对企业R&D支出的激励与挤出效应——基于中国上市公司数据的实证分析[J].经济管理,2012,34(4).

[39] 刘良灿,宁鑫,吕潮林.CEO开放性促进了企业创新吗?——基于创业板上市公司的实证研究[J].经济与管理评论,2018,34(2).

[40] 龙书玉.注册制改革对企业创新的影响研究[D].商务部国际贸易经济合作研究院,2021.

[41] 聂辉华,谭松涛,王宇锋.创新、企业规模和市场竞争:基于中国企业层面的面板数据分析[J].世界经济,2008,(7).

[42] 庞坤.民营中小企业科技创新的难点及策略[J].辽宁省社会主义学院学报,2012,(1).

[43] 邵丹,李健,潘镇.市场估值会影响企业技术创新吗?——基于管理者短视视角的研究[J].科学决策,2017,(4).

[44] 申宇,赵静梅,何欣.校友关系网络、基金投资绩效与"小圈子"效应[J].经济学,2015,(4).

[45]史永东,王谨乐.中国机构投资者真的稳定市场了吗?[J].经济研究,2014,49(12).

[46]宋力,韩亮亮.大股东持股比例对代理成本影响的实证分析[J].南开管理评论,2005,(1).

[47]唐清泉,巫岑.银行业结构与企业创新活动的融资约束[J].金融研究,2015,(7).

[48]聂辉华,谭松涛,王宇锋.创新、企业规模和市场竞争:基于中国企业层面的面板数据分析[J].世界经济,2008,(7).

[49]史永东,王谨乐.中国机构投资者真的稳定市场了吗?[J].经济研究,2014,49(12).

[50]田轩,黄兆君.天使还是魔鬼?——对冲基金积极主义重塑企业创新布局[J].清华金融评论,2019,(2).

[51]万良勇,郑小玲.董事网络的结构洞特征与公司并购[J].会计研究,2014,319(5).

[52]王俊.政府R&D资助与企业R&D投入的产出效率比较[J].数量经济技术经济研究,2011,28(6).

[53]王玉泽,罗能生,刘文彬.什么样的杠杆率有利于企业创新[J].中国工业经济,2019,(3).

[54]韦施威,杜金岷,吴文洋.机构投资者如何影响企业创新——兼论机构投资者与企业异质性[J].科技进步与对策,2022,39(1).

[55]魏瑶.科创板对企业创新能力的影响研究[D].广东外语外贸大学,2021.

[56]温军,冯根福.异质机构、企业性质与自主创新[J].经济研究,2012,47(3).

[57]伍光明.科创板上市对企业创新能力的提升探究[J].会计之友,2020,(19).

[58]肖瑞.科创板公司资本结构对其创新能力的影响研究[D].安徽大学,2021.

[59]肖欣荣,刘健,赵海健.机构投资者行为的传染——基于投资者网络视角[J].管理世界,2012,(12).

[60]肖欣荣,田存志.私募基金的管理规模与最优激励契约[J].经济研究,2011,46(3).

[61]谢军.第一大股东持股和公司价值:激励效应和防御效应[J].南开管理评论,2007,(1).

[62]熊波,陈柳.非对称信息对高新技术企业融资的影响[J].中国管理科学,

2007,(3).

[63] 许长新,杨李华.异质性视角下机构投资者影响企业创新的路径[J].金融经济学研究,2018,33(6).

[64] 严武,熊航.阳光私募基金比公募基金更有利于基金经理投资能力的发挥吗[J].当代财经,2015,(7).

[65] 严武,徐伟,王静.中国股市周期的划分与实证分析:1991—2004[J].当代财经,2006,(10).

[66] 颜莉,王珊,刘迅.股权激励、研发投入与企业创新——基于科创板企业的经验数据[J].湖北经济学院学报,2021,19(4).

[67] 杨建君,盛锁.股权结构对企业技术创新投入影响的实证研究[J].科学学研究,2007,(4).

[68] 杨青,吉赟.被动机构投资者损害了公司绩效吗?——基于指数断点的证据[J].世界经济文汇,2019,(4).

[69] 姚瑶,左斌.国外基金公司治理研究综述[J].财会月刊,2009,(30).

[70] 姚子杨.中国对冲基金持股对企业创新的影响研究[D].上海外国语大学,2021.

[71] 余明桂,范蕊,钟慧洁.中国产业政策与企业技术创新[J].中国工业经济,2016,(12).

[72] 俞震,冯巧根,朱晓怀.机构投资者持仓与公司盈余管理手段选择[J].南京社会科学,2010,(3).

[73] 袁齐,洪正.所有权结构、信息不对称与技术创新——基于一项自然实验的研究[J].当代经济科学,2018,40(4).

[74] 张治河,许珂,李鹏.创新投入的延迟效应与创新风险成因分析[J].科研管理,2015,36(5).

[75] 赵骄,闫光华.公募基金与阳光私募基金经理的投资能力实证分析[J].科技创业月刊,2011,24(17).

[76] 赵绍平.科创板上市公司资本结构对创新投入的影响研究[D].上海外国语大学,2021.

[77] 赵羲,李路,陈彬.中国私募基金行业发展现状分析——基于全球对比的视角[J].证券市场导报,2018,(12).

[78] 赵绍平.科创板上市公司资本结构对创新投入的影响研究[D].上海外国语大学,2021.

[79] 郑春美,李佩. 政府补助与税收优惠对企业创新绩效的影响——基于创业板高新技术企业的实证研究[J]. 科技进步与对策,2015,32(16).

[80] 周文怡. 研发投入对企业绩效的影响研究[D]. 浙江大学,2021.

[81] 周煊,程立茹,王皓. 技术创新水平越高企业财务绩效越好吗?——基于16年中国制药上市公司专利申请数据的实证研究[J]. 金融研究,2012,(8).

[82] 朱德胜,周晓珮. 股权制衡、高管持股与企业创新效率[J]. 南开管理评论,2016,19(3).

[83] 朱平芳,徐伟民. 上海市大中型工业行业专利产出滞后机制研究[J]. 数量经济技术经济研究,2005,(9).

[84] 朱雯君. 证券投资基金机会主义行为研究[D]. 中南财经政法大学,2017.

[85] 邹剑. 阳光私募基金运行及投资策略研究[D]. 西南交通大学,2011.

[86] 邹俊."中国制造2025"战略下推进国有企业转型升级的难点及对策[J]. 经济纵横,2015,(11).

[87] Ackermann C, Mcenally R, Ravenscraft D. The Performance of Hedge Funds: Risk, Return, and Incentives[J]. Journal of Finance, 1999, 54(3).

[88] Adams J, Mansi S, Nishikawa T. Internal Governance Mechanisms and Operational Performance: Evidence from Index Mutual Funds[J]. The Review of Financial Studies,2010,(3).

[89] Adrian T. Measuring Risk in the Hedge Fund Sector[J]. Current Issues in Economics and Finance, 2007, 13(3).

[90] Agarwal R, Erel I, Ferreira M, Matos P. Does Governance Travel around the World? Evidence from Institutional Investors[J]. Journal of Financial Economics, 2011a,100(1).

[91] Agarwal V, Daniel N D, Naik N Y. Do Hedge Funds Manage Their Reported Returns[J]. Review of Financial Studies, 2011b, 24.

[92] Agarwal V, Ma L, Mullally K. Managerial Multitasking in the Mutual Fund Industry. Available at SSRN: https://ssrn.com/abstract=1910367 or http://dx.doi.org/10.2139/ssrn.1910367, 2018.

[93] Agarwal V, Daniel N D, Naik N Y. Role of Managerial Incentives and Discretion in Hedge Fund Performance. Journal of Finance, 2009, 64(3).

[94] Agarwal V, Meneghetti C. The Role of Hedge Funds as Primary Lenders. Review of Derivatives Research, 2011, 14(2).

[95] Agarwal V, Yan Lu, and Sugata Ray. What Happens When Your Money Manager Gives Money Away? An Analysis of Hedge Fund Managers' Charitable Donations [J]. Working Paper, Georgia State University and University of Florida, 2014.

[96] Aggarwal R K, and Jorion P. The Performance of Emerging Hedge Funds and Managers[J]. Journal of Financial Economics, 2010, 96.

[97] Aghion P, Reenen V, et al. Innovation and Institutional Ownership[J]. American Economic Review, 2013,103(1).

[98] Allen F, Qian J, Qian M J. Law, Finance, and Economic Growth in China [J]. Journal of Financial Economics, 2005, 77(1).

[99] Almazan A,Hartzell J C,Starks L T. Active Institutional Shareholders and Costs of Monitoring: Evidence from Executive Compensation[J]. Financial Management,2005,34.

[100] Antón M, Polk C. Connected Stocks[J]. Journal of Finance, 2014, 69(3).

[101] Aslan H, Kumar P. The Product Market Effects of Hedge Fund Activism [J]. Journal of Financial Economics,2016,119(1).

[102] Bali T G, Brown S J, and Demirtas K O. Do Hedge Funds Outperform Stocks and Bonds? [J]. Management Science,2013, (59).

[103] Ball R, Robin A, Wu J S. Incentives versus Standards: Properties of Accounting Income in Four East Asian Countries[J]. Journal of Accounting and Economics, 2004, 36(1-3).

[104] Barberis N, Shleifer A, Wurgler J. Comovement[J]. Journal of Financial Economics, 2005, 75.

[105] Becht M, Franks J, Grant J, Wagner H F. Returns to Hedge Fund Activism: An International Study[J]. The Review of Financial Studies, 2017,30(9).

[106] Becht M, Franks J, Mayer C, and Rossi S, Returns to Shareholder Activism: Evidence from a Clinical Study of the Hermes UK Focus Fund[J]. Review of Financial Studies, 2009, 22(8).

[107] Benfratello L, Schiantarelli F, Sembenelli A. Banks and Innovation: Micro-econometric Evidence on Italian Firms [J]. Journal of Financial Economics, 2008, 90(2).

[108] Berk J B, and Green R C. Mutual Fund Flows and Performance in Rational Markets[J]. Journal of Political Economy, 2004, 112(6).

[109] Black F, Üreten N. Noise[J]. Journal of Finance, 1986, 41(115).

[110] Borochin P, Yang J. The Effects of Institutional Investor Objectives on Firm Valuation and Governance[J]. Working Papers, 2016, 71.

[111] Botosan C A. Disclosure Leverageel and the Cost of Equity Capital[J], The Accounting Review, 1997, 72(3).

[112] Boyson N and Robert M. Mooradian, Hedge Funds as Shareholder Activists from 1994-2005[J]. Working Paper, Northeastern University, 2007.

[113] Boyson N M, Stahel C W, and Stulz R M. Hedge Fund Contagion and Liquidity Shocks[J]. Journal of Finance, 2010, 65 (5).

[114] Boyson N, Mooradian R. Corporate Governance and Hedge Fund Activism [J]. Review of Derivatives Research, 2010, 14(2).

[115] Brav A, Jiang W, and Kim H. Recent Advances in Research on Hedge Fund Activism: Value Creation and Identification[J]. Annual Review of Financial Economics, 2015, 7 (1).

[116] Brav A, Jiang W, and Kim H. Hedge Fund Activism: A Review[J]. Foundations and Trends in Finance, 2010, 4 (3).

[117] Brav A, Jiang W, Kim H. Hedge Fund Activism: A Review [J]. Foundations and Trends in Finance, 2009, 4 (3).

[118] Brav A, Jiang W, Kim H. The Real Effects of Hedge Fund Activism: Productivity, Asset Allocation, and Labor Outcomes[J]. Working Papers, 2012, 28.

[119] Brav A, Jiang W, Ma S and Tian X. How Does Hedge Fund Activism Reshape Corporate Innovation? [J]. Journal of Financial Economics, 2018, 130(2).

[120] Brickley J A, Lease R C, Smith C. Ownership Structure and Voting on Antitakeover Amendments[J]. Journal of Financial Economics, 1988, 20.

[121] Brown S J, and Goetzmann W N. Hedge Funds with Style[J]. Journal of Portfolio Management, 2003, 29(2).

[122] Brown S J, Goetzmann W N, Park J M. Hedge Funds and the Asian Currency Crisis[J]. Journal of Portfolio Management, 2000, 26.

[123] Brown S, Goetzmann W, Liang B, Schwarz C. Mandatory Disclosure and Operational Risk: Evidence from Hedge Fund Registration[J]. Journal of Finance,

2008,63(6).

[124] Brown S, Goetzmann W, Schwarz C. Trust and Delegation[J]. Journal of Financial Economics, 2012,103.

[125] Bry G, and Boschan C. Cyclical Analysis of Time Series: Selected Procedures and Computer Programs[M]. Cambridge, MA: National Bureau of Economic Research, 1971.

[126] Burt R S. Structural Holes: The Social Structure of Competition[M]. Cambridge, MA: Harvard University Press, 1992.

[127] Bushee B J. The Influence of Institutional Investors on Myopic R&D Investment Behavior[J]. The Accounting Review,1998,73(3).

[128] Bushman R M, and Smith A J. Transparency, Financial Accounting Information, and Corporate Governance[J]. Economic Policy Review,2003, 9(1).

[129] Butler A W, Gurun U G. Educational Networks, Mutual Fund Voting Patterns, and CEO Compensation[J]. Review of Financial Studies, 2012, 25(8).

[130] Cao C, Chen Y, Liang B, Lo A W. Can Hedge Funds Time Market Liquidity[J]. Journal of Financial Economics, 2013, 109.

[131] Carhart M M. On Persistence in Mutual Fund Performance[J]. Journal of Finance, 1997, 52(1).

[132] Cassar G, Gerakos J. Determinants of Hedge Fund Internal Controls and fees[J]. Accounting Review,2010,85.

[133] Chan L K C, Chen H L, and Lakonishok J. On Mutual Fund Investment Styles[J]. Review of Financial Studies, 2002, 15(5).

[134] Chava S, Oettl A, Subramanian A and Subramanian K. Banking Deregulation and Innovation [J]. Journal of Financial Economics, 2013,109(3).

[135] Chen D L, Chen X, Chen G M, and Zhang X Y. Do "Sunshine" Private Fund Managers Have Superior Investment Skills? [J]. Journal of Finance and Economics, 2013, 12.

[136] Chen Q, Goldstein I, & Jiang W. Directors' Ownership in the US Mutual Fund Industry[J]. Journal of Finance, 2008,63.

[137] Chen X, Harford J, Li K. Monitoring: Which Institutions Matter[J]. Journal of Financial Economics,2007,86.

[138] Cheng C S A, Huang H H, Li Y, and Stanfield J. The Effect of Hedge

Fund Activism on Corporate Tax Avoidance[J]. Accounting Review, 2012, 87 (5).

[139] Cheng C S A, Huang H H, and Li Y. Hedge Fund Intervention and Accounting Conservatism[J]. Contemporary Accounting Research, 2015, 32 (1).

[140] Cheong H, Kim J H, Münkel F, Spilker H. Do Social Networks Facilitate Informed Option Trading? Evidence from Alumni Reunion Networks[J]. Journal of Financial and Quantitative Analysis, 2022, 57(6).

[141] Chevalier J, and Ellison G. Are Some Mutual Fund Managers Better than Others? Cross-sectional Patterns in Behavior and Performance[J]. Journal of Finance, 1999, 54(3).

[142] Chow H S, The Characteristics of Chinese Personal Ties (Guanxi): Evidence from Hong Kong[J]. Organization Studies, 2004, 25(7).

[143] Christopher P. Clifford, Jesse A. Ellis, William C. Gerken. Hedge Fund Boards and the Market for Independent Director[J]. Journal of Financial and Quantitative Analysis. 2018, 53.

[144] Chung J W, and Kang B U. Prime Broker-Level Comovement in Hedge Fund Returns: Information or Contagion? [J]. Review of Financial Studies, 2016, 29(12).

[145] Clifford C P. Value Creation or Destruction? Hedge Funds as Shareholder activists[J]. Journal of Corporate Finance, 2008, 14 (4).

[146] Cohen L, Frazzini A, Malloy C. Sell-Side School Ties[J]. Journal of Finance, 2010, 65(4).

[147] Cohen L, Frazzini A, and Malloy C. The Small World of Investing: Board Connections and Mutual fund Returns[J]. Journal of Political Economy, 2008, 116.

[148] Cohen S G, and Bailey D E. What Makes Team Work: Group Effectiveness Research from the Shop Floor to the Executive Suite[J]. Journal of Management 1997, 23(3).

[149] Coleman J S. Social Capital in the Creation of Human Capital[J]. American Journal of Sociology, 1988, 94.

[150] Coffee J C and Palia D. The Wolf at the Door: The Impact of Hedge Fund Activism on Corporate Governance[J]. Annals of Corporate Governance, 2016, 1(1).

[151] Crawford S, Gray W R, Kern A E. Why Do Fund Managers Identify and Share Profitable Ideas? [J]. Journal of Financial and Quantitative Analysis, 2017, 52(5).

[152] Daniel K, Grinblatt M, Titman S and Wermers R. Measuring Mutual Fund Performance with Characteristics-based Benchmarks[J]. Journal of Finance, 2012, 52(3).

[153] De Figueiredo R, Meyer-Doyle P, and Rawley E. Inherited Agglomeration Effects in Hedge Fund Spawns[J]. Strategic Management Journal, 2013, 34.

[154] Del Guercio D, Dann LY, Partch M M. Governance and Boards of Director in Closed-End Investment Companies[J]. Journal of Financial Economics, 2003, 69.

[155] Desmet K and Rossihansberg E. Innovation in Space[J]. American Economic Review, 2013, 102(3).

[156] DeVault L and Sias R. Hedge Fund Politics and Portfolios[J]. Working Paper, University of Arizona, 2015.

[157] Ding B, Wermers R. Mutual Fund Performance and Governance Structure: The Role of Portfolio Managers and Boards of Directors[J]. Working Paper, University of Maryland, 2005.

[158] Ding R, Hou W X, Kuo J W, Lee E. Fund Ownership and Stock Price Informativeness of Chinese Listed Firms[J]. Journal of Multinational Financial Management, 2013, 23.

[159] Edwards F R, and Caglayan M O. Hedge Fund Performance and Manager Skill[J]. Journal of Futures Markets, 2001, 21(11).

[160] Eling M and Faust R, The Performance of Hedge Funds and Mutual Funds in Emerging Markets[J]. Journal of Banking and Finance, 2010,(34).

[161] El-Khatib R, Fogel K, and Jandik T. CEO Network Centrality and Merger Performance[J]. Journal of Financial Economics, 2015, 116(2).

[162] Evams R B, Fahlenbrach R. Institutional Investors and Mutual Fund Governance: Evidence from Retail-institutional Fund Twins[J]. Reviews of Financial Studies,2012,12.

[163] Fama E F, and MacBeth J D. Risk, Return, and Equilibrium: Empirical Tests[J]. Journal of Political Economy, 1973, 81(3).

[164] Fama E. Agency Problems and the Theory of the Firm[J]. Journal of Political Economy, 1980,88.

[165] Fama F E, and French K R. Common Risk Factors in the Returns on

Stocks and Bonds[J]. Journal of Financial Economics, 1993, 33(1).

[166] Fang Y, and Wang H. Fund Manager Characteristics and Performance[J]. Investment Analysts Journal, 2014, 44(1).

[167] Foroughi P. Hedge Fund Activists' Network and Information Flows[J]. available at SSRN: https://ssrn.com/abstract=2875369, 2018.

[168] Foroughi P. Hedge Fund Activists' Network and Information Flows[M]. Social Science Electronic Publishing, 2017.

[169] Fracassi C, and Tate G. External Networking and Internal Firm Governance[J]. The Journal of Finance, 2012, 67(1).

[170] Fu R, Kraft A G, Tian X, Zhang H, Zuo L. Financial Reporting Frequency and Corporate Innovation [J]. Journal of Law and Economics, 2020, 63(3).

[171] Fung W, and Hsieh D A. Hedge Fund Benchmarks: A Risk-based Approach[J]. Financial Analysts Journal, 2004, 60 (5).

[172] Fung W, Hsieh D A. Empirical Characteristics of Dynamic Trading Strategies: The Case of Hedge Funds[J]. Review of Financial Studies, 1997, 10(2).

[173] Fung W, Hsieh D A. Measuring the Market Impact of Hedge Funds[J]. Journal of Empirical Finance, 2000, 7.

[174] Gerritzen M, Jackwerth J C, Plazzi A. Birds of a Feather: Do Hedge Fund Managers Flock Together[M]. Social Science Electronic Publishing, 2016.

[175] Gillan S L, Starks L T, Stark S. Corporate Governance, Corporate Ownership and the Role of Institutional Investors: A Global Perspective[J]. Journal of Applied Finance, 2003, 13(2).

[176] Gillan S L, Starks T. The Evolution of Shareholder Activism in the United States[J]. Journal of Applied Corporate Finance, 2007, 57(1).

[177] Goetzmann W N, Ingersoll, J E, Spiegel M, and Welch I. Portfolio Performance Manipulation and Manipulation-proof Performance Measures[J]. Review of Financial Studies, 2007, 20.

[178] Gold T, Guthrie D, Wank D. An Introduction to the Study of Guanxi. In Social Connections in China[M]. edited by Gold T, Guthrie D, Wank D, Cambridge: Cambridge University Press, 2002.

[179] Gompers P and Metrick A. Institutional Investors and Equity Prices[J]. Quarterly Journal of Economics, 2001, 116.

[180] Gong J, Jiang P, Tian S. Contractual Mutual Fund Governance: The Case of China[J]. Review Quantitative Finance and Accounting, 2016, 46.

[181] Granovetter M. Economic Action and Social Structure: The Problem of Embeddedness[J]. American Journal of Sociology, 1985, 91(3).

[182] Granovetter M. The Impact of Social Structure on Economic Outcomes [J]. Journal of Economic Perspectives, 2005, 19(1).

[183] Granovetter M. The Strength of Weak Ties: A Network Theory Revisited [J]. Sociological Theory, 1983, 1.

[184] Graves S B, Waddock S A. Institutional Ownership and Control: Implications for Long-Term Corporate Strategy[J]. Academy of Management Perspectives, 1990, 4(1).

[185] Greenwood R, and Schor M. Investor Activism and Takeovers[J]. Journal of Financial Economics, 2009, 92 (3).

[186] Gu Z Y, Li Z Q, Yang Y G, Li G Q. Friends in Need Are Friends Indeed: An Analysis of Social Ties between Financial Analysts and Mutual Fund Managers[J]. The Accounting Review, 2019, 94(1).

[187] Guellec D, et al. The Impact of Public R&D Expenditure on Business R&D[J]. Economics of Innovation & New Technology, 2003, 12(3).

[188] Guochang Zhang. Owenership Concentration, Risk Aversion and the Effect of Financial Structure on Investment Decisions[J]. European Economic Review, 1998, (42).

[189] Gupta-Mukherjee S. and Pareek A. Limited Attention and Portfolio Choice: The Impact of Attention Allocation on Mutual Fund Performance. Paper presented at AFA 2013 San Diego Meetings and Midwest Finance Association 2013 Annual Meeting, 2016.

[190] Hammer D L, et al. U. S. Regulation of Hedge Funds[M]. American Bar Association, 2005.

[191] Haugen R A. Modern Investment Theory (5th ed.)[M]. Upper Saddle River, NJ: Prentice Hall, 2001.

[192] He Y and Li T. The Benefits of Friendship in Hedge Fund Activism[J]. Working Paper. University of Oxford. available at https://ssrn.com/abstract=2794709, 2016.

[193] Heckman J. Sample Selection Bias as a Specification Error[J]. The Econometric Society, 1979, 47(1).

[194] Hochberg Y V, Ljungqvist A, Lu Y. Whom You Know Matters: Venture Capital Networks and Investment Performance[J]. Journal of Finance, 2007, 62(1).

[195] Holmstrom B. Agency Costs and Innovation[J]. Journal of Economic Behavior & Organization, 1989, 23(3).

[196] Hong H, Kubik J D, Stein J C. Thy Neighbor's Portfolio: Word-of-Mouth Effects in the Holdings and Trades of Money Managers[J]. Journal of Finance, 2005, 60(6).

[197] Hong H, Lim T, Stein J C. Bad News Travels Slowly: Size, Analyst Coverage, and the Profitability of Momentum Strategies[J]. Journal of Finance, 2000, 55(1).

[198] Hong Y, Jiang J, Yan H, and Zhao X. On the Performance and Risk Attributes of Hedge Funds in China[J]. Working Paper. available at http://www.cicfconf.org/sites/default/files/paper_760.pdf, 2016.

[199] Huang J, Wei K D, and Yan H. Participation Costs and the Sensitivity of Fund Flows to Past Performance[J]. Journal of Finance, 2007, 62(3).

[200] Israelsen R D. Does Common Analyst Coverage Explain Excess Comovement?[J]. Journal of Financial and Quantitative Analysis, 2016, 51(4).

[201] Jegadeesh N, and Titman S. Returns to Buying Winners and Selling Losers: Implications for Stock Market Efficiency[J]. Journal of Finance, 1993, 48(1).

[202] Jensen M and Meckling W. Theory of the Firm: Managerial Behavior, Agency Costs and Ownership Structure[J]. Journal of Financial Economics, 1976, 3.

[203] Jess C, Mao Y, Tian X and Wolfe B. Does Banking Competition Affect Innovation?[J]. Journal of Financial Economics, 2015, 115.

[204] Kang N, Kondor P and Sadka R. Do Hedge Funds Reduce Idiosyncratic Risk[J]. Journal of Financial and Quantitative Analysis, 2014, 49.

[205] Kellard N, Millo Y, Simon J, Engel O. Close Communications: Hedge funds, Brokers and the Emergence of Herding[J]. British Journal of Management, 2017, 28(1).

[206] Khanna T, and Thomas C. Synchronicity and Firm Interlocks in an Emerging Market[J]. Journal of Financial Economics, 2009, 92(2).

[207] Khorana A. Top Management Turnover: An Empirical Investigation of Mutual Fund Managers[J]. Journal of Financial Economics, 1996, 40.

[208] Kim H. Agency, Investment, and Corporate Governance[J]. Working Paper, 2009.

[209] Klein A, Zur E. Entrepreneurial Shareholder Activism: Hedge Funds and Other Private Investors[J]. Journal of Finance, 2009, 64(1).

[210] Koh P S. On the Association between Institutional Ownership and Aggressive Corporate Earnings Management in Australia[J]. British Accounting Review, 2003, 35 (2).

[211] Kong S X, Tang Y J. Unitary Boards and Mutual Fund Governance[J]. Journal of Financial Research, 2008, (3).

[212] Krikorian B L. Fiduciary Standards: Loyalty, Prudence, Voting Proxies, and Corporate Governance[C]. Institutional Investing: Challenges and Responsibilities of the 21st Century. Homewood, IL: Business One Irwin, 1991.

[213] Kryzanowski L, Mohebshahedin M. Board Governance, Monetary Interest, and Closed-End Fund Performance[J]. Journal of Corporate Finance, 2016, 22.

[214] Kuhnen C M. Business Networks, Corporate Governance, and Contracting in the Mutual Fund Industry[J]. Journal of Finance, 2009, 64(5).

[215] La Porta R, Lopez-de-Silanes F, Shleifer A, Vishny R W. Legal Determinants of External Finance[J]. Journal of Finance, 1997, 55(3).

[216] La Porta R, Lopez-de-Silanes F, Shleifer A, Vishny R W. Law and Finance[J]. Journal of Political Economy, 1998, 106(6).

[217] Lamont O A, Stein J C. Aggregate Short Interest and Market Valuations [J]. American Economic Review, 2004, 94(2).

[218] Leuz C, Nanda D, Wysocki P D. Earnings Management and Investor Protection: An International Comparison[J]. Journal of Financial Economics, 2004, 69 (3).

[219] Li F. Does Margin Trading Aggravate Stock Market Fluctuation? From the Perspective of Asymmetric Volatility[J]. Journal of Financial Research, 2017, 2.

[220] Li H, Zhang X, and Zhao R. Investing in Talents: Manager Characteristics and Hedge Fund Performances[J]. Journal of Financial and Quantitative, 2011, 46(1).

[221] Li H, Zhang X, Zhao R. Investing in Talents: Manager Characteristics and Hedge Fund Performances[J]. Journal of Financial and Quantitative Analysis, 2011, 46(1).

[222] Li Z Q, Wong T J, Yu G. Information Dissemination through Embedded Financial Analysts: Evidence from China[J]. The Accounting Review, 2019, 95(2).

[223] Liang B. On the Performance of Hedge Funds[J]. Financial Analysts Journal, 1999, 55.

[224] Lin J Q, Wang F, Wei L J. Alumni Social Networks and Hedge Fund Performance: Evidence from China[J]. International Review of Financial Analysis, 2021, 78.

[225] Liu Y, Miletkov M K, Wei Z B, Yang T. Board Independence and Firm Performance in China[J]. Journal of Corporate Finance, 2015, 30.

[226] Lu Y, Ray S and Teo M. Limited Attention, Marital Events and Hedge Funds[J]. Journal of Financial Economics, 2016, 122(3).

[227] Lu Y, Teo M. Facial Structure and Delegated Portfolio Management[J]. Journal of Financial and Quantitative Analysis, 2020, Forthcoming.

[228] Mahajan P, and Kapil S. Hedge Fund Indices: Performance and Comovement[J]. Asian Journal of Research in Banking and Finance, 2016, 6(9).

[229] Manso G. Motivating Innovation[J]. Journal of Finance, 2011, 66 (5).

[230] Maury B, Pajuste A. Multiple Large Shareholders and Firm Value[J]. Journal of Banking & Finance, 2005, (7).

[231] Mietzner M, and Schweizer D. Hedge Funds Versus Private Equity Funds as Shareholder Activists in Germany—differences in Value Creation[J]. Journal of Economics and Finance, 2014, 38 (2).

[232] Miller E M. Risk, Uncertainty, and Divergence of Opinion[J]. Journal of Finance, 1977, 32(4).

[233] Muslu V, Rebello M, Xu Y X. Sell-Side Analyst Research and Stock Comovement[J]. Journal of Accounting Research, 2014, 52.

[234] Nagel S. Short Sales, Institutional Investors and the Cross-section of Stock Returns[J]. Journal of Financial Economics, 2005, 78(2).

[235] Nanda R and Rhodeskropf M. Investment Cycles and Startup Innovation[J]. Journal of Financial Economics, 2013, 110(2).

[236] Ozsoylev H N, Walden J, Yavuz M D, et al. Investor Networks in the Stock Market[J]. Social Science Electronic Publishing, 2014, 27(5).

[237] Pagan A R, and Sossounov K A. A Simple Framework for Analyzing Bull and Bear Markets[J]. Journal of Applied Econometrics, 2003, 18(1).

[238] Pareek A. Information Networks: Implications for Mutual Fund Trading Behavior and Stock Returns[J]. Working Paper, 2012.

[239] Piotroski J D, Wong T J, Zhang T Y. Political Networks and Stock Price Comovement: Evidence from Network-connected Firms in China[J]. Working Paper, 2018.

[240] Pool V K, Stoffman N, and Yonker S E. The People in Your Neighborhood: Social Interactions and Mutual Fund Portfolio Choice[J]. The Journal of Finance, 2015, 70.

[241] Porter M E. Capital Disadvantage: America's Failing Capital Investment System[J]. Harvard Business Review, 1992, 70(5).

[242] Qian Ya. Theory of Shortage in Socialist Economies based on the Soft "Budget Constraint" [J]. American Economic Review, 1994, 84(84).

[243] Sabbaghi O. Hedge Fund Return Volatility and Comovement: Recent Evidence[J]. Managerial Finance, 2011, 38(1).

[244] Saint-Paul G. Productivity Growth and the Structure of the Business Cycle [J]. CEPR Discussion Papers, 1992, 709.

[245] Sharpe W F. Decentralized Investment Management[J]. Journal of Finance, 1981, 36(2).

[246] Shen Y, Zhao J M, and He X. Alumni Networks, Funds' Performance and "Small World" Effect[J]. China Economic Quarterly, 2015, 15(1).

[247] Shleifer A and Vishny R. Large Shareholders and Corporate Governance [J]. Journal of Political Economy, 1986, 94.

[248] Shu W, Chen Y, Lin B. Does Corporate Integrity Improve the Quality of Internal Control? [J]. China Journal of Accounting Research, 2018, (11).

[249] Sirri E R and Tufano P. Costly Search and Mutual Fund Flows[J]. Journal of Finance, 1998, 53.

[250] Spilker H D. Hedge Fund Family Ties[J]. Journal of Banking and Finance, 2022, Forthcoming.

[251] Stein J C. Conversations among Competitors[J]. American Economic Review, 2008, 98.

[252] Stulz R M. Hedge Funds: Past, Present, and Future[J]. Journal of Economic Perspectives, 2007, 21(2).

[253] Sun Z, Wang A, and Zheng L. The Road Less Traveled: Strategy Distinctiveness and Hedge Fund Performance[J]. Review of Financial Studies, 2012, 25.

[254] Switzer L N, Omelchak A. Are There Benefits from Dynamic Asset Allocation Strategies across Hedge Funds?[J]. Journal of Portfolio Management, 2011, 37(3).

[255] Treynor J L, and Mazuy J. Can Mutual Funds Outguess the Market?[J]. Harvard Business Review, 1966, 44(4).

[256] Tufano P, Sevick M. Board Structure and Fee-Setting in the U.S. Mutual Fund Industry[J]. Journal of Financial Economics, 1997, 46.

[257] Uchida K, and Xu P. US Barbarians at the Japan Gate: Cross Border Hedge Fund Activism[J]. Bank of Japan Working Paper, 2008.

[258] Uzzi B. Embeddedness in the Making of Financial Capital: How Social Relations and Networks Benefit Firms Seeking Financing[J]. American Sociological Review, 1999, 64(4).

[259] Vacher S, Ben A N, Ammari A. A Recipe for Technological Innovation: Does Hedge Fund Activism Matter? A Fuzzy Set Qualitative Comparative Analysis[J]. Strategic Change, 2020, 29(5).

[260] Wang Y, Zhao J. Hedge Funds and Corporate Innovation[J]. Financial Management, 2015, 44(2).

[261] Wasserman S, Faust K. Social Network Analysis: Methods and Applications[M]. Cambridge, England: Cambridge University Press, 1994.

[262] Westphal J D, and Bednar M K. The Pacification of Institutional Investors[J]. Administrative Science Quarterly, 2008, 53(1).

[263] Xiao J, and Shi J. Historical Performance and Fund Flows: Does "Redemption Anomaly" Exist in China's Open-end Fund Market?[J]. Economic Research Journal, 2011, 1.

[264] Yan X, Zhang Z. Institutional Investors and Equity Returns: Are Short-

term Institutions Better Informed[J]. Review of Financial Studies, 2009, (22).

[265] Ye B, Liu W. How Do Institutional Investors Swell Firm Innovation: Evidence from Chinese High-tech Companies[J]. Journal of Applied Finance & Banking, 2020, 10.

[266] Zou X, and Ingram P. Perception of Competition Potential in Networks [J]. Working Paper. Columbia University, 2007.

后　记

伴随着中国股票市场2015年起步的一轮"牛市"和后续的市场异常波动,投资者对风险管理产品的需求大幅提升,中国私募基金迎来井喷式增长,目前在日均交易量方面与公募基金平分秋色,在资产管理能力方面与公募基金势均力敌,但其行为模式与公募基金截然不同,是一类新的重要机构投资者。

截至2022年底,已有1/3左右的上市公司股东包括私募基金,持股过5%的私募基金平均持股近10%,说明中国私募基金已经成为上市公司重要的外部股东来源。中国的私募基金经理开始通过提交股东议案、公开批评和争夺公司控制权等方式干预上市公司运营,尤其是会计与财务信息披露行为,进而影响金融市场的定价效率与系统性风险。然而,学术界对于中国私募基金的研究几近空白,对于私募基金经理的管理能力、私募基金持股如何影响上市公司的治理结构,基于社会网络联结后的群体性行为如何影响市场定价效率与系统性风险,科创板市场化改革背景下私募基金的功能与作用等一系列各方关注的问题均未展开系统性的研究。

本书基于笔者近期的研究成果,并得到了如下人士的研究支持:上海师范大学商学院贺宇倩,上海财经大学会计学院沈弘毅(独立撰写完成本书第七章),上海外国语大学国际金融贸易学院王一卿、单吉琪、林顼、汤晓燕、叶雅婷、钱欣玉、佟彤、马明、陈诗语、周佩瑶,上海理工大学管理学院卢宁远。

李　路
2024年10月